清末民初的国葬报道与民族国家建构

董书华　著

ZHEJIANG UNIVERSITY PRESS
浙江大学出版社
·杭州·

图书在版编目(CIP)数据

清末民初的国葬报道与民族国家建构 / 董书华著
—杭州:浙江大学出版社,2023.4
ISBN 978-7-308-23296-8

Ⅰ.①清… Ⅱ.①董… Ⅲ.①政治人物－葬礼－研究
—中国—近代 Ⅳ.①D693.2

中国版本图书馆 CIP 数据核字(2022)第 236434 号

清末民初的国葬报道与民族国家建构

董书华 著

责任编辑	胡 畔(llpp_lp@163.com)
责任校对	赵 静
封面设计	周 灵
出版发行	浙江大学出版社
	(杭州市天目山路148号 邮政编码310007)
	(网址:http://www.zjupress.com)
排 版	浙江时代出版服务有限公司
印 刷	杭州宏雅印刷有限公司
开 本	710mm×1000mm 1/16
印 张	11.75
字 数	250 千
版 印 次	2023 年 4 月第 1 版 2023 年 4 月第 1 次印刷
书 号	ISBN 978-7-308-23296-8
定 价	78.00 元

目　录

导　论

第一节　问题意识、研究视角和研究内容

一、问题意识

在全球化急速推进的 21 世纪,文艺复兴以来的各种世俗意识形态在逐渐衰落,唯有民族主义的意识形态在全球范围内加强。正如本尼迪克特·安德森(Benedict Anderson)所指出的,民族主义本质上是一种对社会、国家也就是对诸种人群关系的想象,并不是固有的实体,而是 18 世纪末被创造出来的"文明的产物"。在现代化出现之前的漫长时间里,尽管早就有中西方军事战争、文化交流、贸易往来的历史记载,但是这并没有对各自的文明造成结构性影响,世界不同文明体几乎以绝缘的方式在各自轨道上运转,无论是基督教文明、伊斯兰教文明还是儒家文明都处于一种超稳定结构之下。①

西欧基督教文明因为各种因素和力量的共同作用,偶然走上了现代化之路。② 其表现之一即人们理解世界的方式发生了重大变化,这种人类意识的变化表现在"世界性宗教共同体、王朝以及神谕式观念的没落","神圣的、层级的、与时间始终的同时性"旧世界观在人类心灵中丧失了霸权地位,"民族"这种"世俗的、水平的、横向的"共同体逐渐代替了前现代社会的地方社区。此外,安德森强调报刊和小说为民族主义"共同体"提供了技术条件。报刊创造了读者,不同空间的人们在同时性上被组织起来,这些读者在阅读报刊时能感受到彼此共时的存在,因而冲脱了原本具体的物理空间的限制,"同质的、空洞的时间"使得散落全国各处的个体可以穿越空间的阻隔彼此想象。虽然报纸创造的是一个虚构的、匿名的共同体,但是依然激发人们保

---

① 超稳定结构的概念详见金观涛、刘青峰:《兴盛与危机:论中国社会超稳定结构》,法律出版社 2011 年版。
② 此说法参考赵鼎新:《社会运动和"人民"登上历史舞台》,《东方早报》2013 年 8 月 4 日。

持着热情和信心。

自 1840 年卷入现代化进程以来,中国人即遭遇了现代认同危机。中国在近代以前并非现代民族国家,传统的中华帝国是以儒家文明与伦理为统治基础,梁漱溟先生将古代中国称为"文化共同体"。中国近代化以来在回应西方的外来压力时被迫接纳了"民族国家"体系,从天下体系到现代国家,古老的帝国在内忧外患中艰难转身。

中国在过去两千年的历史中,仪式政治一直高度发达,无论是在官方正史还是民间记述中都可以看到"礼"在中国社会中的地位。帝制时代只有帝王、皇后等皇权人物死后才有资格享有国葬的礼遇。以清代为例,帝王(后)崩逝后,要择吉时良辰入殓。入殓之后,还要不断地举行法事和吊唁活动。按照清朝的典制,帝王的灵柩安葬入陵时,先由 72 人将棺木抬出东华门。此时,皇室高阶官员全部送殡,走在最前面的是 64 位引幡人,高举万民旗伞;接着是皇帝的仪仗队,有 1628 人之多,他们举着各种兵器、幡旗和各式各样的纸扎或绸缎制作的"烧活"。抬棺木的杠夫,身穿孝服,每班有 128 人,分三班轮流抬送。在棺木后面是全副武装的八旗兵勇。然后是文武百官、皇亲国戚和宗室的队伍,车轿连绵不断。整个送葬队伍长达十几里,从北京到陵地,沿途几百里,搭设有芦殿供停灵和送葬队伍休息。这种芦殿也是玉阶金瓦,朱碧交映,十分华丽。灵柩安葬于皇陵,奉安大典完成。普通百姓要遵守"不理发、不婚嫁、不娱乐、悬素"的禁令,若有不遵守者则会被官府惩罚。传统社会的国葬仪式表达了对帝王(后)的最高崇敬,彰显皇家权威,强化传统的儒家"忠孝"道德。

慈禧去世于 1908 年,她是最后享有帝制时代国丧荣典的统治者之一。彼时中国的民族主义思潮方兴未艾,她的国葬报道中渗入了民族主义的话语表达。辛亥革命后,革命人士为了显示和帝制时代决裂的决心,发明了一系列的革命文化,赋予共和国的英雄以国葬荣典即是新兴的革命死亡文化,通过授予"国家英雄"国葬典礼重申国家理念、凝聚民众的民族意识、规范国家的政治伦理。

近代中国充斥着"救亡图存"和建设现代民族国家的意识和焦虑。这一集体思绪作为"社会结构中的公共议题",如同毛细血管一样渗透到社会生活的方方面面。20 世纪初期大众化报刊逐渐兴起,它们不可避免地会借助国葬报道来回应救亡图存的时代主题,使中国社会内部在国葬面前再次获得对于民族主义的认知、诠释与实践的机会,因此就使得国葬与民族主义具有了相互镶嵌的特性。

二、研究视角和研究内容

大众媒体时代,政治领袖的葬礼因为新闻人物身份的显赫无疑会成为传媒争相报道的"热点时刻"(Hot Moments)。本书在分析国葬报道时拟采用"媒介事件"作为研究视角。"媒介事件"本是戴扬和卡茨(Dayan & Katz)用来指称重大仪式的电视样式(genre),现已成为新闻传播研究重要的理论术语之一,它揭示了大众传播对"事件"的重写、对权威合法性和集体共识的塑造机制,为考察政治仪式新闻提供了视角和立足点。从这一意义上,笔者认为其研究对象不必局限于电视直播样式。近年来有学者将"媒介事件"的研究对象从电视新闻拓展到报纸新闻,如孙玮对"上海开埠 130 年"①和孙藜对"上海迪士尼开工"②对报纸文本展开研究时即采用了媒介事件视角。

国葬报道,属于"媒介事件"研究的"仪式政治新闻",因为"这种事件往往描绘理想化的社会形态,向社会唤起的是希冀而不是现实",③从而实现社会最高秩序的统一。"媒介事件"处于哈林(D. Halin)所说的社会"高度共识"的领域。④ 无论中外,在国葬举行之际,争议往往会暂时搁置起来,成为凝聚社会共识的神圣时刻。如 2013 年曼德拉去世,上百个国家政要出席了他的葬礼,葬礼通过电视在全球直播,他在生前或身后都弥合了地域、信仰和政治的分歧,成为争取和平与正义的象征,而在曼德拉葬礼的全球电视直播过程中,这些神圣的价值——自由、平等、宽容的精神得到再次强调。在国葬时刻,媒体往往会号召不同群体团结起来,再次重申国家的意义,必然与共同体的想象、政治秩序的建构相关联。由此,本书选取了报刊关于慈禧、蔡锷和黄兴的国葬报道文本,考察报刊与历史叙事、民族国家建构的复杂关系。笔者将研究焦点放在这三人身上,主要基于如下考虑。

首先,戴扬和卡茨曾指出仪式政治之进化对于理解民族主义的重要性。从慈禧到黄兴、蔡锷的葬礼,是从传统皇权仪式到现代政治仪式演变进化的典型范本,对葬礼报刊文本的研究可以承接前文安德森对报刊和"想象的共

---

① 孙玮:《制造上海:报纸中的上海开埠:以 2003 年为例》,《新闻大学》2009 年第 4 期。

② 孙藜:《在地方、国家与全球间制造"梦想":"媒介事件"视角下的"上海迪士尼开工"》,未刊稿。

③ 〔美〕戴扬、卡茨:《媒介事件:历史的现场直播》,麻争旗译,北京广播学院出版社 2000 年版,第 3 页。

④ 哈林指出,在新闻报道与整个意识形态关系上存在着三个领域:高度共识、合法争议和违规领域。"媒介事件"大多是在"高度共识"这一场域中运作,因而媒介从业者可以暂时放弃其中立立场,卷入倡导、宣扬。参考迈克尔·舒德森:《新闻生产的社会学》,徐桂权译,华夏出版社 2010 年版,第 184—185 页。

同体"的经典论述,借此考察近代报刊对不同类型的共同体想象、报刊和民族主义的建构关系。其次,慈禧、黄兴、蔡锷的葬礼,分别发生在帝制即将结束的 1908 年、1909 年,袁世凯称帝失败后,北洋政府执政时期的 1916 年、1917 年,新旧时代交替。在这一时期,古老的中华帝国逐渐转型为民族国家,皇权下的臣民转变为现代国民,"天下"转变为"世界","王朝"更替为"共和国家",政治仪式必然随社会规范的改变作出相应的调整。政治合法性从基于"君权神授"的传统型向通过民众授权与认可的"法理型"转变,葬礼不可避免地成为建立政治秩序、实施社会整合之场域,因此带有复杂的政治和文化意涵。最后,慈禧作为清末的实际统治者,按照清代的典制,她去世后的一年才举行奉安大典,在此期间她的梓宫停在紫禁城内,每到元旦、冬至等重大节日,大臣们至前举行祭奠仪式。黄兴于 1916 年 10 月去世,蔡锷于 1916 年 11 月去世,北洋政府为此进行了多次会议和讨论,最终决定为二人授予国葬荣典,他们也是民国最早被授予国葬典礼的人物,他们的葬礼在第二年的 4 月举行。因为三人葬礼筹备时间较长,报刊上关于葬礼的报道和热议一直持续不断,成为彼时的热点事件,足以构成批判性审视报刊如何在不同政治制度(王朝制度、共和制度)下参与"共同体想象"、塑造"集体意识"的样本。

作为西方的学术概念,"媒介事件"概念的现实基础是西方代议制民主政治。即是说,作为仪式政治的媒介事件,本身是特定社会结构中政府、媒体和公众三者协商的结果:对媒体而言,必须以职业的、独立的方式防止官方偏爱某种仪式政治;此外,对媒体描绘的事件必须得到大众的确认。[①] 将历史语境置换到中国的清末、民国初年,政府、媒体和公众处在不同的结构关系中,西方社会中的"协商过程"不一定会发生,国葬报道在多大程度上是事件组织者主导、媒介决定以及公众确认的,就成为本书分析问题的视角。

本书共分为五部分。

"导论"对本书的相关概念、研究对象、研究方法、学术史等作了界定和爬梳。

第一章"传统葬礼及其在大众媒体时代的现代化转向"。

首先,介绍现代化报刊的引入过程,说明报刊和历史上的"邸报"相比

---

① 孙藜:《在地方、国家与全球间制造"梦想"——"媒介事件"视角下的"上海迪士尼开工"》,未刊稿。

"新"在何处。从"媒体是一种新知"的角度,与过去几千年来中华帝国的信息传播模式进行比较,来论述新式报刊所带来的中央与地方之间、地方之间、人与人之间的关系转变。晚清的战争新闻(如甲午战争的新闻)和社会新闻(如杨乃武与小白菜案的新闻)改变了人们的时空和地理观念,人们因为阅读新闻而被召唤聚集到一起,他们可以凭借报刊这一"中介"参与到遥远的公共事务中,形成舆论,一定程度上制约了权势。这是传统葬礼发生现代化转向的社会语境。

其次,比较古典时代的葬礼仪式和大众传媒出现之后的葬礼仪式有何不同。传统时代的葬礼仪式本身就是一种媒介,一种偏向时间的媒介,它强调的是过去古老传统和统治秩序的延续。大众报刊出现之后,葬礼作为社会公共事务,甚至是国家事务进入读报人的视野。葬礼被置于公共性的语境之中,发生了现代性的转向。这一转向为本书的个案分析提供了基本的历史语境。

第二章"忠君和爱国:慈禧国葬报道中的'家国'想象"。

慈禧的国丧仪式本身维护的是统治集团的封闭性、神秘性和神圣性。报刊和摄影公开报道葬礼,借葬礼中凸显的民众素质、权力腐化等问题来启蒙民众的国民意识和监督官员的权力运行,建立国富民强的民族国家。研究发现:首先,清末儒家意识形态占据统治地位,报刊从业者由传统文人转行而来,他们多主张宪政改革而非革命来解决社会危机。《大公报》《申报》在报道慈禧葬礼安排时均使用了官方通告,对慈禧进行功绩评价时完全接受了清政府的框架,即使在批评官僚权力运行时,仍然自觉维护皇权的权威与神圣性。其次,慈禧葬礼报道除了体现了传统的"家天下"的价值观,还呈现出显著的民族主义框架。此外,《申报》还存在上海地方主义的认同,体现了清末混乱复杂的身份认同状态。最后,本章梳理了晚清(1902—1909)现代政治视觉策略的开端与挫折,分析了摄影在晚清的历史语境和摄影对于晚清政治运行的改变,慈禧葬礼上发生的"东陵照相案"提示了现代政治实践遭遇了一次重大挫折。

第三章"民国英雄典范的塑造:蔡锷与黄兴的国葬报道"。

蔡锷与黄兴是民国两位最早被授予国葬荣典的伟人,他们的国葬礼于1917年4月举行。在民国初年不同的政治理念及政治团体互相冲突与角力的时期,国葬礼成为北洋政府与反对者(蔡、黄二公支持者)的角力场域。反袁世凯的势力借着争取国葬蔡锷、黄兴,通过死亡仪式及纪念空间以延续反袁的政治力量,让他们从"叛乱者"过渡成为国家伟人,而中华民国亦通过此死亡仪式及其报道树立新的伟人典范。

本章分析了《大公报》《申报》在 1916 年 10 月—1917 年 4 月关于蔡锷、黄兴国葬间报道和言论,研究发现这两份报纸报道了北洋政府、国会、革命派等在国葬各个环节上的分歧与协商,言论也基本秉持了公立、独立的立场,可谓是"公意"的代表。新闻业在袁世凯称帝败亡以后再度崛起,是晚清以来中国报刊业的又一个"黄金时期"。该时期言论界基本上是一个多元而丰富的思想世界。报刊关于国葬的言论表现出很高的公共性,这种公共讨论对"建立什么样的国家""什么样的人有资格成为国家英雄"达成共识,对于北洋政府政治生活有规范作用。报刊向公众重申了反对帝制、国家共和的政治理念,公众在蔡、黄的国葬典礼的报道中受到一场关于"民族国家"的教育。

第四章"'媒介事件'视角下清末民初的国葬报道与民族国家建构"。

首先,梳理了 20 世纪初期中国关于民族国家、国民、世界等密切相关的观念发生的嬗变,借此观察晚清民国时期中国政治气氛、社会心态和意见气候的变化,通过国葬报道探索新媒介与相应的权力中心转移的过程,这是报刊、知识分子、社会团体对旧媒介所维系的权力中心与社会关系之网的重构。

其次,借助"媒介事件"视角,分析不同政治、经济、文化脉络下的报刊、葬礼主持者、受众的互动、协商,如何建构了不同形态的民族主义。研究发现,报刊借国葬这一仪式性的政治媒介事件建构了动态的民族认同,丰富了中国民族主义的内涵。

第二节　研究方法与资料说明

一、研究方法

首先,本书采用社会文化史的方法,注重通过对国葬报道的新闻生产机制进行考察。这种生产机制包括各种政治社会力量对历史叙事的框选、时代危机对报刊话语的形塑、传媒的特性与风格对文本的影响,将报刊新闻和言论与当时的社会心态和意见气候相结合,试图将国葬报道背后的新闻生产机制纳入研究的视野。

其次,本书还采用了思想文化史的方法,注重对报刊文本自身呈现的话语进行阐释,分析话语之间的关联,尤其注重对一些"关键词"的意义辨析,通过这种分析来透视话语生产者的心态、思维、资源与表达特征。

再次,本书注重运用文献计量法,通过数量分析,对葬礼相关的报纸文本进行系统性统计分析,分析研究新闻来源、报道对象、报道时间、报道版面、报道主体、报道深度和报道倾向,了解其如何选择事实、呈现事实。

最后,本书在宏观上采用了比较的方法,共搭建两个比较架构:一是历史对比,慈禧和黄兴、蔡锷的对比,从晚清到民初的历史变迁中,中国政治文化环境和社会心态都发生了很大的变化,报刊的生存环境和其自身也经历了发展和变迁;二是不同类型报刊的对比,因为办报主体、资金来源、对报刊自身功能的定位和对读者的想象方面存在诸多差异,因此对于国葬的报道也存在差异。

二、资料搜集及使用说明

本书的写作主要利用了以下三类文献:

第一类是相关报纸杂志。报刊资料占据了本书文献的大部分,笔者查阅了 1908—1909 年、1916—1917 年的《东方杂志》《申报》《大公报》、长沙《大公报》《益世报》《时报》《晨钟报》《中外日报》《新闻报》、上海《民国日报》等,并将之与国家图书馆所存的同时段的报刊文献做相互印证和补充,还在晚清民国报刊数据库采用输入关键词的方法搜索相关报刊新闻作为分析样本。

第二类是学术著作。如费正清主编的《剑桥中国晚清史(上、下)》《剑桥中华民国史(上、下)》、熊月之主编的《上海通史(1—7 卷)》、小野寺史郎的《国旗 国歌 国庆:近代中国的国族主义与国家象征》、郭辉的《民国国家仪式研究》、罗志田的《乱世潜流:民族主义与民国政治》、方汉奇主编的《中国新闻事业通史》、张仲民的《出版与文化政治:晚清的"卫生"书籍研究》、卞冬磊的《古典心灵的现实转向:晚清报刊阅读史》、路鹏程关于近代记者研究的专著《难为沧桑纪兴废:中国近代新闻记者的职业生涯(1912—1937)》等。

第三类为时人日记、书信、回忆录、档案等。如清末士人刘大鹏《退想斋日记》《端敏公奏稿》《端敏公文集》《恽毓鼎澄斋日记(共 2 册)》、包天笑《钏影楼回忆录》、姚公鹤《上海闲话》《外交部档案》、陈西滢《西滢闲话》等。

第三节　学术史回顾

本书已有研究主要集中在国葬、报刊与民族国家建构、媒介事件研究三个领域,其中报刊与民族国家建构的论述尤为丰富。

一、国葬研究

"国葬为一国最高规格之丧礼。"①关于国葬的研究主要集中在人类学、历史学、政治学等学科。已有的研究主要集中在国葬基本知识、民国知名人士的国葬情况、国葬的文化意义三个方面。

关于国葬的基本知识及世界各国的国葬,吴德广认为,国葬起始于罗马,沿用至今。有些君主制国家,如日本,按其以前颁布的国葬令,天皇、皇后、皇太后和皇太子等的葬礼,理所当然是国葬。② 已有研究大致将各国国葬仪式的特点归结为以下几点:被授予国葬荣典的往往是为国家做出巨大贡献的人物;得到国家/中央政府的批准;停止娱乐活动和宴请活动数天;费用由国库支付等。

1949 年前的国葬记录主要是政府对知名人士国葬的批复、日程安排、葬礼流程、安葬事宜等;1949 年后对民国国葬的研究主要侧重于缅怀和记忆,是以回忆录等形式出现的,故事性强,媒体记忆的重点主要在黄兴、蔡锷、张自忠等人。这些记忆很多具有故事性和娱乐性,还有部分故事的真实性有待考证。季川分析了当时社会的悼念风俗,国葬制度的诞生,黄兴、蔡锷的国葬仪式和黄、蔡二人民间形象的转变。③ 聂蕾对 1916—1945 年的蔡锷形象的建构与变化进行了分析。④

二、报刊与民族国家建构研究

关于近代中国民族主义的研究成果可谓蔚为壮观。刘青峰主编的《民族主义与中国现代化》⑤收集了白鲁恂、姜义华、金观涛等国内外学者对于

---

① 王夫子:《殡葬文化学》,湖南人民出版社 2007 年版,第 568—570 页。

② 吴德广:《国葬上的大国外交》,《世界博览》2014 年第 9 期。

③ 季川:《黄兴、蔡锷的逝世及其影响》,苏州大学硕士学位论文,2014 年。

④ 聂蕾:《再造蔡锷:试论蔡锷形象的建构与变迁(1916—1945)》,《华中师范大学研究生学报》2012 年第 9 期。

⑤ 刘青峰编:《民族主义与中国现代化》,香港中文大学出版社 1994 年版。

中国民族主义的分析论述,是一部关于中国民族主义的重要著作。郑大华、邹小詹主编的《中国近代史上的民族主义》①是一部探讨民族主义的论文集,27 篇文章分别就民族主义概念,中国近代民族主义的思想来源、历史生成、发展脉络、类型特点以及民族主义与近代中国的历史与思想,如激进主义、自由主义、保守主义等思潮间的互动关系作了评价。沈松侨的《近代中国民族主义的发展:兼论民族主义的两个问题》②是一篇重要文献,该文试图勾勒近代中国民族主义的根源、发展及其所蕴含的若干问题,对于民族主义的根源问题,采取了一种修正式的"建构论"立场,认为民族主义是在特定的历史条件下被"人为建构出来的文化产物",在这个建构过程中,受到前近代国家"族类"论述的重大制约与局限。其中作者提出的民族共同体的国家化,为本书提供了认识和思考框架。

近年来,"想象中国""想象欧洲"等"想象××"的研究成果多是从民族主义的建构视角出发的研究。西方国家民族主义的兴起和印刷术的普及是同步的,民族主义的兴起和民族国家的建立是一个机制相当复杂的社会过程。③ 社会运动学家查尔斯·蒂利(Charles Tilly)就提到过民族国家建立的物质层面,他认为民族国家能够有效地汲取、动员国家内的各项资源,保证其在国家间的竞争中获胜或不被彻底打败。最早的民族国家适应了这个世界的竞争法则得以存在并逐渐扩张,后继国家被卷入不得不模仿学习,国家重要性增加的原因是人们提高了对它的归属和认同意识。

报刊对共同体的建构最经典的阐述之一是本尼迪科特·安德森"想象的共同体"(Imagined Communities)。迈克尔·舒德森(Michael Schudson)对于报刊与共同体的关系给予了高度评价,甚至认为,"想象的共同体"比"公共领域"具有更为广阔的视角,也更具启发意义。④ 安德森强调不同空间的人们在同时性里被组织起来的过程,他借用本雅明意义上的"同质的、空洞的时间",这一时间观使得读者可以穿越空间的阻隔而彼此"想象",成为同气相求、命运一体的同胞。他把"共同体的想象"等同于民族主义的形塑或

---

① 郑大华、邹小詹主编:《中国近代史上的民族主义》,社会科学文献出版社 2007 年版。
② 沈松侨:《近代中国民族主义的发展:兼论民族主义的两个问题》,《政治与社会哲学评论》2002年第 3 期。
③ 民族主义和民族国家是两个既不同又有联系的概念。民族主义强调的是社会心理层面,民族国家则是一种政治建制。按照查尔斯·蒂利的说法,强制是民族国家的特征,民族国家的前提之一是国民的民族认同。参考[美]查尔斯·蒂利:《强制、资本和欧洲国家:公元 990—1992年》,魏洪钟译,上海人民出版社 2012 年版。
④ [美]迈克尔·舒德森:《新闻社会学》,徐桂权译,华夏出版社 2010 年版,第 80—86 页。

建构,但对于不同历史脉络下的非西方国家出现什么样的共同体想象语焉不详。学者张灏同样受到安德森"印刷资本主义"的启示,认为中国的民族主义出现的一个重要因素是 1895 年之后现代传播媒体网络的建立——首先是新型的报刊大规模地出现,连带出现的是有现代企业雏形的大型出版公司。①

麦克卢汉论证了印刷术对个人感知的改变,他认为印刷术培养了独立理性的个人,结束了狭隘的地域观点和部落观念。从社会的角度来说,印刷术使得原来的血亲家族形式解体,产生了民族主义、工业主义、庞大的市场,普及识字和普及教育。② 后来有学者将这种转变称为"从聆听型公众到阅读型公众"。阅读型公众的性质本身决定他们不仅更加分散,而且和"聆听型公众"相比,他们更加原子化和个性化。报刊造成了地方纽带有所削弱,但公众对远方事务的间接参与却增多了。③ 潘光哲先生认为晚清大量出现的报纸杂志正是生产/表现新的"地理想象"的最主要载体,确证与转换世界上既存的地理知识,将中国与世界联系起来。④ 约瑟夫·列文森(Joseph R. Levenson)曾指出近代中国思想史的大部分时期,兼具了从"天下"到"国家"的缩变和从"地方"到"世界"的扩张。卞冬磊将这一过程具体化、细节化,他借助时人的日记对晚清读报史展开研究,发现阅读报纸这一日常生活实践,使普通人超越"乡里空间"和对"天下"想象式、道德化的体认,而进入国家空间的具体事务之中,建立了国家图像。这一建立于具体事务基础上的"知有国家",是晚清读书人超越传统"文化国家",形成近代"政治国家"意识的关键环节。⑤ 和本书题目相关的有两篇学位论文:宋荣超的博士论文《20 世纪初政论报刊与现代民族国家的初期建构》认为政论报刊宣传方式先进、内容丰富、传播速度快、实效性强等,对民族主义思想的传播、各种社会运动的动员以及民族国家的建构发挥了不可估量的作用,极大地推动了中国早期现代化的进程⑥。但该论文的研究比较粗疏,对于政论报刊的民族主义话语和社会权力间的互动并没有过多书写,又因是政治学的论文,也缺乏媒介理

① 张灏:《幽暗意识与民主传统》,新星出版社 2006 年版,第 67 页。
② [加]麦克卢汉:《理解媒介:论人的延伸》,何道宽译,商务印书馆 2000 年版, 第 217、220 页。
③ [美]伊丽莎白·爱因斯坦:《作为变革动因的印刷机:早期近代欧洲的传播与文化变革》,何道宽译,北京大学出版社 2010 年版。
④ 潘光哲:《中国近代转型时代的"地理想象"(1895—1925)》,载复旦大学历史学系、复旦大学中外现代化进程研究中心编:《新文化史与中国近代史研究》,上海古籍出版社 2009 年版,第 9—11 页。
⑤ 卞冬磊:《报纸阅读与晚清读书人"国家"意识的形成》,《二十一世纪》(双月刊)总第 138 期,2013 年 8 月。
⑥ 宋荣超:《20 世纪初政论报刊与现代民族国家的初期建构》,中央民族大学博士学位论文,2010 年。

论的视角,因此留下了很多缺憾。李硕的硕士论文《清末"中等社会"与民族国家的建构》对"中等社会"在民族国家构建过程中的主要历史角色进行了分析。① 总之,这两篇论文主要是从政治动员的角度来书写的,虽然和本书的研究主题有交叉之处,但本书是从传播技术对于社会关系的重塑出发来展开研究。

美国著名文化史学者葛凯的《制造中国:消费文化与民族国家的创建》通过研究 20 世纪早期的国货运动发现,民族主义把每件商品贴上"中国的"或"外国的"标签,消费文化变成了民族主义概念被清晰表达、被制度化及被实践的场所。同时,反帝抵制外货运动、国耻纪念、国货展览会、对不忠实的消费者的诋毁以及中国工业部门的提倡,都强化了民族主义消费。② 这种新文化史的研究取向同样可用于对清末民初的读者接受的研究,通过民众的日常行为考察知识精英提倡的民族主义的话语是被积极响应、深入人心还是被民众冷漠处之。学者姜红的论文《想象中国何以可能——晚清报刊与民族主义的兴起》认为新知识群体的崛起、现代印刷业的进步、报刊语言和文体的成型,为民族主义的产生提供了现实的可能性。该文指出了研究方向,即从新知识分子、印刷业、报刊语言和报刊文体的角度出发来研究民族主义的形成。③ 还有文学研究者认为晚清的一些小说开始以一种西方现代性的知识谱系构架为参照来建构"民族国家",在这种建构与想象中,上海作为大都市起到重要的作用。现代中国、现代民族国家的雏形在上海发端,并经由上海辐射,为建构与想象中国民族国家提供了可借鉴之经验。④ 李涯以晚清旅外游记为对象,结合安德森和梁启超的理论,梳理出晚清旅外游记中呈现出来的民族国家想象和建构的发展过程。作者认为有三个阶段:第一阶段为民族国家体系的直观想象,包括世界地理图景的想象和民族差异与对等的体认;第二阶段为民族国家工业的想象,即对西方器物的体认;第三阶段为民族国家政治体制的想象,即对近代西方民主制的体认。⑤ 近期的研究者认为创建独立自主的现代民族国家,作为晚清"现代性"的中心内容,其重心落在建立现代民族国家主体即新国民上,对于这样一个未知的

①　李硕:《清末"中等社会"与民族国家的建构》,中央民族大学硕士学位论文,2011 年。
②　[美]葛凯:《制造中国:消费文化与民族国家的创建》,黄振萍译,北京大学出版社 2016 年版。
③　姜红:《想象中国何以可能——晚清报刊与民族主义的兴起》,《安徽大学学报(哲社版)》2011 年第 1 期。
④　刘永丽:《晚清文学中的"民族国家"想象与都市上海》,《徐州师范大学学报(哲社版)》2010 年第 11 期。
⑤　李涯:《晚清旅外游记与民族国家想象》,《西南民族大学学报(人文社科版)》2009 年第 5 期。

"主体"的寻找、"想象"与构造,折射出近代以来尤其是晚清知识分子在现代民族国家建构过程中由于本土话语资源的缺失造成的焦虑。"侠"与"英雄"的想象,正是在这个背景下被重新启用,而"启用"并不意味着简单的"复活"与"复制",而是在新的"时势"下加以"重构"。①

综上所述,已有研究提供了中国民族主义产生的脉络、特征,以及晚清报刊如何参与建构国家想象,但是对于不同性质(如商业报纸和专业报纸)、不同地域(沿海和内陆)的报刊在塑造民族共同体想象时是否有差异,报刊在建构"共同体"想象时是否表现出一定的主体性和自主意识,还未见有研究做专门探讨。

三、媒介事件研究

戴扬和卡茨引入仪式人类学的理论来阐释大众传播过程,提出了"媒介事件"这一概念,用来指称"传媒"介入后创造出来的新的仪式类型。此外,他们还探讨了"仪式性媒介事件"在塑造共识方面的作用,并指出在一些特定时刻,媒介塑型的想象与话语可以引发政治社会变革。中国学者近年来的研究大多集中在对"仪式性事件"的理论关照上,如"香港回归"、奥运会开幕式、神舟九号上天、春晚等,对媒介事件的建构策略、价值与意义、应用与效果等作了较为全面的探讨,涌现出一些比较有价值的个案。但整体而言仍存在一些问题:第一,研究方法较为单一,大多采用思辨型研究,定量的实证研究较少;第二,研究多局限于单一类型媒体参与的媒介事件,缺乏对不同性质不同背景的媒体共同参与的全景式关照,这种缺失影响了对媒介事件效果的研究;第三,分析时未能和广泛的政治社会背景结合起来,因此显得较为粗浅和静态。

戴扬和卡茨将葬礼作为媒介事件的一种类型,并将其社会功能称为"加冕"。之前葬礼仪式一直受到民俗学、社会学、宗教学和人类学等学科的关注,民俗学的相关研究集中在描述葬礼的文化、过程,分析葬礼的社会意义和民俗功能等领域。历史学者和政治学者则关注国葬仪式和秩序建构的关系,国内相关成果有郭辉《民国国家仪式研究》、廖小建《政治仪式与权力秩序》等。他们的研究都阐述了政治领袖的葬礼仪式对建构统治合法性、实施社会政治整合的作用,因为观察角度和学科立场的因素,都未将大众媒体纳

---

① 马淑贞:《民族国家话语焦虑与"新民"视野下的"英雄"想象——以报刊史料为中心的讨论》,《汕头大学学报(人文社会科学版)》2011年第5期。

入研究重点。但实际上,大众媒体出现后,葬礼对权威合法性的建构和集体意识之维系,都离不开传媒之运作。由此,本书以"媒介事件"为视角,考察国葬报道这一特定的仪式政治新闻对中国民族主义兴起、演变的建构,引入实证的研究方法,对不同性质的报刊进行内容分析,探讨传媒如何基于传播技术(此处指印刷报刊和摄影术)本身的潜力、特征和特定政治、经济、历史条件的动力、规范及其演绎,参与历史叙事与民族国家的建构。

　　从大的方面说,本书属于社会建构理论和新闻框架理论的范畴。自20世纪70年代这一建构主义取向在新闻传播研究领域兴起以来,已有不少学者批判性地检视了新闻报道对社会现实的种种建构。迈克尔·舒德森指出建构主义取向的新闻生产研究存在三种路径:政治经济学、组织社会学和文化研究,他呼吁要努力在这三种路径之间建立联系,本书正是朝着这一方向的初步尝试。

第一章　传统葬礼及其在大众媒体时代的现代化转向

第一节　传播学视角下的皇家葬礼

一、葬礼及其社会功能

丧葬礼属于古代五礼之中的"凶"礼,是形成稳定共同体的文化结构,在中国传统社会是国家制度的组成部分。中国的丧葬礼仪式大体确定于周代。儒家以丧为礼之大端,在"三礼"(《周礼》《仪礼》《礼记》)直至后来的《大唐开元礼》《宋政和礼》《大明会典》《清通礼》中,均对丧葬仪式有详细而严格的规定,这种区分用来标志关系的亲疏远近。[①] 此外儒家尤其注意丧事上相应的感情表现,如"临丧则必有哀色",《礼记》有云:"邻有丧,舂不相,里有殡,不巷歌,适墓不歌,哭日不歌,送丧不由径,送丧不辟涂潦。"[②]邻里、故旧通过对某一家庭丧事的共同参与,既可增加社会认同、密切人际关系,又促进了社区的凝聚力。[③] 曾子说:"慎终,追远,民德归厚矣。"[④]钱穆先生对这句的解释是:"死者去我日远,能时时追思之不忘,而后始有祭礼。生人相处,易杂功利计较心,而人与人间所应有之深情厚谊,常掩抑不易见。惟对死者,始是仅有情意,更无报酬,乃益见其情意之深厚。故丧祭之礼,能尽其哀与诚,可以激发人心,使人道民德日趋于敦厚。"[⑤]儒家重丧祭其实有着现实的考虑,通过对死者后事的安排,达到增强社会凝聚力、维护现实社会伦理规范的目的。祭祀不仅是敬天事神、祈求福佑,也有整齐人道、安排社会秩序、祭天之礼的社会功能。一是印证君权神授,二是论证自身政权的合法

---

① 何丹:《孔子的丧祭思想研究》,《佳木斯大学学报(哲社版)》2012 年第 5 期。
② 〔西汉〕戴圣编:《礼记(上册)》"曲礼"篇,胡平生、张萌译注,中华书局 2017 年版,第 46 页。
③ 儒家认为丧祭一体,祭为丧之续,参见耿硎:《丧事岂能无葬礼》,《中国社会报》2010 年 11 月 9 日。
④ 《论语》"学而篇",中华书局 2006 年版,第 4 页。
⑤ 钱穆:《论语新解》,生活·读书·新知三联书店 2005 年版,第 56 页。

性。同时,作为一种仪式,也确认出现实世界的"上下尊卑、亲疏有别"的等级制度。皇家葬礼制度属于国家制度的一项,中国古人将葬礼制度奠基于社会伦理,社会伦理又奠基于个人自然本有的孝悌之心,从而解决了社会整合的难题。

二、传播学视角下的皇家葬礼

古人将人际关系分为两类,一是自然的,即是"天性的"或"天属的";二是人为的,即"义合"。就汉唐间的观念而言,父子是"自然"的、"天性"的关系,而君臣是"义合"的关系。另一种"义合"关系是夫妻,夫妻之所以是"义合"而非"自然"或"天属",因为夫妻关系的成立必须经过制度化的仪式,君臣关系亦如此。周代将家庭中的"父子关系"推演到国中的"君臣关系",完成了权力关系自然化、伦理化,因此中国的政治权力带上了道德和温情脉脉的色彩。只是皇帝超出了大多数人日常生活所能接触的范围,因此对于皇权的认可必须经过仪式等其他形式的合理化建构。

皇家葬礼是诠释制造"皇帝制度"的政治秩序及其原理的文化实践。甘怀真指出,西汉中期开始,儒生借由政治斗争,一步步将儒家学说中的主要理念,如天命和教化等制度化为汉国家的政治秩序规范和国家的意识形态。自西汉后期儒教成为"国教",尤其表现在郊祀、宗庙礼一类的国家祭祀的成立。儒学理论成为政治秩序原理的根据,政治秩序①之中就包含一个很重要的面向,即君臣关系的建构。儒家礼制中可用来界定人际关系和君臣关系的首推丧服礼。丧服礼借由形式差异及服表的长短来界定人际关系的形态和深浅。② 在古代中国,葬礼是塑造身份认同的关键活动。如果举行不得体,不仅会给个人,而且会给团体带来伤害。秦汉以后,随着皇权的日益扩大,皇帝丧葬作为国家大礼而成为法典。

17 世纪西方人曾德昭到中国来,恰好目睹了明朝万历皇帝的生母李太后的葬礼,其礼仪令其感到"文化上的震撼",曾德昭把它记载了下来。在他的记载中,服表的人涉及不同阶层,而且还要遵守一些共同的规定:不同的服装、饮食、礼仪等等。葬仪规章如下:

---

① 汉朝建立了中央高度集权的政治秩序,春秋战国时期属于封建制度,各国君主权力受到程度不等的制约。

② 丧服制度并不是一成不变的,其原理在汉唐之间仍被儒者不断利用经典诠释并重新界定,以创造出其自认为合理的政治秩序。丧服制度在历史中的复杂演变不是本书考察的重点,所以在此不赘述。参见甘怀真:《旧君的经典诠释——汉唐间的丧服礼与政治秩序》,《新史学》2006 年第 2 期。

首先，所有的官员，不管是文官还是武官，都应该在第二天到皇宫里为故去的太后致哀。致哀结束之后并不回家，他们应当直接到自己的衙门里，在那里戒斋三天，在此期间不许吃肉鱼蛋，也不许饮酒。斋戒结束后，在接下来的三天里，他们都到皇宫的门口，一个个按照次序四拜致敬，同时还有一些别的哀悼的表示，然后各自回家。

其次，所有一品到四品的官员的妻子，从头到脚穿着严实的丧服，要到同一个地方集合，在三天时间里用类似的方式致哀。此后，在二十七天之内，她们在家中不能穿戴珠宝首饰等物。

第三，那些称作翰林的皇室顾问，都应写作诗歌文章等，来追颂死去的太后。

第四，光禄寺的官员，——也就是那些掌管国君财务与收入的官员，要全力以赴地备办葬礼祭祀和其他仪式所需的一切物品。

第五，所有的和尚和偶像教的首领，要长时间鸣钟致哀。

第六，在十三天之内不准杀生、不准卖肉，所有人都应该像国君一样素食，在前三天里只能吃一点稀粥，以后的时间只能吃素。

第七，传令礼部、工部尚书，要为所有驻扎在朝廷的外国使节颁发丧服，并将他们带入朝廷，用和中国官员一样的方式哀悼致敬。

第八，所有的退休和候补官员，都应到宫廷行三日同样的礼仪。

第九，总共一周之内，所有的平民都应在早晨和傍晚，到本城长官的官衙行三日同样的礼仪。①

从"晋礼"开始，国家正式承担对民间的教化之责，礼制已从威仪的强调转移到教化之上。但教化观念是建立在每个人都有不同的文化能力的预设上。我们从礼典，如《大唐开元礼》中可以看出制礼的主要功能在于分类人群，如天子、官员三品以上、官员四五品、官员六品以下以至庶人，以及不在礼典中规范的贱民，不同的身份有不同的礼仪。

我们从李太后的葬礼中可以看出葬礼仪式的安排及其背后所蕴含的观念：有一定官阶和地位的官员及官员的妻子分别集合到一起，以规定的方式表示哀悼，在此期间有丧服礼与一些规定好的行止要遵守。仪式是社会成

① ［比利时］钟鸣旦：《礼仪的交织：明末清初中欧文化交流中丧葬礼》，张佳译，上海古籍出版社2009年版，第77—79页。这场葬礼中和尚和偶像教的首领也参加葬礼了，可以看出明末佛教和基督教的因素已经渗透到儒家的葬礼中，但是这并不在本书的讨论范围之内，因为从根本上看，皇家葬礼还是以儒家为其底色的。

员的参与,但这种参与是划分等级的,官员、平民都有属于该阶层要遵守的仪式,葬礼是确定名分和秩序的文化实践。能否参与仪式成为认同、区分及确定身份、阶级地位的标志。

陈力丹针对中国传统社会的特征,提出了"身—家—国—天下"的信息传播秩序,[①]如图 1-1 所示,最内层 A 层是修身,也是人内传播,侧重于人向内的自身反省;向外是 B 层,家族内传播;C 层是国内的传播活动;D 层是天下层面的传播活动。

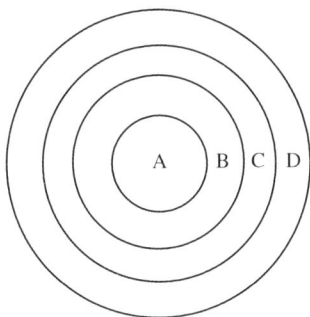

图 1-1　中国儒家社会生活同心圆传播结构示意图 [②]

首先,在个人层面上修身,通过对儒家经典的学习,接受并认同礼制。其次,在家的层面上,人与人基于血缘关系,交往比较频繁,借用美国社会学家查尔斯·霍顿·库利(Charles Horton Cooley)的概念,即是对于个体而言这是一个面对面交往、合作密切的群体,可以称作首属群体(Primary Group),B 圈层的传播具有库利所说的"人性的养育所"的特征,人们自出生到成年交往范围主要就在这一圈层。正是在这一圈层,传播活动非常丰富,虽然这一圈层的交往也受到"礼"的约束,但是相较而言,信息传播带有更强的内在感悟特征,因此传播方式会更加灵活和含混。最后,个人在"家"的层面习得社会规范之后,进入"国"内的传播圈层,因为人与人之间大多数并不相熟,人际交往的规范更多地受到"礼制"的约束,并且相较于 B 圈层,这种约束更加非人格化和制度化,通过"礼"向每个人灵魂中渗透和浇铸,使他无意识中接受并自觉维护皇权制度。传统中国的葬礼仪式传播就发生在这一圈层,虽然这一圈层属于超越私人空间的公共生活,仍受到家庭化的伦理关系的制约。

---

① 　陈力丹、阎伊默:《传播学纲要》,中国人民大学出版社 2007 年版,第 216、217 页。
② 　陈力丹、阎伊默:《传播学纲要》,中国人民大学出版社 2007 年版,第 217 页。

任何一种传播结构,都离不开传者、受传者、传播情境和传播渠道(媒介)这四个基本要素。在皇家葬礼这一传播情境中,传者是群体和文化传统的意志,也是一种传统式的公共规范,它是抽象的、"不在场"的存在。受传者是每一个参与葬礼的个体,葬礼是传播的情境和媒介,个体被置于"一种命定的接受信息的地位",他们按照礼的规定来履行所处位置的义务。社会学家涂尔干指出,仪式可以激发、增强或重塑个体成员的集体意识和认同,促成其在信仰情感和意愿上的高度一致,从而将个体整合到社会全体之中,维持并强化既有的社会秩序。① 参与葬礼(包括其他的文化实践形式)的各方接受了社会规范的教化,完成了文化对社会个体的同化和塑造,同时也强化了身份认同。

美国学者詹姆斯·凯瑞(James W. Carey)提出了传播的仪式观(ritual perspective view)和传递观(transmissional perspective view)把信息看作是在空间的拓展和对人们态度的改变不同,仪式观把传播看作是创造修改和转变一个共享文化的过程,是指时间上对社会的维系。② 在葬礼上,人们以团体或"共同体"的形式聚集在一起,特定的世界观得到了描述和强化,它为生活提供了整体的形式、秩序和基调。杜威也说,社会是一个有机体,只有通过有机系统内循环的信息分享,社会生活才有可能。③ 依此看,葬礼不仅是皇权的伸张,而且是共同体内部的共识建构。

在过去的两千年中,皇家葬礼仪式对皇权的稳定延续起到了重要作用,这背后的原因在于,葬礼制度是基于"天命"信仰和儒家意识形态制定的,和所处的时代规范与社会组织结构高度契合。19 世纪末期,古老的帝国在西方的冲击下进入近代,传统的"士、农、工、商"四民社会解体,帝制被废除,"天命信仰"和儒家意识形态逐渐被抛弃,传统的皇家葬礼再也无法发挥曾经的社会整合作用。中国进入近代化的表征之一是近代化报刊的出现。大众报刊时代,葬礼传统的剧目和演出方式被改写了。报馆、通讯社的记者和摄影师在场的葬礼提高了这一仪式的可见度和公共性。按照加拿大学者哈罗德·伊尼斯(Harold Adams Innis)的理解,报刊是一种空间偏向的媒介,它促使仪式向媒介仪式转化,印刷媒介加速了仪式在空间维度向四周的扩

---

① [法]埃米尔·涂尔干:《社会分工论》,渠敬东译,生活·读书·新知三联书店 2000 年版。
② [美]詹姆斯·凯瑞:《作为文化的传播:"媒介与社会"论文集(修订版)》,丁未译,中国人民大学出版社 2019 年版,第 13 页。
③ [美]詹姆斯·凯瑞:《作为文化的传播:"媒介与社会"论文集(修订版)》,丁未译,中国人民大学出版社 2019 年版,第 18 页。

散,仪式传递信息的方式、发挥的作用机制发生了重要变化。传统时代的葬礼强调的是仪式的时间感和历史延续性,而空间偏向的媒介,扩展了仪式的传播空间、速度,加速了仪式世俗化、观众和表演者的分离、国葬仪式主题变异(由媒体及其报人来定义其主题)以及受众对国葬仪式评价的变化。下文将分析近代报刊的出现如何改变了皇家葬礼。

第二节　清末新报与政论报刊

一、清代的信息传播系统

在传统中国,"名分观"认为每个人都"有其名,有其分",普通民众没有了解公共事务的权利,在现实中也没有这样的信息制度保障。下面笔者大概勾勒传统中国的信息传播格局。

(一)权力部门内部的信息传播

黄旦指出,清代官方信息主要通过两种渠道上下循环,一是官文书,①一是邸报。"前者为政王之耳目,了解政情民情,做出判断和反应,后者则为其喉舌:公布有关决定、决策以及朝廷动态。"②这两者传播管道主要集中于权力部门的内部流通,普通民众无法接近。

(二)权力部门和民众之间的信息传播

官府通过"告示"和"榜""诏""檄"向民众宣告,其内容无外乎是圣旨诏书、人事升迁以及处罚禁令等。其本质是属于一种上对下的传播,"传达宣传朝廷之政令"或传达官对民的抚恤之情。

(三)民众内部的信息流通

美国历史学家孔飞力(Philip Alden Kuhn)在考察 18 世纪的中国社会生活时曾指出,那时人民的交流渠道主要有两种,一种是书信,内容局限于

---

① 官文书包括奏折和谕旨,这是常规化的官僚体制内部的沟通渠道,因紧急事件和机密不便"明发"谕旨的,就用"朱批"或"廷寄",这是常规奏折,体现的是官僚制的形式,朱批和奏折是官员与皇帝之间的交流。总之,传统社会中并没有专业的传播者,信息沿着社会等级路线或按照每一个社会中独特的社会关系模式来流动。评价、解释和对所有传播作出反应的行为,则带有与传播者和接受者直接相关的个人化色彩。详细论述参见孔飞力:《叫魂:1768 年的中国妖术大恐慌》,陈兼、刘昶译,生活·读书·新知三联书店 2012 年版,第 161—162 页。
② 黄旦:《"耳目"与"喉舌"的历史性转换——中国百年新闻思想主潮论》,复旦大学博士学位论文,2000 年。

一般的私人生活；一种是流言，关于各地区和全国的消息，沿着商业网络，也沿着连接各个村庄与各个市镇的商路，随着商品和外出旅行者流传开去。①日本学者和田洋一将传统中国封闭的、上下循环的传播系统概括为"T"型传播体系，即在统治阶层内部横向的"水平流动"和由统治权力流向被统治阶层的"从上而下的垂直流程"。②

学术界公认邸报是一个全国性的传播媒体，属于统治机构内部的信息流通载体，是地方政权与中央政权之间的一个政治性中介。它的信息内容以政治事务为主，"所刊载的内容是宫门钞、谕旨、奏章，类似于政府内部情况通报，其读者对象为各级官吏，所起作用是沟通中央政权与地方官僚之声气，加强中央政权的集权统治"③。

以此看，邸报是统治者出于自身利益主动对"下"的沟通，发行邸报具有"颁行天下"，让"天下人皆知"的意味；而处于下位的普通民众只能被动地接受"上"欲让其知晓的信息，至于让他们知什么，完全取决于"上"者的考虑。被统治者没有制度化的渠道获知和自身利益有关的公共事务。那时的所谓"沟通上下"，只能是以"上"沟通"下"，"下"没有权利和渠道了解"上"的事务。其结果是遏止人民干预国政，于是造成人民间一种"不识不知，顺帝之则"之心理。④

黄旦认为，"中国古代的邸报与政治制度同根而生，为政治机器运转中不可缺少的润滑剂，施行政治控制的一种手段"⑤。邸报并不是凭空在中国历史上存在了一千多年，其所生长的政治文化环境跟传统的"礼俗社会"密不可分，社会、文化、政治制度和信息传播本身就是一个相互协作、共生共荣的系统。它所维持的是封建专制王权的制度，而这种制度又植根于中国社会和中国人的心理特征。费孝通总结礼俗社会的特征道，"在中国没有个人，只有此一人与彼一人相互间的情谊关系"，社会就是"此一人与彼一人的相互联结而构成一张社会关系之网"，⑥这就造成了个人只是角色，或者说义务主体，而不是具有独立权益的个体，但他们在公共领域表现为向来只占

① ［美］孔飞力：《叫魂：1768 年的中国妖术大恐慌》，陈兼、刘昶译，生活·读书·新知三联书店 2012 年版，第 42 页。
② ［日］和田洋一：《新闻学概论》，吴文莉译，中国新闻出版社 1985 年版，第 20 页。
③ 黄旦：《林则徐为什么不办报》，《新闻记者》2012 年第 1 期。
④ 黄旦：《林则徐为什么不办报》，《新闻记者》2012 年第 1 期。
⑤ Carey J. "In Defense of Public Journalism", In Glasser, T. ed. , *The Idea of Public Journalism* , NewYork: The Guilford Press, 1999, p.51. 转引自黄旦：《林则徐为什么不办报》，《新闻记者》 2012 年第 1 期。
⑥ 费孝通：《乡土中国　生育制度》，北京大学出版社 1998 年版，第 36 页。

便宜,有权利而无义务。另依照梁漱溟所言,中国社会是以伦理组织社会,那么五伦就是中国的社会组织,离了五伦别无组织。① 此外,政治伦理化的结果是社会基层单位(包括家庭)对国家来说,只是伦理实体,也不具独立权益。社会关系遮蔽了个人,国家吞没了社会,社会被纳入国家,由此形成中国权力一元化且高度集中的皇权体制。费孝通还指出在私人化的社会关系中无法形成真正意义上的公共空间。中国社会"差序格局"所表现出来的"并不是个人主义,而是自我主义"②,是对他人和公共事务的漠不关心。

因此中国的民众难以萌发公共意识,也难以在公共事务中扮演公共角色。卞冬磊在一篇论文中总结,前现代的民众转换为西方近代社会中的"公众"面临三重障碍:"中国人缺乏获知公共事务的管道,缺乏政治主体意识,缺乏干预权力的手段。"③封建专制王权下顺从的臣民在传统的皇家葬礼中,只是按照礼制设定的角色尽到一个臣民应该尽的义务而已,至于葬礼中发生的可能会涉及集体利益的事件,他们无从知晓,也根本没有意识到自己有知晓的权利。统治者这样做,自然是出于皇权永固的考虑。千百年来,统治者对于礼仪塑造人心的作用有着几乎一致的认识。

二、"新报"之新

戈公振总结道:"盖西人之官报乃与民阅,而我国乃与官阅也。"④1872年在中国诞生了最早的"与民阅"的商业报纸,即英国人美查在上海创办《申报》,和当时所有的邸报和传教士的宗教报刊不同的是,它将报刊当作消费性的商品,提供娱乐或满足好奇心,最大限度地吸引读者,赢取商业利益。该报的创办被视为商业化新式媒体的重要开端。"新"是相对于"旧"而言的,《申报》在同治十一年六月初八日刊发的《邸报别于新报论》从四个方面阐明了新报与邸报的新旧之别:

> ①内容上,邸报只传"朝廷之政事,不录闾里之琐屑",新报则是"上
> 自朝廷,下及闾里……备书于纸"。
>
> ②消息来源上,"邸报之作成于上",由上而下,新报之类则"作成于

---

① 梁漱溟:《中国是伦理本位底社会》,载氏著《中国文化要义》,上海人民出版社 2011 年版,第91 页。
② 费孝通:《乡土中国　生育制度》,北京大学出版社 1998 年版,第 28 页。
③ 卞冬磊:《在中国发现公众:报刊与晚清阅读公众的形成》,《传播与管理研究》总第 12 期,2013年第 2 期。
④ 戈公振:《中国报学史》,上海古籍出版社 2003 年版,第 63 页。

下",来自民间。

③读者构成上,阅邸报者"学士大夫居多,而农工商贾不预焉",新报所追求的则是,"人人喜阅"。

④社会功能上,邸报的目的是"备史臣之采择",为官史做素材,《申报》反映的是社会民情。这二者的新旧之线,恰来自对不同群体及其所勾连的关系的确认和想象。①

具体而言,邸报勾连的是从中央到地方的各级官僚群体,其中还有作为官僚预备阶层的士人,这是现实关系中具有共同利益的"政治交往共同体",共同体内部等级森严,信息的传送是在上级与下级的等级关系中进行的,邸报是依靠皇权制度维持的信息传递机制。与此形成对照的是,最早在口岸城市上海出现的《申报》②和其后沿袭它的办报模式和经营方式的商业性报刊,传播者和读者在地位上是平等的,在传播者的读者想象中,无论是官员、士人还是普通市民,一律都是他们服务的对象。由此,"新报"的创办者和它们的读者群体结成了一个跨越地域、阶层和现实利益的"想象的共同体",邸报以维持中央集权为立足点,而"新报"则以服务读者、获取商业利益为立足点,这导致了社会交往关系的改变。下文具体从报刊与官员、士人群体和普通民众的关系入手逐一分析。

(一)冲突与适应:《申报》与官员

官员对《申报》等商业刊物轻视的,认为它们只不过刊登一些琐碎的新闻,难登大雅之堂。此外,学术界一般认为,商业刊物只是为了获利,很少会挑战官方权威。德国汉学家鲁道夫·瓦格纳(Rudolf G. Wagner)也指出,《申报》创办人并未和中国官方、地方势力站在对立面。不过,也有研究者提出来并非总是如此,如《申报》在对杨乃武与小白菜案连续近四年的追踪报道之中,都体现了对官方不公正审判的质疑,一定程度上起到了监督权势的作用。卢宁发现《申报》在对湖丝案、徐壬癸案的报道中批评了官吏的审讯方式,引起官员愤怒,也导致报纸与地方官员关系的恶化。③

---

① 黄旦:《报刊是一种交往关系——再谈报纸的"迷思"》,《安徽大学学报(哲社版)》2012年第6期。

② 《申报》为吸引读者,采取许多中国传统出版传播事业和西方传教机构所未见的举措,更大意义上是为了适应上海的特殊环境而采取的经营策略,改变了传播工具在社会中扮演的角色。

③ 卢宁:《早期〈申报〉与晚清政府:近代转型视野中报纸与官吏关系的考察》,上海科学技术文献出版社2012年版,第33页。

即使如上所述,仍不能夸大此类商业媒体和官府的对立及其背后所包含的政治意味。《申报》对官府的批评往往是就事论事的,即批评的矛头是指向官员个人,而不是质疑整个统治秩序的合理性。李仁渊就指出,《申报》与当时中国官方产生矛盾的原因与其说是来自国人排外的敌意,不如说是中国社会对一种外来的新的传播机制的不适应。官员担心的是报纸将其公务和私人活动公开带来的受众无法预期的反应,和随之而来的原有官民之间距离和界限的改变,他们所作的反应亦是相当个人化,且比较有限。① 也就是说,清廷还未发展出一种制度化的途径来对付商业媒体的在他们看来危险的"越轨"行为,这也从侧面说明,《申报》的影响力较为有限,还未被整个官僚阶层所瞩目。

(二)吸引与参与:《申报》与士人

首先,《申报》早期的主笔多是科举落榜的失意士人。其次,《申报》为了吸引士人,邀请士人给报馆投稿,不定期刊登士人投稿的诗文,这是它为迎合士人读者对科举社会做出的调和与适应。士人大规模地加入报业还是在甲午战争之后,并且随着科举制度的废除,士人才转变为现代意义上的知识分子,他们通过报刊参政议政来重新定位自己的身份与角色。

(三)消费与观看:《申报》与市民群体

《申报》采取的是西方大众化报刊的办报和经营模式,为了吸引国内读者,尽力提供读者感兴趣的话题。最初申报的特色是注重社会新闻,但文学色彩较强。电报被用于新闻报道之后,因为电报资费使新闻产品的成本降低,新闻开始与人们具体的生活需求相连,呈现信息化的趋向。《申报》给读者提供了信息和谈资,读者也是抱着消费和观看的目的来接近它,但是这种带着消费意图的接近在一些重大事件中也召唤起了中国最早的公众。如《申报》创办之初对杨乃武与小白菜案的追踪报道,使得原先仅限于浙江省内和部分官员熟知的案件,变得全国公众皆知,人们在围绕着这一事件的观看之中开始质疑中央和地方政府的权威。此外,在中法战争期间,《申报》还雇佣战地记者到现场采访,"原本远在天边的战情,如今透过每日出刊的报纸,使得战局演变为众人每日追看的剧情,中国与外国打仗的消息让读者知道天下不再是史书演义中的中原与四裔,而国家的大局与存续似乎跟每一

---

① 李仁渊:《晚清的新式传播媒体与知识分子:以报刊出版为中心的讨论》,台北稻乡出版社 2012 年版,第 145 页。

个阅报者如此接近"①。从某种程度上说,中法战争提供了世界地理和现代化国际关系的知识,为"民族共同体想象"提供了最初的知识资源。此外,报刊上关于公众事务的讨论使得社会内部的群我关系、各阶层之互动方式发生了变化。

但是,真正的社会巨变是在 1895 年之后随着政论报刊的出现到来的。在此之前,《申报》等新式报刊发行范围局限在以上海为中心的江南地带和沿海的商埠城市,其从业者和读者主要是下层士人和普通市民,当时社会结构的核心力量和支配阶级——士人阶层对之的接受则相对被动,从内心轻视,认为这些新报"记载猥琐,语多无稽,不学无术,无关宏旨,不屑观听"②。左宗棠在给朋友的信中就斥责道:"江浙无赖文人以报馆为穷途末路。"由于无法获得统治阶层的积极回应,且囿于商业网络的不发达,无法在广大内陆地区销售传播开来。因此,1895 年之前的商业报刊所到达的区域和群体都属边缘,实际影响十分有限,既没有触动士人阶层的思想变革,也未能撼动古老帝国的整体结构和权力分布。因此,技术与传播报刊等新形式的引进不能即刻改变整个信息传播环境,进而改变社会心态。甲午战争作为近代史上的大事件,是一种外来的强有力的促进力量,它提供了转变中国社会结构的契机。当然,这种转变是在很多社会条件的共同作用下发生的,其中重要的因素之一是政论报刊的勃兴。

三、1895 年之后政论报刊的勃兴

甲午战败给中国士绅阶层和上层官僚以深刻刺激,他们开始认识到西方的强大不仅仅是器物上的,还有思想、文化和制度上的,他们开始主动运用传播媒介鼓动变法图强。其中最著名的报纸当属康梁 1896 年创办的《时务报》,该报有强烈的现实关怀,呼吁政治改革,且有封疆大吏如张之洞在湖北推广该报,被各地官员和士人纷纷仿效。报刊开始触及中国的核心阶层,撼动了原有的政治与社会秩序,加速了中国社会结构的变化。

清史研究者李仁渊指出,《时务报》利用甲午战败和士人群体思变之机,运用中国旧秩序中官方的政治传播网络,包括散布于各省的官方行政系统、

---

① 李仁渊:《晚清的新式传播媒体与知识分子:以报刊出版为中心的讨论》,台北稻乡出版社 2012 年版,第 203 页。

② 李仁渊:《晚清的新式传播媒体与知识分子:以报刊出版为中心的讨论》,台北稻乡出版社 2012 年版,第 132 页。

地方社会，以及官僚之间私人的连接得以迅速流通全国，形成风潮。① 但是，《时务报》在现行权力结构下生存，终于无法跳脱此种结构加于其上的诸种限制，因汪康年和梁启超的分歧而走向覆灭。②

其后，受到《时务报》开创模式的启发，遍布全国的学会报纸纷纷创办。③ 尽管这些报纸的政治主张或有不同甚至对立，但是他们在帝国晚期整体的运作组织不畅的情况下，开创出了一种体制之外的传播渠道，让地方士绅与下层官僚的意见通过报纸可以直接越过层级传递给中央权威，民众通过报纸可以以自下而上的方式表达意见，并且是公开的表达。④ 这种公开表达将更多的有相近观念的、分散在各地的人联系、聚合和团结起来。有了报纸这样一个联系的中枢，士人群体可以结群。在清末由政论报纸连接聚合起来的主要是具有政治诉求的"政治共同体"，他们可以通过言论干预政治，借由报纸的空间，士人得以名正言顺地公开议论和参与国家政事，希望以此来挽救危局。这一"政治共同体"已经有了类似政党的特征，报纸推广什么理念，能够做什么，要看其背后的"政治共同体"的性质和定位。"会党＋办报"的模式后来为留日学生和革命党所仿效，成为颠覆清廷的工具。总之，《时务报》等报纸将原来仅仅属于权力体制内部的"T"型传播系统转变为属于社会的"工"型传播体系，由此改变了现代报纸产生之前的旧的政治和社会格局。

维新派人物并无意颠覆清政权，他们寻求的是对现有政治秩序的改良，希望借助报纸发表的言论受到纵向秩序顶端的垂青，授予其对应之政治权力，完成其理想抱负。但是，"无心插柳柳成荫"，《时务报》等政论报纸打破了帝王对于信息交往的独尊与垄断，在官方的政治交往通道之外建立了一

---

① 李仁渊：《晚清的新式传播媒体与知识分子：以报刊出版为中心的讨论》，台北稻乡出版社 2012 年版，第 140 页。

② 其背后的原因还在于康梁试图引入中央的权威核心来打击接受地方大员张之洞间接支持的一方，以争取对该报的支配权。此事也反映了中央与地方争夺改革领导权之争。参考李仁渊：《晚清的新式传播媒体与知识分子：以报刊出版为中心的讨论》，台北稻乡出版社 2012 年版，第 144 页。更加深入的分析可以参见黄旦、詹佳如：《同人、帮派与中国同人报：〈时务报〉纷争的报刊史意义》，《学术月刊》2009 年第 4 期。作者认为《时务报》作为同人刊物，康门弟子试图将之变成自己"党派"的宣传工具，最终危及同人合作之基础，走向分裂。由此表明，"文人论政"型的中国同人报纸，若其中的某些成员或者某个派别，具有了明确的政治认同和政治派别角色意识，并力图使同人报转向为"党报"或者"类党报"，报纸的纷争、分化乃至分裂就是必然。

③ 如严复主编的《国闻报》、唐才常主编的《湘报》等等，这些学会的出现与当地的官员态度有所关联，许多受到官方直接或间接的支持。然而，受到官方支持的报纸受到的管制也相对较多，难以实现一个官方权威之外的领域。

④ ［日］和田洋一：《新闻学概论》，吴文莉译，中国新闻出版社 1985 年版，第 20 页。

种新的交往关系和政治关系。与"邸报"自上而下的信息传播模式所建立的垂直关系不同,这种关系是平等而跨越阶层的:分散在各地的、不同权力阶序上的每个人可借此相通声息,在其运作下,每个个人——无论士农工商,都可相通成群,都是组成国家群体的一部分,每个个人相对而言取得较为平等、透明的关系,新的交往关系亦借助对政治事务的讨论,暗示和构想一种新的、更为平等的理想的政治秩序。这无形中削弱了旧秩序的权威基础。①1898 年戊戌变法失败后,政论报纸被中央政权关闭、打压,政论报纸在变法语境下开展的言论空间因此中断。但高压之下造成了激烈的反弹,更加激进的革命团体出现并获得了意识形态上的合法性,他们仿照之前的政论报纸的模式创办刊物宣扬其革命主张,成为颠覆清政府的有力工具。

第三节　断裂与重构:清末报刊界与社会

1912 年《时报》上的一则通俗歌谣形容了清末民初的新旧更替:

> 共和政体成,专制政体灭;中华民国成,清朝灭;总统成,皇帝灭;新内阁成,旧内阁灭;新教育兴,旧教育灭;枪炮兴,弓矢灭;新礼服兴,翎顶补服灭;剪发兴,辫子灭;盘云髻兴,堕马髻灭;爱国帽兴,瓜皮帽灭;……阳历兴,阴历灭;鞠躬礼兴,拜跪礼灭;卡片兴,大名喇灭;马路兴,城垣巷栅灭;律师兴,讼师灭;枪毙兴,斩绞灭;舞台名词兴,茶园名词灭;旅馆名词兴,客栈名词灭。②

社会行动者的身份也发生了变化:臣民转化为国民,皇帝转化为总统,士转化为边缘知识群体。同时,现代政党出现,"华夷"观念的文化主义转化为政治性的民族主义。这一巨变在清末急遽发生,促进这些新思想的普及的重要因素之一就是报纸。以《申报》为代表的商业日报和以《时务报》为代表的政论报纸以及随后兴起的革命党刊物一起加速了清末"四民社会"的解体,在促进与传统断裂的同时,这些刊物也发挥了对社会重构的作用。

---

① 李仁渊:《晚清的新式传播媒体与知识分子:以报刊出版为中心的讨论》,台北稻乡出版社 2012 年版,第 145 页。

② 吴冰心:《新陈代谢》,《时报》1912 年 3 月 5 日,第 6 版。

　　清末政论报纸的勃兴,再加上商业网络的配合,出现了一个新思想的传播线路:海外(日本)—上海—省城—城乡。① 日本是近代中国新思想的一个输入地,戊戌之后,更多的中国留学生选择留学扶桑学习富国强兵之道。在那里,受革命思想的激励,很多人因此成为革命党,那些新名词、新概念沿着上述路线,为下层士人所熟知。官方对之采取封禁的结果反而促使其切断与官方之间的牵连,走向与官方对立的一面。革命党的报纸,尤其是《民报》对部分青年人有着相当的吸引力和号召力,他们将个人命运的彷徨不定和国家衰微联系起来,国恨家仇交织在一起,青年人普遍将个人自我的命运放置到革命(国家)的框架中去理解,革命报纸给了他们的困惑一揽子的解释,于是他们成为新观念、新思潮的积极传播者。尽管在政治主张上从维新走向普遍革命的趋向不是如此普遍,但借由传播媒体的联系,的确形成了一个公开批判王朝腐败和专制权威,并要求更平等、自主权利之空间,造成程度不一的颠覆效果。

　　1900 年之后的报纸与维新时期的报纸相比,出现了新的变化。它们多属于启蒙报纸,一致鼓吹破除迷信,主张科学与理性,并且强调国民与国家之间的连接,以陶铸富强的民族国家。它所起的作用,也不再与维新报纸相同,其目的是借此启蒙民众,使之成为国家和公共的一分子。再加上各地读报社以及士绅阶层对启蒙民众运动的热衷,可以想见,这些新思想可以借由读报社、戏剧、茶馆内的说书等多重渠道触及社会的底层。②

　　此外,小报等商业刊物也以其独特的方式削弱着清政府的权威。鲁迅在 1923 年出版的《中国小说史略》中时指出,光绪庚子(1900 年)后,谴责小说特别盛行,"群乃知政府不足与图,顿有掊击之意矣"③。这些谴责小说作者首先从报纸上的新闻中获得素材和灵感,以此进行再创作,再将创作的作品定期刊登在报纸上。这些小说多以社会和官场批判为鹄的,读者在阅读小说的夸张情节时,又和自己的日常经验相连,日益增加了对官场的不信任和对现有秩序的质疑。当谴责小说和每日发行的报纸相遇,它的颠覆潜力

<hr>

① 晚清上海这个边界犹如飞地,中国政府无法对它进行直接控制,租界分属不同国家,上海秩序的运作,要比内地城市或者京城等地经历更多复杂而曲折的权力折冲。中西制度之间的转折亦在租界制造了权力的缝隙。如不同的行政体系,在转换之处留下模糊地带,成为有意者游走反复的空间。民间书报复杂而灵活的传递管道并非晚清专制政府下庞大而权力分散的官僚制度可以掌握,因此屡禁不绝。参见李仁渊:《晚清的新式传播媒体与知识分子:以报刊出版为中心的讨论》,台北稻乡出版社 2012 年版,第 231、301 页。

② 关于清末下层社会启蒙运动的情况详细介绍,可以参见李孝悌:《清末的下层社会启蒙运动:1901—1911》,河北教育出版社 2001 年版。

③ 鲁迅:《中国小说史略》,人民文学出版社 2006 年版,第 300 页。

被最大幅度发挥。如李仁渊指出的：

> 小说家鲜明的刻画足以让读者调整他们与官方、国家的对应关系。一旦政府体制、权力运作可以在政治刊物上公开被讨论，批评计划取代方案，国家的权威感便不能维持专制时期的至高无上，而一旦官员可以在每日、每月阅读的刊物中，任意被嘲笑、攻击，官员的形象沦丧，而支持官员权力背后的皇权体制也就变得可以质疑。①

自鸦片战争之后变革教育的呼声就不曾中断，早有龚自珍、魏源、冯桂芬等人指陈科举弊端，洋务运动中李鸿章也积极谋求教育改良之道。甲午一役中国人始知必须采取更为彻底的改革才可挽回江河日下之颓势，教育制度成为首要的变革项目。1905 年科举制度废除后，一方面学校制度无法给予科举制度中游离出来的士人以空间，使之脱离原来的士绅关系，另一方面传统的经典不敷使用，新式学堂造就了一批与旧有制度脱离关系的学生群体。以经典为核心的学术传统中断，换成了以西方科学知识和政治制度为基础的课程。随着教科书出版的民间化，士人阶层与政府的联系中断，新思想不仅借由学堂系统与教科书传递到各地学生，学生群体本身也扮演着传播者的角色，他们通过办报，或加入报业，或发散报刊、演讲，将他们接触到的新思潮新观念进一步散播出去。这些官方体制之外的言论通道，正是具备了以下四个条件：(1)空间：专制权威无法完全掌控的空间；(2)人员：能够操作文字与政治思想的知识分子；(3)思想资源：来自西方和日本的政治理念；(4)机构：传播政治思想的管道——报纸、教科书、小册子等。大批不再依赖于官方脐带的士人聚集于租界，辗转从日本复制过来的西方先行经验(如平等、国族、言论自由等)与商业的结合，日益成熟的传播媒体与传播管道，构成了此言论空间的几个支柱，让分散的空间得以互通声息，并能对现有体制加以批判。由此，与官方对立的言论空间初步形成。清末政府在组织上已经无力教化民众，用统一的意识形态整合社会，社会已经呈现出与传统断裂的一面。约言之，启蒙报纸、商业报纸上的谴责小说、革命党报纸、教科书上的新知识等，这些合力共同促进了新学代替旧学，很大程度上弱化了政府权威。

---

① 李仁渊：《晚清的新式传播媒体与知识分子：以报刊出版为中心的讨论》，台北稻乡出版社 2012 年版，第 115 页。

第四节 晚清新闻公众的形成

胡道静在《上海新闻事业之史的发展》中根据《申报》1906 年 2 月 5 日的社论制作了一张表格,比较了各个阶层的今昔阅报者进步程度的情况,见表格 1-1①:

表 1-1 晚清时期各阶层对报纸的态度变化

	昔 日	今 日
政 府	对于报纸之意见,视为败类,不齿新闻记者于士林。	颁报律以维持之,饬报馆以倡率之。两宫时常遍阅报纸。
官 场	对于报纸之意见,恐有以发其覆也,则深恶而痛忌之,其强横有力者,多方以中伤之,而由捉主笔封报馆之计划,其懦怯无能者,百计以运动之,而有进贿赂通关说之陋习。	虽不能尽绝此等思想,然其大半则已知报章之凭公理,而非己逞私见。故渐有据报章之记录而形诸公牍,以为案证者矣。
学 界	士人对于报纸之意见,平时则视为供消遣做谈资而已,所留心者,考试时之试题榜案而已。与学问无关。	学界之留意报界甚广,凡内政外交及一切学务与革等事皆取资于是,视为求学之急务,而不肯一日间断也。
工商界	对于报纸之意见,视若无睹焉。非无亲也,能解识报章之文义者鲜也。即稍有能读新闻纸者,不过喜看盗案之新闻耳,奸淫案之新闻尔。间有登录无稽谰言,街谈巷语,则拍案而叫绝。	亦留心社会之状况,市面之盈亏,工商之发达与否,并有能关心时局,而一般普通见识,逐渐进步,知报纸之有益矣。
农 民	不知有所谓报纸。	渐知有报纸。闻讲报社之演讲,则鼓掌欢呼,唯恐其词之毕,而根己之不能读者。

由此可见,在晚清几十年里,报刊逐渐渗入人们的日常生活,其中对于读书人的影响尤其重大。新闻作为一种知识形态,具有与古典知识完全不同的特征。根据威廉姆·詹姆士的划分,知识分为理解型(knowledge about)和感知型(acquaintance with)。② 传统文人接触的儒家典籍属于理

---

① 胡道静:《上海新闻事业之史的发展》,载氏著《胡道静文集:上海历史研究》,上海人民出版社 2011 年版,第 321—322 页。

② James,W. "Does Consciousness Exist?", *Journal of Philosophy*, *Psychology*, *and Scientific Methods*, Vol. 1,1904,pp. 477-491,http://psychclassics. Yorku. ca /James/consciousness. htm.

解型知识,他们在论证说理的时候常常追溯到古代的传统,借由古代的典故与亘古长存的经典来提升其论说的价值,古代典籍具有一种不容置疑的规范性力量,它所追求的是秩序和规范在时间上的延续。从这个意义上说,"图书的源头是抒情的和宗教的情感"①。报纸则属于感知型知识,"报纸的源头是世俗的、日常的东西,它来自私信,私信又来自于交谈"②。新闻的作用是让人和社会适应一个真实的世界。③ 它鼓励的是对现实、变动、新事物的关注。"它引导读者想象一个不可测知的未来,而不是一个在背后的古代。"④新闻作为知识所具有的特征,塑造了与古典时代完全不同的现代人的心灵和生活世界,对于读者的认识世界的方式产生了重大影响。卞冬磊在晚清阅读史研究中指出,传统的经世思想以致用为目的,且以政府施政为立场,读书人关心的往往是政府的实际行政事务。而阅读报纸不同,报纸带来了现实主义,它并没有传统的经世致用的实际功能,又非对朝廷立场亦步亦趋。报纸将读书人从前人世界中解放出来,从立足朝廷,关注实际行政事务和耳闻目见的事实,转到另一种现实:即"以国家为主体,毫无实际功用,超越个人闻见的政治现实,这正是现代意识发生的摇篮"⑤。

普林斯顿大学东亚系历史学者本杰明·艾尔曼(Benjamin A. Elman)曾经指出晚清以阅读儒家典籍为主的"共同体"逐渐转向具有政治批判力的"阅读公众"。⑥ 中国读书人主要思想资源之转变意义重大,19 世纪 90 年代出生的读书人生活世界与前人大不同,周遭世界变成了都市学堂,他们阅读的是报纸……他们更加关注政治,对现实持批判态度,因此加速了他们与传统思想与社会的决裂。⑦

本章小结

传统时代皇帝或者皇后逝世的消息及其葬礼的安排可以通过政府的行

---

① 黄旦:《报刊是一种交往关系——再谈报纸的"迷思"》,《安徽大学学报(哲社版)》2012 年第6 期。

② [法]塔尔德:《传播与社会影响》,何道宽译,中国人民大学出版社 2005 年版,第 57 页。

③ Robert. E. Park:《新闻作为一种知识:社会学知识的一个章节》,项光泽、王威、陈力译,http://linkwf. blog. hexun. com/53227386_d. html.

④ 李仁渊:《晚清的新式传播媒体与知识分子:以报刊出版为中心的讨论》,台北稻乡出版社 2012 年版,第 30 页。

⑤ 卞冬磊:《古典心灵的现实转向:读报纸与现代性(1895—1911)》,《新闻春秋》2013 年第 4 期。

⑥ 卞冬磊:《古典心灵的现实转向:读报纸与现代性(1895—1911)》,《新闻春秋》2013 年第 4 期。

⑦ 卞冬磊:《古典心灵的现实转向:读报纸与现代性(1895—1911)》,《新闻春秋》2013 年第 4 期。

政系统本身来传递,作为政治权力的神经系统存在,行政系统本身就是一个传播系统,可以将中央朝廷的意志通过邸报、各种公文等传达于地方。① 之后,每个官员及其妻子、庶民等按照规定的礼仪参加到葬礼中来。葬礼信息的发布依靠的是国家的"传令机构",只是这一信息系统是封闭的,和普罗大众的生活并不相关。至于民间对葬礼及其皇室秘闻的议论,则多以三姑六婆的"闲话"形式流传,只要不引起大面积的社会混乱,当政者也不会过问。

近代化报纸出现后,它遵循商业逻辑,为最大限度地吸引读者,"内备各种信息",它逃逸出了政府行政权力系统的支配,因此发展出了一种与权力"对抗"的关系。近代报纸成为一种个人与社会的中介形式,民众通过报纸连接起来,他们不再完全是葬礼中沉默的参与者和旁观者,而是通过报纸发出自己的声音,这种声音有时是颂扬的,有时是不满的,甚至是批判的声音。总之,与葬礼有关的事宜会成为大家公开关注和议论的对象。本来是属于家族小圈子的普通人葬礼,经由报纸的传播和评论则变成了一件事关移风易俗的公共讨论,如 1907 年,清朝最后一任状元刘春霖为妻子举行葬礼,其丧仪殡葬一切遵从文明办法。此举引起不小的震动,有赞他破除陋习的,有批评他违背礼俗的,《大公报》为此特别发表评论,称赞刘春霖"能毅然行之,殊堪佩服,特志之以为世俗劝"②。

公共事件经由近代报刊的传播,公众可以聚集起来"参观"和"参与",共同思考国家与社会的运作,这样"天下"不再是一个空泛和虚置的概念,朝廷和政府也不再是一个架空的机构,而落实为一个具体的可与之交往的对象。至此,民众对"朝廷"的理解不再是一种情感性的概念,而是落实到了通过对具体事务的参与而产生了具体感。我们可以从之后对慈禧奉安大典的报道中窥见日渐兴起的公众的民族主义意识。

---

① 据明史研究者王鸿泰的研究,政权为了确保其命令能无所阻碍地传递出去,建立了信息传递的形式及流程:各种公文格式的规定,各种印信关防的使用,以至传递系统的建立,驿站制度的建立可以说就是这个"正式"传播系统中极具代表性与关键性的一环。参见王鸿泰:《明清的资讯传播:社会想象与公众社会》,《明史研究》2009 年第 12 期。
② 孙燕京:《晚清社会风尚研究》,中国人民大学出版社 2002 年版,第 59 页。

第二章　忠君和爱国：慈禧国葬报道中的"家国"想象

第一节　慈禧葬礼与神圣皇权的展演

光绪三十四年农历十月二十一日（1908 年 11 月 13 日）傍晚，年轻的光绪皇帝于中南海瀛台涵元殿逝世。第二天下午，操纵晚清政权达半个世纪之久的慈禧太后也死在中南海仪鸾殿内，终年七十四岁。光绪皇帝和慈禧太后去世的消息一经传出，就震惊了海内外。慈禧死后的五天，监国摄政王载沣以皇帝的名义发布上谕："大行太皇太后垂帘训政四十余年，功在宗社，德被生民。所有治丧典礼，允宜格外优隆，以昭尊崇而申哀恸。著礼部将一切礼节，另行敬谨改拟具奏。"① 可见，在监国摄政王载沣的授意下，慈禧的葬礼突破祖制并尽显优隆。慈禧得到了一个几乎与皇帝等同的谥号，可谓空前绝后。监国摄政王载沣认为："大行太皇太后功德昭著，震古烁今"，葬礼规格突破祖制是以"重巨典而申显扬"。清代帝后葬礼皆由内务府负责，组成的丧礼处，遵照清朝典制与列后成案办理。② 从慈禧逝世至奉安东陵的一年时间，祭祀活动持续举行，十分隆重。可是官方历史没有留下详细的记载，《申报》上发表的是朝廷对慈禧丧礼的安排等等，多是以上谕形式刊发。幸运的是，清廷史官恽毓鼎在日记中以参与者的身份留下了一些在场记忆和朝代兴亡的感慨，他曾在日记中多次记载了祭祀典礼：

> 农历十月二十八日，大行太皇太后几宴前殿奠，进茶一拜，进膳一拜，读祭文一拜，跪听祭文毕，行三拜礼兴，福晋及王公夫人各捧冠服出，诸臣跪送随诣燎所，福晋夫人跪奠酒，诸臣皆跪。③
>
> 农历十一月二十二日，晴，孝钦显皇后两满月大祭，午刻在皇极殿

---

① 《申报》1908 年 12 月 3 日。
② 《钦定宫中现行则例（四卷本）》对训诫、宫规、宫分、铺宫、车舆、遇喜、安设、进春、谢恩都有详细规定。对玉牒、礼仪、宴仪、册宝、典故、服色都有详细的规定。
③ ［清］恽毓鼎：《恽毓鼎澄斋日记（第二册）》，浙江古籍出版社 2004 年版，第 406 页。

行礼，纸扎船轿人物与观德殿（笔者注：这是光绪帝金棺停放之处）同，唯船头作凤行为异尔，闻内务府造办处开价每份银二万四千两。①

初九日，巳正孝钦显皇后神牌回京，臣等朝服在大清门外跪迎，随入太庙升祔，午初二刻行礼归寓。②

世风日下，有多名朝官在祭祀时不守礼节，甚至嬉笑，令恽毓鼎痛心疾首，他三次在日记中慨叹丧礼中的纲纪乱象：

"十月二十七日，晴，有风，卯初刻，大行皇帝几筵前殿奠，天尚黎明，仅辨人影。""冠服出时，诸臣应跪送。今皆不然，本届丧礼之漫无头绪也如此！"③

冬至节④是传统社会的一个重大节日，是王公百官祭拜的重要时刻，恽记载道："九月二十九日，晴，冬至节。孝钦显皇后、德宗景皇帝几筵前行大祭礼，毓鼎辰正至东华门皇极殿，行礼甫毕，因在史馆暂憩，午初一刻诣观德殿叩奠。"⑤作为史官的恽毓鼎目睹祭拜仪式上有不合仪轨的行为发生时，记载道："当跪听恭读祭文之际，前跪二品数大员居然回首促肩大声谈论，且纵笑不止，哀敬两亏，肆无忌惮"，恽毓鼎发出不胜纲纪凌乱之叹，并自觉维护礼制，将此次失礼之行为上奏朝廷，得到了摄政王的回应，摄政王发布上谕整肃纲纪，"冬至德宗景皇帝大祭，礼节隆重，在事人等，自应一体严肃，以昭哀敬"。但是，"前列诸臣，竟然笑语喧哗；焚化冠服时，并有轿夫多名横绝拥挤，殊属不成事体，嗣后凡遇大祭，着派御史二员监礼，并着民政部严定管束规矩，不得任意混杂，用昭肃静"。⑥ 恽毓鼎将官员不守礼制的原因归为两宫相继去世，前所未有，因此造成了混乱现象，可是仔细思索，恐不只是这个原因，考虑到时代风气的嬗变，皇权不再那么巩固也是事实。

恽毓鼎第三次感慨国人不守礼节是在慈禧去世的第二年奉安大典慈禧

① ［清］恽毓鼎：《恽毓鼎澄斋日记（第二册）》，浙江古籍出版社 2004 年版，第 415 页。
② ［清］恽毓鼎：《恽毓鼎澄斋日记（第二册）》，浙江古籍出版社 2004 年版，第 461 页。
③ ［清］恽毓鼎：《恽毓鼎澄斋日记（第二册）》，浙江古籍出版社 2004 年版，第 406 页。
④ 研究者指出，中国的传统节日凝聚着特殊共同体的价值判断和道德情感。萧放先生认为，中国传统的岁时一般指年度时间内约定俗成的以祭祀、娱乐为主的特别时日。岁时主要依照自然节气确定，节日主要遵循社会生活节奏；在功能上，传统岁时主要协调人与自然的关系、人与人的关系。参考萧放：《岁时：传统中国民众的时间生活》，中华书局 2002 年版。
⑤ ［清］恽毓鼎：《恽毓鼎澄斋日记（第二册）》，浙江古籍出版社 2004 年版，第 411 页。
⑥ ［清］恽毓鼎：《恽毓鼎澄斋日记（第二册）》，浙江古籍出版社 2004 年版，第 411—412 页。

的梓宫出京之时，他在日记中记述了当天参加葬礼的情形："九月十七日，阴雨，夜大风，天明竟止。孝钦显皇后永远奉安东陵普陀峪，预传卯正二刻起杠，毓鼎卯正登车，辰初出东直门，在吊桥旁样顺茶馆暂坐，同署诸公咸在辰正步至铁塔本署跪班处恭候。已正梓宫始到，臣等皆跪送。"恽看到"西人之参观者，俟梓宫到面前，皆脱帽致敬"。而参加葬礼的大队人马过后始步行觅车而归，"是时并无大风，而彩伞、五色旗皆卷而缚之，易手举为肩负，以取轻便，其苟简怠肆，一无约束如此"。① 对照西人之"虽在看热闹场中犹不忘礼敬（并非酬酢行礼之地欲使我见之也，其心直以为礼当如是耳），实可愧也"②。在恽毓鼎看来，清朝已是礼崩乐坏，像帝后葬礼应遵守的礼仪也被一些官员抛弃，反而是西人更加守礼。

文化人类学认为仪式的功能之一是人们在社会遭遇变动和威胁的时候，借助仪式确认忠诚、安全和稳定的状态。如今，官员们不再尽职尽责地履行传承了千年的义务，说明葬礼的社会统合功能在弱化，这才是真正让恽毓鼎感到忧虑之处。这一时代的脉搏，生逢从传统向现代过渡的时代的史官恽毓鼎不知是否已经触摸到，原有的君臣社会纽带和身份认同在西方文明的冲击下正在松弛，民族主义的身份认同和新的社会纽带正在锻造之中。

第二节　慈禧葬礼与家天下式"共同体"

"礼"的背后其实有一套"宇宙论"作为支撑，中国古代的宇宙论认为现实世界的各种秩序和宇宙之间存在着对应关系，如人体、国家和天体之间存在联系，到汉代形成高度发展和形式化的关联性理论，汉代宇宙论者把脆弱易变的汉代政治秩序比附于恒久的天文现象，为中华帝国结构本身提供模型和合法性，同时也为君臣关系提供了理想模型。汉代文献《白虎通义》中说，"日行迟而月行疾"，因此"君舒而臣劳"③。天体运行有异时，统治者可以依靠"德性"感动上天收回成命，因此中国古代宇宙观尤其强调统治者的德行，如《论语》中所强调的"为政以德，譬如北辰，居其所而众星拱之"。

---

① ［清］恽毓鼎：《恽毓鼎澄斋日记（第二册）》，浙江古籍出版社 2004 年版，第 459 页。
② ［清］恽毓鼎：《恽毓鼎澄斋日记（第二册）》，浙江古籍出版社 2004 年版，第 459 页。
③ ［西汉］班固等：《白虎通义》，中国书店出版社 2018 年版，第 93 页。关于宇宙运行与政治统治秩序的相关论述亦可参见季乃礼：《三纲六纪与社会整合：由白虎通看汉代人伦关系》，中国人民大学出版社 2004 年版；［美］亨德森（John B. Henderson）：《古代中国的自然观念与宇宙论》，《二十一世纪》（双月刊）总第 84 期，2004 年 8 月。

抽象的宇宙观必须通过仪式的实践来表达，统治者无法仅仅以权力手段统合国家，统治者通过日常生活的实践不断地向人民昭示这个宇宙论的存在，是统治的要旨。在此一场合，国家仪式就成为展现国家"共同体"本质的文本。若是没有这个文本，所谓国家"共同体"或许将不成立。无论如何以权势自夸的政权，只要其正当性没有获得宇宙论层次的保证就不能安定，我们可以说国家是透过仪式来体现"实体"，透过仪式来确认存在。与之同时，对于一个国家的人民而言，越过面对面接触和交往的"共同体"的实现，必须透过盛大的仪式来彰显，"这个过程与其说是单纯自上而下被赋予的行事，不如说可以自身感觉到安心、兴奋，体验到中心的确实存在，而且标识出祈求生活安定的证明"①。依此看来，仪式是一种媒介，统治者与治下人民借此互动，国家权力借此创造出一种社会共享的政治文化，国家权力的使用不是简单的强制，而是一种合理合法的运用，表现为一种"柔性的控制"。在仪式的实践中，群体短暂地从日常的工作中解放出来，借由人群的聚集、表演等来达至群体实践共有的价值观，并且进一步确认彼此属于同一个共同体，强化"我是谁"以及"我属于哪个群体"。只是传统中国"共同体"的性质，如秦晖所指出的，是一个集权国家对编户齐民实行强控制的"大共同体本位"结构，②在这样的共同体中，权力聚集在皇帝（也可以是代持皇帝权力的人）一人手中，其余人都是他的子民，而共同体内的关系君臣关系也是血缘、家族关系的延伸。国家是整体主义的统治力量，它对个人的个性、独立人格与权利实行压抑，甚至"小共同体"的个性与权利亦在它的压抑之下。

仪式的表征是文化的，其所指却是政治的。正是这些繁复的礼仪，印证了皇朝政权的合法性。大臣们祭拜的秩序与他们对帝后们生前的朝拜相似，遵照尊卑的秩序，是对现实政治秩序的模拟。在慈禧的奉安大典中，祭祀品、祭祀仪式、仪式中人与人之间的关系，都是同一时空下象征符号互动的载体，这种"在场感""归属感"，促进了共同体之间的凝聚力。慈禧作为集政治权力的中心、道统合法性和君位神圣性于一身的符号，向公众昭示了一种神圣的存在，并作为一种象征符号吸引并凝聚着人们对皇权神圣性的顶礼膜拜。而皇权的权威来源，用马克斯·韦伯（Max Weber）的话来说，即"永恒的昨日的权威，也就是权威因为古已如此的威信和去遵袭的习惯，而

---

① ［日］青木保：《仪礼の象徴性》，岩波书店 2006 年版，第 162—163 页。

② 秦晖：《共同体·社会·大共同体——评滕尼斯〈共同体与社会〉》2010 年 8 月 20 日，爱思想网站：http://www.aisixiang.com/data/35582.html。

变成神圣的习俗(Sitte)"①。在此过程中参与其中的王公大臣,强化了儒法帝国的共同意识。

仪式是现实秩序的再生产,也可以说仪式受现实权力制度的宰制。但现实的仪式实践影响的范围和人口数量毕竟有限。传统社会中不存在认同危机,每个人的生存空间大体上是固定的,他所需要认同的是面对面接触的共同体,如家庭、宗族、政治团体等,"认同过程以本土为中心,通常是一地之人生于斯,长于斯,在乡土意识的浸润下,这种认同更多地带有与生俱来的特性"②。不需要发挥个人的能动性和想象力,"国"是"家"的延伸和扩展,而朝廷对于古代的山野乡民来说,只是一个抽象的概念和远在天边的存在,他们穷其一生也很少会与其直接发生关系。

人类进入现代社会才出现了认同危机,也可以说认同危机是现代化的产物,现代化以来,"民族认同"成为世界上占绝对优势的认同形式。它的出现促使我们必须以"民族"的方式思考问题,把素昧平生的人想象为一个民族大家庭的成员。经过民族主义的洗礼,即使是相距千里素昧平生,也会将彼此视为同胞。19世纪初期出现的电报、印刷术,给"民族认同"的实现提供了技术层面的支持,当这些新兴的技术和每日出版的报纸结合起来的时候,报纸将更多的民众统合到一起,这就是美国学者伊丽莎白·爱因斯坦所说的报纸打破了地方的联系纽带,将人们和更远方的世界联系了起来。地方纽带松弛了,民族国家的纽带使一个精神脱离了旧家园没有归宿的人找到了新的伙伴,新的价值观和新的行事准则。③ 当时报刊热衷于介绍西方的器物和政治文明等知识,这样中国读者在睁眼看世界的同时,不仅看到了西方国家的富强,也看到了中国的积贫积弱,当中国人的思维资源变得和全世界同步,逐步融入全球化的过程,他们和过去、传统的纽带逐渐被削弱了。一些知识分子甚至认为,正是这些古老的传统障碍了中国走向富强,成为需要抛弃和改造的对象。如唐小兵指出的,"自清末民初梁启超发表《新民说》,在进化论和社会达尔文主义的思潮鼓动之下,在亡国灭种的危机刺激之中,古今中西之争被演绎成了新旧之间的生死博斗,'新'代表希望和未来,'旧'象征着过去和衰朽"④。

---

① [德]马克斯·韦伯:《学术与政治》,钱永祥译,广西师范大学出版社2010年版,第198页。
② 张昱辰:《上海城市共同体的传媒建构:以11.15火灾为例》,复旦大学硕士学位论文,2012年,第27页。
③ 卞冬磊:《"社会世界"的更新:新闻与现代性的发生》,《国际新闻界》2014年第2期。
④ 唐小兵:《民国新学生的浮世绘》,《东方早报》2013年1月17日书评版,http://culture.ifeng.com/gundong/detail_2013_01/17/21281018_0.shtml。

正是在这种趋新的政治文化之下，慈禧葬礼经由大众报纸的传播，在报纸上"间接观看"的民众呈几何倍数增加。当时，由于报纸的信息网络还不健全，清廷不接受通信员的采访等组织惯例，只能按照清廷设定的脚本展演，歌颂慈禧的政治功绩。但是，独立的商业报纸把大丧期间的商人违制、执政者滥用权力等问题公开化，并将之置于舆论空间讨论，发挥了对上监督朝廷、对下教育民众的作用。清末在文化、社会生活等诸多场域都有泛政治化的趋势，如张仲民的研究发现晚清的"卫生"问题也和国家兴亡联系起来。那么，在"全球帝国主义新世界中"，国葬不再是统治集团内部的事情，葬礼上民众的素质和执政者是否公正、廉洁不可避免地和民族、国家的前途与命运联系起来。感时忧国的报业文人，他们希望建立一个文明富强的民族国家，跻身于文明国家，这一时代的焦虑渗透在对葬礼的报道之中，使慈禧的葬礼成为一场重大的公共事件。慈禧的葬礼仪式本身，试图和遥远的古代和清朝的祖先建立连接，这是它传统的一面，巩固了传统的文化价值共同体，印证了皇权的合法权威，但是在仪式之外，在大众报纸上，一种新型的民族共同体出现了，体现了过渡时代"共同体"建构过程中复杂多元的样貌。

第三节　把民族取向嵌入"天下"：
基于慈禧国葬报道的考察

清末民初，中国从传统王朝国家向现代民族国家转型时期，各界人士传统的天下观逐渐转向现代民族国家观。本尼迪克特·安德森指出了印刷媒体对民族主义具有建构作用，本节以《申报》《大公报》等慈禧葬礼相关报纸文本为分析对象，以安德森"想象的共同体"的理论为框架，通过慈禧葬礼报道来探讨读者与朝廷、国家之间的想象性联系。研究发现，国丧面前，报界同时建构了传统"家天下"和民族主义的双重认同，报界借此为读者集体参与"想象中国"与"想象王朝"提供了一个媒介化的空间。呈现出此一历史过渡时期的人们身份认同的混杂和多元，也呈现出中国从"天下观"到"民族观"转变历程的幽微。

一、清末报业：以《申报》和《大公报》为例

李金铨先生曾指出中国近现代报业有三种主要范式，一是商业报，最有钱，以《申报》和《新闻报》为代表；二是专业报，最受尊敬，以新记《大公报》为

代表,是中国文人论政的典范,善于商业经营,却不以牟利为目的;三是政党报。①

晚清虽然还未出现真正意义上的政党报纸,但是前两种范式的报纸已经出现。由于《申报》重视经营,在当时是国内发行时间最长、发行量最大②的报纸,《申报》和英敛之时期的《大公报》一南一北,发挥了较大的社会影响力,可称为当时新闻界的标杆。两报从经营方式、内容和所服务的读者群体上各有侧重。在属性上,一是商业机关,一是言论机关;在内容上,一重视新闻,一重视言论;在服务的读者群体上,一是普通市民,一是知识精英。本书选择这两种报纸,是因为《申报》和英敛之时期的《大公报》分别为商业报和专业报之代表,透过对两份报纸的文本分析,可以观察不同类型的报纸如何与政治权力共舞,晚清政治时局动荡下,政府如何制约报纸的运作与表达,报纸多大限度上发挥了能动性。为了给下文的文本分析做一个基本的铺垫,下面将这两份报纸的言论、新闻采集的特点做一简要概述。

(一)重视言论

不同范式的报纸之间的分野并非壁垒分明。《申报》其实也有重视言论的传统。德国汉学家瓦格纳的研究结果和我们通常所认为的《申报》对政治的自动疏离不同,③认为其是一份政治性很强的报纸,经常代表改革派读者的利益,并加入全球公共体(global public)。④ 赵建国对《申报》(1905—1911 年)的实证研究也验证了这一结论,《申报》毫无"言论先天不足"之弊,它开创了重视言论之先河,迎合了中国士人议论和关心时事的传统。⑤ 早期《申报》每期刊有论说一篇,置于首页,刊登言论是为了满足关心时事的传统士大夫阶层的需要,以扩大报纸的销量,但是论说文的规格相当于社论,文体比较正式,常针对社会中的重大新闻事件发论。《申报》的论说文经常是不署名的,作者的真实身份也就湮没无闻。不过,可以明晰的是,清末民初的言论作者群体基本上是由传统文人转型而来,《申报》坚持"不偏不党",贯彻了"言论独立"的立场,贴近市民社会的公共品格。

英敛之 1902 年所创办的《大公报》被认为是中国报纸独具内涵的"文人

---

① 李金铨编:《报人报国:中国新闻史的另一种读法》,香港中文大学出版社 2013 年版,第 5 页。
② 当时《申报》的发行量有 7000—8000 份。
③ 比如就有人认为《申报》"对于社会上寻常细致,不敢发一妄语,发一过量语也"。
④ [美]罗威廉:《中国最后的帝国:大清王朝》,李仁渊、张远译,台大出版中心 2013 年版,第 259—260 页。
⑤ 赵建国:《辛亥革命时期〈申报〉政治倾向的演变(1905—1913)》,华中师范大学年硕士学位论文,2001 年。

论政"的传统典型范本之一,比《申报》更加重视言论,《大公报》的评论在报刊中占有很大分量,形式有多种,如论说①、附件(后更名为"白话")、闲评。该栏目十之七八是英敛之所作。评论中的"白话"栏目,是因为英敛之意识到当时民众文化和女性读者教育程度普遍低下,是开民智的一大障碍,才特意写"白话"启蒙民智。"白话"所论主要是社会上和日常中的某些现象、事件等,通过一个故事,以小喻大。②

英敛之言论的内在理路与第一代报刊文人王韬不同,王韬议政依然囿于清议的传统框架,是通过报纸进行的"向上建言"活动,希望得到官僚体制最上端的垂青。而英敛之则不同,英敛之的办报思想包含报馆与国家之间的关系和将报纸作为"第四权力"的思想,他的报纸言论是以批判和舆论监督为底色的,比如他曾在《大公报》创刊号上阐述他的宗旨为"开风气,牖民智,挹彼欧西学术,启我同胞聪明",其旨在传播西方的学术文化观点,对读者进行思想启蒙,其特点之一在于敢言,即敢于揭露慈禧太后与封建顽固派的弊政,顶撞朝廷大员,指斥朝廷权贵;特点之二就是严肃,多登"有益于国是民依,有裨于人心学术"的比较严肃的文论,反对刊载迎合市民中低级趣味的猥邪、琐屑之事。《大公报》的评论多集中于关注国家大事,如对君主立宪、变法图强的宣传,对于贪官污吏的抨击,以及对于民间疾苦、兴办社会公共事业的呼吁等。③

(二)信息采集网络的建立

重视言论,是"新报"传播观念的重要组成部分。同时,《申报》还有注重新闻,代民间打探消息,以广视听的另一面。④ 其多次刊登告白启事,向"鸿儒""硕彦"索文,还在各地聘请访友,采集信息。《申报》在报业史上开创了独特的生存与发展模式,即"努力建立遍布全国的消息网络"。《申报》创刊时新闻大致可以分为国外、外省和本埠,随着在沪临近地区采访网络的建立,新闻发生地点开始逐渐趋向于围绕周边省份如苏省、浙省,《申报》建立新闻采访点时,不仅考虑了地理因素,还考虑了地理位置背后隐含的商业价值,那些具备商业价值的地区的新闻就会较为频繁地登上报纸,这一现象的背后,其实是商业化报纸在追求专业化的过程中对新闻以及新闻价值的重视与尊重,这是一种与传统的邸报、外来的传教士报纸和王韬等人的政论报

---

① 论说的位置固定在报刊第一页的邸抄、上谕之后,总体上一个月有 25 篇左右的论说文发表。
② 方汉奇:《〈大公报〉百年史》,中国人民大学出版社 2004 年版,第 51 页。
③ 方汉奇主编:《中国新闻事业通史(第一卷)》,中国人民大学 1992 年版,第 761 页。
④ 孙藜:《晚清电报及其传播观念》,上海世纪出版集团 2007 年版,第 70 页。

纸截然不同的发展模式。①

1905 年 1 月,《申报》宣布十二条改革办法,其中第 2 条就是增加新闻,扩充报纸的信息量。为了实现这一目标,《申报》采取了向国内外增派和增聘特约记者的办法,以增加"国际新闻""战事新闻""政治新闻""经济新闻"和"地方新闻",而且"不惜巨资,专电飞传,力争先著,录供快睹"。1907 年以后,《申报》又进一步改革,大量刊登专电、译电、紧要新闻、国外新闻、各地新闻、本埠新闻以及实业消息。随着新闻比重的增加、新闻界涌现出了一批动作迅速、文思敏捷、擅于采写独家新闻的知名记者。新闻记者的社会地位也因而有所提高。过去一向不齿于士林的报纸"访员"开始受到社会的重视。②

清末民初《申报》的新闻的处理和安排大致如此:国外新闻转载外报居多,官府新闻则多为公文告示,这是采访力量较少能涉足的领域;国内新闻由各地访员和友人提供;本埠新闻有抄案者提供会审公廨案件,是报纸提供能够独家提供的产品。此外,本地的社会新闻的采访力量较强,每期大概有1—2 个版面的本埠新闻,《申报》还按照上海的区域来划分为不同的板块,如闸北、南市和北市等等。北京的新闻则辟有专门栏目"京师近事",每期几条到几十条消息不等。《大公报》作为日报,也十分重视新闻报道,该报有固定不变的新闻栏目,能比较及时地传递新闻,内容基本囊括了当时中外大小事件。

清末,新闻采访还未完成职业化,一直到 20 世纪 20 年代后,上海各报才开始添设新闻采访部,聘用外勤记者。之前的打探消息工作一直由访员来承担。③ 访员,一般由江浙落拓文人的充任,只负责打探消息,写作与发表之责也交给报馆来完成,因此在文章中并不署名,他们的薪酬不稳定,生计艰难。即使如此,商业报纸为了最大限度地赢得读者,根据自身对新闻价值的判断而设置采访点,即使在编录京报时,也强调自身"对新闻的安排与取舍",新闻价值成为这些新报在选择新闻时的考量。

(三)日常政治新闻与葬礼新闻

纵观下来,两报都很重视日常政治新闻的采集,这不仅因为政治新闻本

---

① 刘丽:《中国报业采访的形成》,复旦大学博士学位论文,2009 年,第 35 页。

② 方汉奇主编:《中国新闻事业通史(第一卷)》,中国人民大学 1992 年版,第 994 页。

③ 刘丽在《访员阶级与近代记者的诞生》一文中认为,外勤记者与访员此时最根本的区别并非是否为专门的报纸服务,而是他们是否力图规范地行使采访之职,即从行动上认同自己从事的是一种新的职业,这种观念上的区别正式宣告了记者职业的诞生。http://qkzz.net/article/d3e73763-a03f-4f0e-84e4-7d410c10dfb5.htm。

身所具备的重要性，也是对习惯了在邸报、京报上阅读官场消息的士大夫读者的迎合。上谕，是清代皇帝用来发布命令的一种官文书，是政治新闻的一种重要样式，它曾经是京报和邸报版面上的重要内容。

创刊未久，《申报》就派专人赴京购买京报，从信局邮寄至上海，以保证刊登上谕的速度。① 这一做法，赢得了官商众口同声的赞誉，因此 1882 年 1 月 14 日在津沪线铺设完成之后，《申报》就不吝重资发了第一条电传上谕。到了 20 世纪初 10 年，两报虽然不是每天都刊登上谕，但是遇有重大事件还是会及时原文照登，往往是上谕颁布的第二或第三天就会在报纸上刊出，并会置于报首的显要位置，篇幅占半个到一个版面，②从版面安排和篇幅大小来看，报纸确实做到了对皇权的"尊崇"。

政治新闻除了官方文件上谕、奏疏之外，就是日常发生的跟政治有关的新闻事件，如 1908—1909 年的重要政治新闻包括安徽兵变、革命党行踪以及各省咨议局的设立，两报也都予以重要篇幅报道，这些政治新闻位置和栏目并不固定，有的处于"要闻"栏目（或紧要新闻），有的处于"京师近事"栏目，每条消息的篇幅从数行到两三行不等。

至于葬礼新闻，在中国，只有政治人物或者名人去世才会见诸报端，经过报道的葬礼使得某人的生命成为值得公众哀悼的生命，他（她）的生命因此更加显赫。葬礼新闻的这种独特性使其不同于一般政治新闻的生产过程，这种不同体现在以下两点：

首先，日常的政治新闻一般会涉及多方的利益，报纸访员通过采访，可以自行定义事件，报纸自主发挥的空间较大；国葬新闻一般由政府主导报道基调与报道框架。

其次，日常政治新闻强调矛盾和冲突，葬礼新闻往往强调一致和团结。但是葬礼新闻并非总是由官方主导和强调一致的秩序。在一些社会条件具备的情况下，可能会发生转化性力量，这将成为促进社会结构变迁的因素之一。

二、"忠君""爱国"的双重"合奏"

传统"天下观"是中国古人的自我定位与想象，在商代奠基，于西周时期

---

① 孙藜：《晚清电报及其传播观念》，上海世纪出版集团 2007 年版，第 71 页。
② 当时报纸上的消息一般就两三行。

形成。① 这个观念与自我中心主义分不开。② 列文森认为："近代中国思想史的大部分时期,是一个使'天下'成为'国家'的过程。"③这一转变过程主要集中在晚清民初数十年的时间,中国传统的"天下观"开始向现代民族国家观念转变,创建现代民族国家成为一致的政治诉求。慈禧的葬礼正是发生在这一过渡时代。

清代帝后驾崩后,一般先在紫禁城举办国丧,再转入皇陵下葬。慈禧驾崩之后的百日内为其大丧之日,禁止民间音乐演戏,百官丧服百日;在四十九天内,每天上午由摄政王率领各部尚侍及七品以上官员,在梓宫前上祭,地方官在万寿宫设奠。在慈禧去世一年内,逢重大节日如冬至、元旦王公百官都要去她的梓宫前祭拜,直到 1909 年 11 月慈禧灵柩"奉安"清东陵。皇权时代君主去世,全国必须按照儒家"忠孝"原则为之服丧,一般的规定则是:49 天内北京城禁止屠宰牲畜,这段时间居民均禁止吃肉,并须穿着素服守丧 27 天(其他地区的居民则穿素服 13 天),全国一个月内严禁嫁娶,百天之内人民亦被禁止理发。④ 慈禧及光绪皇帝于 1908 年逝世后,上海县城的理发店铺因而怨声载道,有些更因违反禁令继续营业而遭巡捕阻止。上海理发公所向上海县令要求在禁剪发期内,免收清道捐及房捐,以作补偿。在苏州,不少人因私自理发而被罚款 3—6 元。无力缴交罚款的贫民被巡捕在头上剃发之处涂上黑油,复被游街示众。⑤

美国传播学者詹姆斯·凯瑞将传播的观念划分为传播的传递观与传播的仪式观,传播的仪式观强调信息在时间上的延续,其目的是维系共同的信仰。⑥ 在传播仪式观下,葬礼表征皇帝存在于一个高贵的血统中,是将皇帝融入传统的"历史理念"和规范的传播活动,建构的是一种面向过去的基于儒家理念"天下观"的帝国认同。和传统时代帝王的国丧不同的是,慈禧、光绪皇帝葬礼发生在大众报纸时期,葬礼出现了现代化的转向:与国葬以及与

---

① 朱其永:《天下主义的困境及其近代遭遇》,《学术月刊》2010 年第 1 期。
② 葛剑雄:《从"天下"到世界》,《商周刊》2012 年第 7 期。
③ [美]约瑟夫·列文森:《儒教中国及其现代命运》,郑大华译,中国社会科学出版社 2000 年版,第 32 页。
④ Evelyn S. Rawski. "The Imperial Way of Death: Ming and Ch'sing Emperors and Death Ritual", in James L. Watson and Evelyn S. Rawski(eds.), *Death Ritual in Late Imperial and Modern China*, University of California Press,1988,p. 240.
⑤ 《罚办不守国制之新法》,《申报》1908 年 12 月 7 日第 6 版,转引自潘淑华:《国葬:民国初年的政治角力与国家死亡仪式的建构》,《近代史研究所集刊》总第 83 期,2014 年 3 月。
⑥ [美]詹姆斯·凯瑞:《作为文化的传播:"媒介与社会"论文集(修订版)》,丁未译,中国人民大学出版社 2019 年版,第 6 页。

相关民生、执政等议题被报纸广泛报道和评论,国葬进入公众视野,从而成为公众讨论国家命运前途的契机。

本尼迪克特·安德森提出:民族共同体并非实有,而是基于人们文化心理的建构,并指出了印刷媒体对民族国家具有建构作用。[①] 近代中国充斥着"救亡图存"和建设现代化民族国家的意识和焦虑,这一集体思绪作为"社会结构中的公共议题",如同毛细血管一样渗透到社会生活的方方面面。慈禧的葬礼在民族主义的社会思潮下,成为报界建构民族国家的重要场域。本节试图通过慈禧葬礼报道分析清末报纸的民族主义建构:报纸如何呈现、梳理和想象国人与清政府、国家的关系,从而探讨中国在走向现代化进程中的丰富多元和过渡时代身份认同的复杂样貌,挖掘出民族主义以外的被遮蔽的"共同体叙事",以此勾描出中国民族主义生成的独特轨迹。

清末实权人物慈禧在 1908 年遽然辞世,留下了政治权力的真空。新闻界在报道慈禧的葬礼时,官方公告和悼念仪式成为报纸报道的重点,但除此之外,报纸还充当了监督者与批评者的角色,它们不仅揭露不守制的官员和市民,还批评官府"百日之内不理发、不作乐"的规定漠视底层人民的生计非真爱民,也非真爱国。两报就"究竟何为真正爱国"的议题引发了争论,批评的矛头直指官方的定义,报纸站在"为民代言"的立场,更有道德感召力。

在次年的奉安大典中,发生了直隶总督端方因为允许照相馆人员在葬礼现场拍照而被革职的"东陵照相案",报纸围绕这一案件发表报道,并在评论中或隐晦或直接地批评了摄政王的执政,围绕"如何才能建立一个强大的国家"发出和执政者针锋相对的声音。此时,报纸从葬礼事件的秩序之维护转向寻求社会变革,成为一种特定的促进社会变迁的机制性力量。

(一)慈禧国葬报道的报纸文本

本书选择《申报》与《大公报》关于慈禧葬礼的报道作为研究内容,笔者通过细读报纸文本发现,1908 年 11 月—1909 年 1 月和 1909 年 10—12 月相关葬礼报道最为集中,因此将文本的选择限定在这一时期,对《申报》和《大公报》的新闻和评论数目、报道主题、消息来源和叙事框架进行统计分析。

1.《申报》

《申报》为慈禧太后大丧专门开辟了"国恤汇纪"专栏,连续刊登了 21

---

① ［美］本尼迪克特·安德森:《想象的共同体:民族主义的起源与散布》,吴叡人译,上海人民出版社 2016 年版,第 5 页。

期,每期集纳4—21条消息不等,新闻都是竖排,每条多则数行,少则一两行。标题一般是对新闻内容的概括,如:"上海县谕禁造谣生事""京师市面之紧迫""恭办丧礼大臣照例穿孝百日""恭纪冬至大祭",标题和正文以"○"隔开。而那时社会新闻的标题却非常简短,不标示新闻内容,如浮尸验明、疯犯开释、贫民毙命、巨绅被盗、妇人寻短见。从标题的制作上也可以看出报馆对于慈禧葬礼给予了格外重视和特别处理。笔者通过翻阅报纸,对《申报》1908年11月15日—1909年1月31日和1909年10月1日—12月31日慈禧葬礼的新闻和言论的统计发现,总计刊登国丧消息325条、言论12篇。通读所有的消息,笔者根据消息的内容将主题分为以下五个:①葬礼安排;②遵守礼制;③不遵守礼制等越轨行为;④与葬礼相关的民生问题(如理发匠免交房屋捐税等消息);⑤引发的其他社会问题(市场秩序以及谣言问题)。统计结果显示:首先,葬礼安排和仪式现场的消息是252条,数量最多;其次是守制行为的报道有51条;再次是对违制行为等越轨行为的报道和相关的民生问题(如理发匠免交房屋捐税等消息),每个主题各有9条消息;最后是由于葬礼而引发的谣言、社会恐慌等问题的报道。(参考表2-1)

表 2-1 《申报》慈禧葬礼的报道主题

主题	葬礼安排	遵守礼制行为	与葬礼相关的民生问题	市场秩序以及谣言问题	总计
篇数	252	51	9	4	325

赫伯特·甘斯(Herbert J. Gans)关于新闻生产的研究也表明,新闻生产惯例是专业技能的表现,但也受到诸多因素制约,如社会既定的权力机构往往会成为新闻事件的定义者。一些组织如警察、政府发言人,向媒体提供了政府公务、外交事务、犯罪新闻的素材,影响了新闻报道和讨论的方式。[①]

《申报》报道葬礼新闻全部采用了来自内务府、内阁、礼部的官方消息和评价。虽然清末已经涌入现代的政治观念,但是在慈禧葬礼的报道中我们依然看到背后起支撑作用的是清廷所定义的"朝廷""皇帝"等传统的王朝观念。在报道各界的悼念活动和曝光不守礼制的行为时,《申报》采用了访员提供的信息,遍布京城、沪上及其周围省市,新闻报道对象包括了苏省官场、苏州商务总会、常州官绅、上海佛教公会同人、留日女生、各国公使、上海领

---

① [美]赫伯特·甘斯:《什么在决定新闻:对CBS晚间新闻、NBC夜间新闻、〈新闻周刊〉及〈时代〉周刊的研究》,石琳、李红涛译,北京大学出版社2009年版,第23页。

事公会、浙江某乡绅、上海租界华人、上海戏院园主、伶人、理发匠。

　　《申报》的 12 篇言论依然延续了皇朝制度下的"颂圣"传统，将"慈禧"描绘为"仁君圣主"，将摄政王说成是"仁爱英明"，必能于九年内实行预备立宪，以实现国家中兴，这些将悲情、热情和希望融于一身的言论并不是论"已成之事"，而是论"未成之事"，评论者饱含悲伤、热情和期待，对当权者寄予厚望，使得从"事实作为存在"完成了"事实作为可能或应该"的转变，建构了对清廷带领国民建设文明、富强国家的信心。《申报》的叙事建构了这样的因果链条：中国落后野蛮——在与列强交战中战败——慈禧太后和光绪帝相继离世——由摄政王带领——建设文明富强的国家。本书按照观点与清廷的言论基调的关系，将之分为"官方框架"和"批评政府框架"："官方框架"即是认同、支持清廷的观点，与清廷立场保持一致的言论框架；批评政府框架即是批评摄政王、各地主政者等的言论框架。通过表 2-2 可以发现，《申报》的 12 篇评论中，5 篇使用了官方框架，另外 7 篇采用了批评清廷/地方政府的框架。

表 2-2　《申报》慈禧葬礼言论框架

评论篇名	言论框架
论说：闻太后升遐惊悼谨书	官方框架
两宫升遐后中国之前途	官方框架
清谈：谣言	官方框架
论说：五十年中皇室之大事	官方框架
论说：论谣言之害	批评政府框架
论说：论本埠商界举行国哀	官方框架
大行太皇太后哀辞	官方框架
论说：登基后之人心	官方框架
朝廷举措之不测如是夫	批评政府框架
论封建大官不宜轻举妄动（上）	批评政府框架
论封建大官不宜轻举妄动（下）	批评政府框架
政府举动之不可解	批评政府框架

2.《大公报》

（1）新闻

通过对《大公报》报道统计发现，1908 和 1909 年两个时段中围绕慈禧葬礼和端方革职,共刊登 141 篇消息,17 篇言论。1908 年 11 月—1909 年 1 月和1909 年 10—12 月①是报道较为集中的月份,通过阅读报纸文本发现,这三个月内,新闻为言论提供了素材,言论依托新闻而阐发观点。141 篇消息分布在上谕、要折、提奏、要闻、北京新闻、本埠新闻、外省新闻(吉林、浙江)等栏目。其中上谕 5 份、要折 4 份。该报自采自编的新闻多放置在"要闻""北京新闻"和"外省新闻"等栏目,在要闻开辟固定新闻栏目"电吊汇闻",连续刊登全国各地(尤其是京津两地)官场和社会各界致哀。"东陵照相案"中当事人是天津人,发生地点在唐山清东陵,属直隶境内,《大公报》发表 2 篇消息报道了该案,标题分别为"照相者谁""照相获罪",体现了该报的本地视角。经过对文本的细读之后发现,《大公报》相关报道的主题分类参照《申报》,少了正面报道葬礼中遵守礼制的行为,所以分为四类:①葬礼安排和现场;②不遵守礼制等越轨行为;③与葬礼相关的民生问题(如理发匠免交房屋捐税等消息);④其他社会问题(市场秩序以及谣言问题)。统计结果参考表格 2-3。

表 2-3 《大公报》慈禧葬礼的报道主题

主题	葬礼安排	遵守礼制行为	不遵守礼制等越轨行为	与葬礼相关的民生问题(如理发匠免交房屋捐税等消息)	其他(市场秩序以及谣言问题)	总计
篇数	106	20	6	4	5	141

20 世纪初 10 年的报纸上,新闻分为三个板块:①时事要闻(或紧要新闻);②本地新闻;③外省新闻。时事新闻或者要闻上的新闻是关于中央立宪举措或者军政要闻。本埠或外省新闻都是报道所在地的学务、团体活动、灾荒饥馑、民间舆论等。据已有的研究,清末的民间媒体出现的一个普遍趋势是"地方新闻"的激增,报刊对地方事务重视的背后则是地方力量的崛起。② 具体到慈禧的葬礼报道,我们可以发现与上述的研究结论相悖之处:也就是说,此次事件中,本埠新闻的数量要远远小于要闻和外地新闻的数量。具体数据参考表 2-4。

---

① 1908 年 11 月—1909 年 1 月是慈禧崩逝后治丧的时间,1909 年 10—12 月是慈禧奉安大典准备、举行和善后总结阶段。

② 曹晶晶:《清末民间媒体关注"公共事务"与晚清社会变迁》,《国际新闻界》2009 年第 1 期。

表 2-4 本埠新闻和外地新闻对比

新闻类别	要闻	本埠新闻	外省新闻(北京、吉林、浙江、江苏、安徽)
篇数	32	17	66

　　慈禧的去世及葬礼是发生在北京的令人瞩目的全国性事件,对国家的命运和前途影响甚远,因此新闻主要分布在"要闻"和"北京"两个栏目,以昭示其重大,但是地方和本地视角并非完全不见踪迹,《大公报》和《申报》从本地出发,报道本地和外省各界在国丧期间的礼仪,不遵守礼制的越轨现象,国丧期间所引发的市场失序和理发匠、伶人等生计问题,甚至《大公报》还刊登了一条饶有趣味的民生新闻:国丧穿素服的规定使某缎业生意稍有起色。① 《大公报》是一份政论性刊物,它对言论的重视要超过《申报》,其言论的栏目种类更为多样,它有较为正式的"言论",一般置于报纸的首要位置,还有较为平民化和文风轻松活泼的"白话"和"闲评"。首先,与慈禧葬礼相关的报纸评论中,"闲评"数量最多,有 11 篇;其次为白话 6 篇;再次为言论 5 篇;最后还有 1 篇来函。参考表 2-5。

表 2-5 《大公报》关于慈禧葬礼及端方被革职的言论所在栏目统计表

言论所在栏目	言论	闲评	白话	来函
篇数	5	11	6	1

　　言论中与政府主导框架一致的只有 4 篇,另外 13 篇采用了批评政府的框架。参考表 2-6。

表 2-6 《大公报》慈禧葬礼言论框架

评论篇名	言论框架
言论:今日国民感情之如何?	官方框架
来函	官方框架
言论:论举国无真感情之害	批评政府框架
白话:罪言	批评政府框架
恭撰大行太皇太后 大行皇帝哀辞	官方框架
白话:妄言	批评政府框架
闲评一	批评政府框架

---

① 《大公报》1909 年 12 月 8 日。

续表

评论篇名	言论框架
言论:贺中国之前途	官方框架
闲评:我国财政之紊乱无他,公私之界不分	批评政府框架
白话:请想想浮文要紧还是实害要紧?	批评政府框架
闲评	批评政府框架
白话	批评政府框架
白话:这也是中国该败亡的一条	批评政府框架
白话:没有良心怎么有良法呢?	批评政府框架
闲评:此浮文虚礼足以亡中国矣	批评政府框架
闲评	批评政府框架
闲评	批评政府框架
闲评:端督去矣,直隶绅商所同声惋惜者也	批评政府框架
闲评	批评政府框架
闲评	批评政府框架
言论:摄政王一年来之大政	批评政府框架
言论:摄政王一年来之大政(续)	批评政府框架
闲评	批评政府框架

(二)"家天下"与"民族国家"的双重想象与建构[①]

通读报纸,按照事件的发展与转折,将葬礼分为三个阶段:(一)帝国创痛;(二)建立秩序;(三)转换性建构。在第一阶段的报道和言论之中,报纸以传达官方通告和报道各界致哀情况为主,第二阶段报道市场失序、钱铺关闭、安徽军变等社会动荡。在前两个阶段,报纸建构和想象的共同体呈现出

---

① 根据沈松侨先生的研究,20 世纪 60 年代末期,美国学者 James Harrison 首先揭橥"文化主义"(culturalism)的论点,认为前近代中国所认同的对象,乃是一套以儒家礼教为核心的普遍性道德文化秩序,未尝具备独立的国家认同与忠诚感,因此,在中国漫长的王朝历史中,汉族之外的异民族如果愿意接受中国文化的浸濡,也可以取得统治中国的合法性地位。这种奠基于共同传统与共同象征系统的文化主义,与植根于现代"民族国家"之上的民族主义,可谓风马牛不相及。一直到 19 世纪末叶,在西方坚船利炮的武力威慑下,中国人才被迫放弃长期抱持的文化优越感,由文化主义开始转向民族主义。笔者在这里根据中国文化主义的特征,将之定义为"家天下"的共同体想象。参考沈松侨:《近代中国民族主义的发展:兼论民族主义的两个问题》,《政治与社会哲学评论》2002 年第 3 期。

传统帝国中"家天下"的特征。第三阶段，报纸开始关注国丧期间利益受到
损害的底层人——理发匠、伶人，批评一个国家的执政者不应该讲究虚伪的
礼仪，应为普通民众谋福祉。下文通过对每一阶段的分析来展现葬礼报道
的历程与转折，揭示清末认同方式的混杂多元。

1. 帝国创痛

《申报》1908 年 11 月 16 日刊登了光绪皇帝驾崩后慈禧临终前的最后一
道上谕，在这一上谕中，慈禧高度评价了自己一生的政治作为和维护祖宗基
业的努力，日夜为国事操劳、心力交瘁，终至病倒，寄望摄政王和大臣们教导
年幼的皇帝，他日重兴祖业。"嗣皇帝方在冲龄，正资启迪，摄政王及内外储
臣尚其协力翊赞，固我邦基。嗣皇帝以国事为重，尤宜勉节哀思，孜孜典学，
他日广大前谟有厚望焉。"①上谕刊登在报纸上，向民众公开了慈禧光绪帝
相继去世后的权力接替，摄政王的权力在公开授予和宣告之中正当化。慈
禧去世之初，报纸及时报道了朝廷的国丧安排，慈禧的遽然逝世对国家带来
的损失以及由此带来的国家前途飘摇不定，都给这个大清帝国笼罩了一层
"悲痛"的色彩。报纸言论也表达了对慈禧的哀悼和稳定国家秩序的期待。
《申报》在慈禧去世后的第三天，即刊登《闻太后升遐惊悼谨书》，作者回溯了
慈禧的一生：青年丧夫，扶持儿子，三次垂帘听政。在主政的五十年中力行
慈政，力挽狂澜，几次帮助国家度过危难，慈禧被描绘成一位鞠躬尽瘁、具有
超凡能力的圣君仁主。主笔使用了"臣民"这一自我称谓，用"小民"来指代
"人民"。政治学者叶麒麟指出："臣民是特指君主主权下的个体，这种个体
只是消极服从君主，相对国家权力而言，臣民只有义务而没有实质的权利。
即使有权利，也是无法得到任何保障的，也就是，臣民是被排斥在政治生活
之外的。与臣民相对应的是，公民则是指人民主权下的个体。在人民主权
下，国家已不属于私人的，而是属于社会所有个体的。"②

清末，在知识界的启蒙之下，"臣民"逐渐转变为积极的"公民"。晚清言
论界已经频频使用"国民"来表达对现代领土国家的归属与身份意识，但是
在这一过渡时代，用于表达政治共同体成员身份的称谓仍然含混不清，"国
民"的用法往往与"小民""国人""公民""庶民""臣民"等语词糅合在一起。
《申报》的主笔在 20 世纪初 10 年还是由传统文人担任，他们在大清皇帝面

① 《上谕》，《申报》1908 年 11 月 16 日，第 3 版。
② 叶麒麟：《臣民·群众·公民——个体政治角色变迁与中国现代国家成长》，《浙江社会科学》
2011 年第 3 期。

前自认"臣民"的身份,但是他们又会强调自己在国家事务上拥有参政议政的权利,他们经常呼吁大清国的国民担负起公共的责任。因此,此一语境下的臣民和国民大概可以看作同一主体在不同语境下使用的称谓,可以明晰的是,《申报》的国民的身份意识已经萌发,但是在忠孝的儒家意识下,又自认为是臣民,这一现象体现了过渡时代的身份认同的多元、重叠、矛盾和含混。

即使在清末的 1908 年,皇帝在主流社会群体中仍然拥有"天命",广大民众对王朝的认同依然存在,清廷统治合法性还没有发生根本性的动摇,因此两报在对慈禧和光绪帝的态度上拥有和清廷完全一致的评述框架。如《申报》在《闻太后升遐悼谨书》这一论说文中,回溯清朝开国两百余年历史,如是评价慈禧:"圣君仁主史不绝书,而以圣母躬历四朝,三次训政,迭经危难,措置裕如者,唯我慈禧太皇太后一人而已,太皇太后之慈政,炳炳在人耳目间。"①最后驳斥了两宫不睦之谣言,"母子之情至死无间,大行皇帝与大行太皇太后携手上天,其乐融融之乐"②。

《大公报》在言论栏目《今日国民之感情何如》中叙述了两宫相继宾天之后,唯有依靠英明果断之摄政王,"从此以后上下一心,励精图治,实行九年预备立宪,颁布百代之宪章,天下臣民世世遵守,庶可以彰我皇帝仁明之德,且有以慰我两圣在天之灵"③。可见,报馆一方面哀悼痛惜圣君明主的辞世,寄望于摄政王来完成慈禧太后和光绪皇帝未竟之大业,以维持"国祚绵长"。

报纸在传播国家"悲痛"与"创伤"的同时,也注意使用认同感称述,描绘了君臣关系,如《申报》的评论说:"慈训革新百政,其惠泽之人人深也,顾我臣民,犹喁喁向望者。"④"岂非我中国之大不幸?而薄臣民闻之,其惊悼又当如何也?"⑤"夫以国家倚赖之躬,小民托命之主,而忽天旋地转,亿万惊号,我国家抑何不幸,而遇此大变,今泣读遗诏我皇上于弥留大渐之时,犹兢兢以九年预备立宪为嘱,则知我皇上心乎。国家天下尤不能忘。呜呼,我皇上上可以对列祖列宗,下可以对臣民社稷,我小民捧读遗诏,益不禁悲从中

---

① 《闻太后升遐悼谨书》,《申报》1908 年 11 月 17 日。
② 《闻太后升遐悼谨书》,《申报》1908 年 11 月 17 日。
③ 《今日国民之感情》,《大公报》1908 年 11 月 19 日。
④ 《闻太后升遐悼谨书》,《申报》1908 年 11 月 17 日。
⑤ 《闻太后升遐悼谨书》,《申报》1908 年 11 月 17 日。

来。"①从上述的认同感称述中，我们可以看到民众和慈禧的关系是：嗷嗷向望的民众（薄海臣民，小民）仰慕期待圣君仁主主政，而太皇太后则心系国家天下，是天命的代表，是一切世俗权力的终极来源。

两报特开辟了"国恤汇纪""国恤纪"和"电吊汇闻"专栏，用了大量的篇幅报道了全国各界的致哀。通过高密度的、及时的新闻报道用"空洞的、同质化的时间"（empty time）将全国各界人士"串联"起来。时间成为一个纽带，报刊界借助这个纽带营造了一个虚拟的统一时间观，通过认同感称述，试图将"全国人"联结在一起。通过"家天下"的叙事召唤集体情感，从"悲痛"到"寄望"的基调转变中，建构起了家国的认同。大众媒介在建构集体认同感的多种社会力量中影响独特而重要。在这里，《申报》《大公报》以群体成员的身份，代表群体发言，为传受双方提供了认同感，虽然出现了"国家"和"我中国"之类的词语——这里的"国"已经具有了现代国家的含义，因与欧美诸邦对立相对而产生意义，它不再是一般的王朝。只不过，这里的"我中国"和清王朝的利益具有一致性。这里的"中国"是当时报纸所召唤的国家认同，不过，"国"的形象还不甚清晰，"君"作为国的代理人才是一个切实的存在。这样的表述召唤了集体情感：在国家遭遇不幸之际，"我们"共同感受伤痛，声气相通，共为一体。在集体情感的呼唤中，这样的认同感称述将国人团结在一起，在集体情感的召唤和同质时间的塑造中，帝王/太后的辞世留下的创伤与悲痛，被转化为帝国的集体记忆。

2. 重建秩序

考察两报在慈禧逝世初期的新闻和言论，我们发现，在诸如慈禧去世重大新闻报道框架的设定上，《申报》和《大公报》这两份不同类型的报纸不约而同地将"保皇立宪"和"忠君"作为他们的重要框架之一。当时在精英群体的意识里，唯有实行君主立宪制才可以挽救中国于危亡。1906 年 7 月 13日，光绪皇帝发布军谕："时至今日，惟有及时仿行宪政，大权统于朝廷，庶政公诸舆论，以立国家万年有道之基。"②立宪的口号成为当时中国政治的官方语词和朝野精英群体的共识。两报都对革命党持敌视态度，《大公报》曾经在 1908 年 12 月—1909 年 1 月发表评论《论革命党之罪恶》《论宪政进行与革党消灭之关系》，行文中可以看出其对革命党的敌视态度，《申报》评论

---

① 《大行皇帝之哀辞》，《申报》1908 年 11 月 16 日，第 1 张，第 4—5 版。作者注：大行皇帝是中国封建社会对皇帝死后且谥号未确立之前的称呼。

② 《上谕》，《申报》1906 年 7 月 15 日。

中推论说安徽的军变和革命党的勾结捣乱有关。

一方面,报纸报道政府部门颁布国丧期间的礼制,"百日之内不理发,不作乐",通饬全员遵守国制,如:"警厅通饬满汉各项人等一体周知,现当国服遵制,妇人二十七日不准梳头,不着脂粉,违者照例处罚云";另一方面,也用大篇幅报道了社会各界的遵制举哀,给读者造成了举国哀悼的印象。报道遵守礼制的行为是一种正面激励,同时,媒体还报道并谴责了不遵礼制的行为来教育民众。上海《申报》曝光越轨行为次数尤多,其中包括租界戏院照常开演,妓院人流如织等。"国丧停止演戏音乐旧例也。租界各戏院主借口未奉命令依然开演。"该报评论说,戏园园主"借口未奉命令,依然开演,不过觊觎商利,延不停市其情尚可谅解也",但是没想到他们竟然"运动捕房中道截去,是特倚恃外势,欲达其求利违制之目的",所以作者认为这些人"其心可诛卒也"。①

除了这些见"利"忘"礼"的戏园园主、妓院主人之外,《申报》还曝光了一个商号经理未悬素,报道称:"大马路一带为华商荟萃之区,自27日起各大行号纷纷悬素,此皆大行皇帝秉承大行太皇太后慈训,实政及民,故我民爱恋之深也,乃有几大行号,为各业之巨擘经理人员,为众人所信,而竟视若无睹,不悬寸白者,岂平奢谈爱国,此时竟忘爱君矣。"②《申报》还批评了违制理发和来往沪城头戴大红帽的平民,认为这是其缺乏"爱国心"的表现。

《申报》对违制行为的报道焦点多指向租界区中经营的商人和市民。租界作为外人自治的区域,是民族主义意识最淡漠的地方,史学研究者叶晓青曾论及这缘于19世纪中后期上海租界缺少一个精英阶层将传统的精英文化推行贯彻到底层,所以,上海人对西方的物质文明毫无负担地欣然接受,并且毫无民族主义的排外意识。③ 不过,到了20世纪初期,民族主义的思潮在全国激荡,在这一文化背景下《申报》也难免受这一思潮的影响,它批评租界中的商人不将中国的仁义道德放在心中,对"君"的存在无知无觉,对国丧之礼置若罔闻:"两宫之丧普天哀痛矣,上海租界则大异,笙歌选色之场无虚座",对此,《申报》发出这样的感慨:"租界之绅商乃世外之民族耶?"④

《大公报》作为一份政论性刊物,读者多为士绅阶层,它也曝光了丧礼期间的违制行为,不过它监督的对象不再是商人和普通市民,而是乡绅、官僚、

① 《申报》1908年11月30日。
② 《申报》1908年11月23日。
③ 叶晓青:《民族主义兴起前后的上海》,《二十一世纪》(双月刊)总第11期,1993年第2期。
④ 《申报》1908年11月19日。

学堂、旗员等。如以下的新闻：

> **浙江：违制婚娶**　平湖于上月二十六日夜，奉到两宫升遐噩耗，绅士苏大令在大丧之内，定好彩舆迎娶。为防人阻挠，借用警兵二十人。国丧在下等社会亦有哀思，而乡绅毫无心肝至此。①
>
> **吉林：玩忽国丧者鉴**　旗员某日穿紫色服装大摇大摆行市上，适学界诸人齐集咨议局，行举哀礼，某前往瞻视，营兵见而阻拦，命其换成素服，某不服，争论，被抚帅路过看到，命警兵将其拘获送局严加训斥，并判令荷校（孝）游街示众以，为不守国制着（者）戒。②
>
> **学界国服之不齐**　京师学堂国服规虽有定章，但是各学堂，各堂办法不一，异常纷乱。所系白带有垂之于前者，有后者，有穿孝者，有不穿者。③
>
> **浙江：知法犯法**　归安县差头孙守章克俭起家，颇为绅民所侧目。该差之妻病故，三朝成敛，举行开吊，公然雇佣鼓乐钟增华色，较之不在国丧期间尤甚。身在公门，知法犯法，国制者戒。④

总而言之，两报都把遵制举丧作为表彰对象，把不遵国制作为不爱国之现象而加以挞伐。《申报》自觉地将"爱国"与"忠君"画了等号，在这一报道的逻辑中，作为臣民，"忠君"即是"爱国"，而"忠君"的义务之一就是在国丧期间遵守旧有的礼制。其逻辑为：爱国＝忠君＝遵守礼制，再简化一些，爱国＝遵守国丧之礼。在古代君主大丧期间，如果不守礼制，罪名大不了就是不忠君，但是在这里，不守制还被认为是不爱国，甚至上升到国家耻辱的标志。守礼、爱国被认为现代国家的国民应该具备的基本素质，甚至化为区分文明与野蛮的标识。

在晚清读书人对西方的想象和自我理解中，存在着这样一组意象："西方—文明、中国—野蛮"，这是中国人近代以来在认识上的艰难转变：传统的华夷之辨意味着古代中国对自身文化和所在族群有着充分的自信与自豪，但鸦片战争以来，特别是在甲午之战后，中国成为列强角逐武力、任意掠夺的场所，中国的士人们在心态上已经出现"失序"状态，所谓"今日时局之危，

---

① 《浙江：违制婚娶》，《大公报》1908 年 12 月 3 日。
② 《吉林：玩忽国丧者鉴》，《大公报》1908 年 11 月 24 日。
③ 《学界国服之不齐》，《大公报》1908 年 11 月 28 日。
④ 《浙江：知法犯法》，《大公报》1908 年 12 月 23 日。

黄种儒教岌乎有不能自保之虑,寰宇通人自言以保种、保教为第一要事"①。同时,外人关于中国落后、愚昧的描述被大量生产并广泛传播,比较典型的如"东亚病夫"的"论述"在知识界非常流行,影响了中国人的自我认知。趋新知识分子也用此类负面描述来指称国人,期望以此获取国人自强、振兴的象征资源。"这样的表达既是传统的'夷夏之辨''文野之分'观念在新脉络下的延续与变形,又反映了近代中国人对列强'羡恨交加'的吊诡心态。"②

在反躬自省的心态下,《申报》还报道了租界内的西人尚且知道守礼,而国人照常娱乐,再联系上文中史官恽毓鼎在日记中多次慨叹官员在葬礼上的喧哗、笑语等不守礼制之举,为此深感痛心。他们寄望用负面的叙述激励国人知耻而后勇,以与列强竞争。在这样的文化思潮下,守制与否作为一个突出的政治问题被报纸凸显出来,该报道视角就把守制、政治文化危机、民族国家的创建勾连起来,只是,这种建构仍然脱离不了传统知识资源的相关见解,他们在建立民族主义论述时和守制等传统表述联系在一起。

两报除了关注遵守国制之状况,还报道了由两宫逝世引起的市场失序的乱象和安徽军变的情形,大致如下:两宫逝世之后,谣言四起,京城出现钱荒,旅京京官携现金返乡。钱庄同日倒闭数十家。虽警厅派警弹压,仍然不能遏制钱商倒闭,此外,上海银行也出现危象。

《申报》以告示的形式传达了中央主政者对造谣者的惩治措施:"正值大丧,乃近有不逞之徒造谣生事,煽惑愚众,若不从严,恐扰害治安,着民政部、步军统领、顺天府、各省督抚通饬各署,多派侦巡,一体严拿,勿稍疏纵,以靖地方,而肃国纪。力保治安,消除浮议。除了严密访拿以外,使军民人等周知。"③《申报》《大公报》还报道了地方政府的作为,如:"上海县谕禁造谣生事。""北京:严侦造谣奸人:京师自两宫宾天后,谣言纷起。政府已谕交民政部,出示严禁在案,近闻民政部又秘派侦探多人,严行侦稽,以安民心。"④

至于谣言的危害,《申报》也有认知,其认为出现谣言和社会动荡的原因在于:两宫相继离世,前所未有;加上"人民智识幼稚","偶遇不经见之事,欲索解而不得故,往往哗然以为怪异。好用其一得之见,妄自解释之",所以造成了混乱。虽对造谣者也深为痛恨,但并不赞成宁浙两省下令戒严,汉口等处干涉言论的做法,认为这是"防民之口甚于防川",这样的做法,也无法禁

① 张仲民:《出版与文化政治:晚清的"卫生"书籍研究》,上海书店出版社 2009 年版,第 89 页。
② 张仲民:《出版与文化政治:晚清的"卫生"书籍研究》,上海书店出版社 2009 年版,第 97 页。
③ 《大公报》1909 年 12 月 31 日。
④ 《大公报》1908 年 12 月 22 日。

止"陇畔仍有偶语之人",却会使得"匪党为祸多矣"。①

可见,《申报》《大公报》在对谣言的危害上,与官方抱有一致认识,但是在如何消除谣言的问题上,认为应该采用疏导而不是干涉言论的做法。两报和主政者一样渴望建立社会秩序,只不过,采取哪些措施来治理谣言,达到重建社会秩序的目标,他们和政府的想法发生了分化。

3.转化性建构

《大公报》在慈禧葬礼的早期报道中也采取了官方叙事,但很快让位于社会公众叙事,从传达政令、强调"团结和统一的秩序"转向报道国丧之礼中官府与民众之间利益的冲突。其多篇评论反复重申同一个观点:即真的"爱国"不必讲究虚文浮礼,而是要关心民生,以民为邦基,唯有此,才是做到了爱君、爱民和爱国的统一,这些评论充分展示了它监督权势的一面。

虽然两报在葬礼初期都认为民众应该尊重礼制,"痛遭大丧,哀痛是天理人情",但"古圣贤治礼的意思是要教人合其节",如果过分讲究浮文虚礼时,就有害无益了。在《大公报》看来,全国上下"一体遵办"国丧礼制,有时不免流于浮文,"如果以大题目压人",就会出现虚假的情感,如"女学堂的女生第一天举哀的时候伏地而哭,第二天就嬉笑自若了"。②在这里,《大公报》推崇的是真实情感的礼,即"发乎情"之礼。如果僵化地执行政府的国丧规定的话,不仅劳民伤财,且对国家无益。其评论提到,国丧规定商铺要悬素,商铺的招牌凡是金色红色,一概勒令涂抹,这简直就是"耗材毁物"了;警察在冬天看到穿红袄的人命令脱下来,则"有点不近人情了"。最关键的在于,按照国丧之礼,"王公百官二十七日同俱服缟素,皆百日不理发,百日之内不作乐",若严格执行开来的话,置那些穷苦的理发匠和伶人的生计于不顾,"卖艺唱耍的一些穷人,一旦之间绝了他的生计,叫他去做什么呢?"③作者认为讲酸文大道理,其实是没有爱国爱民的慈心,失去了一个王朝"民为邦本"的基础,文章最后说:"就是揣度大行皇帝、大行太皇太后的恩德,也绝不愿意叫一国的穷民流离失所,因为国丧受累受困,坐以待毙。"④僵化的礼制之所以被遵行是因为背后有利益的驱动,官员因为执行国丧之礼而加官晋爵,《大公报》大胆批评了这种把"丧事"变成"喜事"和"庆功会"的做法,认为国丧最终受益的是官员和囚犯,最不幸者是理发匠和优伶,实是极大的不

① 《论谣言之害》,《申报》1908年12月14日。
② 《大公报》1908年12月16日。
③ 《请想想浮文要紧还是实害要紧》,《大公报》1909年1月14日"白话栏目"。
④ 《大公报》1908年12月16日"白话"栏目。

合理:"理发匠自食其力自营其事乃国有大丧顿失其谋生之根。优伶未食君禄未犯国法,乃君有大故,随夺其营业之自由。国民与国家同休戚也,惟官吏与囚徒往往与国家之厉害相反。"①《大公报》在另一篇评论中嘲笑了那些自称爱国忠君、孝亲敬长、为国为群出力的官僚,"其实是私欲重重的人"②。

综上所述,我们可以看到,两报在报刊言论中,他们批评官僚,却从未质疑过慈禧、光绪帝和现任皇帝的权威。或许《京话日报》③的言论可以代表这一时期的报业文人对皇帝与清廷的态度。在清廷宣布预备仿行立宪后,《京话日报》在"演说"专栏中连续发表《宪法浅说》《立宪》等评论文章,赞美"立宪制度正是万年有道之长基""实是人民的大幸福",是"救我四万万人民于水火之中",称颂慈禧太后和光绪皇帝"真是圣明",强调"立宪决不能有损君权",推行立宪可以"叫那些革命党瞧瞧,莫说中国没了指望"。④

"反贪官不反皇帝",是当时报界的共识以及在新闻实践中执行的准则,这在中国有历史久远的社会心理基础,究其根本与中国的政治架构有关。何艳玲、汪广龙指出,儒家帝国体系下,君主和官员共同构成的朝廷关系中,君臣扮演不同的角色,如图 2-1 所示。"作为人主,皇帝是世俗的权威;作为天子,皇帝是神圣的权威;作为君父,皇帝是伦理的权威。"臣是执行君主命令的人,是皇帝在各级机构中的权力代理人。"民众是黎民、百姓、小人、黔首、布衣、小民、庶民。"⑤皇帝作为一个被道德化、总体化和自然化的存在,除非在被认为不再拥有天命的情况下,不然很少有人去质疑其合法性和正义性,但是官员和官府的行为,容易被民众高度怀疑为背离了"君"的统治意旨。⑥

根据上文的描述,我们可以发现,在君、官、民三者的关系中,只要一个王朝拥有的"天命"仍在,这个社会就有认同基础,所谓"天为民立君,士为民

---

① 《大公报》1908 年 12 月 8 日。
② 《大公报》1908 年 11 月 23 日。
③ 《京话日报》是一份以北京居民为主要对象的小型日报,1904 年创办。创办人彭翼仲是一个有理想抱负和社会责任感的报人,他出生于官宦之家,当过通判之类的小官,长期客居北京,在八国联军侵占北京期间,曾经在街头卖过白面,对底层人民的生活疾苦有所了解并非常同情。英敛之称赞这份报纸道:"北京报界之享大名与社会程度适当其可者,要首推《京话日报》为第一。"该报有以下三个特点:首先,积极鼓吹反帝爱国,御侮自强;其次,猛烈抨击官场的腐败黑暗,反映社会底层人民的生活疾苦;第三,通过多种方式,与读者保持密切的联系,如重视读者来稿,还在北京四城设置 40 多个阅报社、讲报社,方便读者看报、听报。一年后,该报发行量从初创时期的 1000 份增加至 7000 份,后又增加到 10000 份,并且该报被关禁闭后,社会上又风行的十余种报纸,其篇幅、格式、次序,一皆模仿《京话日报》,不敢稍有更张。
④ 方汉奇主编:《中国新闻事业通史(第一卷)》,中国人民大学出版社 1992 年版,第 772—775 页。
⑤ 何艳玲、汪广龙:《政府在中国——一个比较与反思》,《开放时代》2012 年第 6 期。
⑥ 石元康:《天命与正当性:从韦伯的分类看儒家的政道》,《开放时代》1999 年第 6 期。

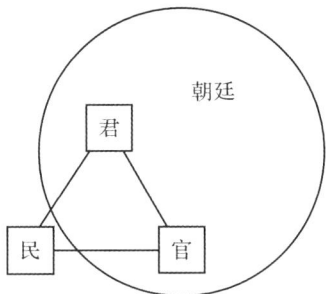

图 2-1　传统儒家帝国体系的君—臣—民关系

事君"①。清朝廷在 1908 年由慈禧亲自裁定了《钦定宪法大纲》,确认了公民的一些基本权利,同时对君权进行了一些限制。这部具有宪法意义的法律文件并不像西方宪法的确立是各方妥协商议的结果,它是由至高无上的皇权主动地自上而下推行的结果,清末立宪是清廷在经历义和团起义、八国联军入侵后在列强干涉下不得已的选择。精英群体有一个共识:即中国的人民必须依靠清政府扮演强有力的国家建设的主导者。《钦定宪法大纲》的内容以 1889 年的《大日本帝国宪法》为蓝本,删去了其中限制君权的有关条款,并规定:"大清皇帝统治大清帝国,万世一系,永永尊戴。君上神圣尊严,不可侵犯。"由此可见,它的政治合法性并未被贬抑,政治制度设计叠加知识分子和民众"忠君"的社会传统,才呈现了报纸对国家"家天下"式的想象。

　　另一方面,慈禧的葬礼报道也呈现出清晰的"民族主义"的传媒建构,其明显话语表述就是多次出现"我中国""我国家"以及将是否"爱国"作为评判一个人是否"开化"和"文明"的标准。民族主义在中国有着截然不同的历史脉络,中国人是在和西方国家密切互动的 19 世纪中,不断遭遇对外战争的挫败、国家主权的沦丧、利权的损失等,逐渐地了解了世界局势和西方条约体系,知道中国只不过是世界诸多国家之一,长久以来所谓"中国是世界秩序中心的说法"只不过是建构起来的神话。在睁眼看世界的过程中,中国的读书人增加了来自西方的"知识资源",这些新名词和新概念为他们理解新的世界秩序、找寻和建构自身定位,绘制了一幅"认知地图"。潘光哲教授指出,"殖民""殖民地"和"帝国主义"是这幅认知地图中的"规范词语","这些词在 19 世纪 90 年代进入中国的新闻和政治界,中国将成为'帝国主义'

① ［日］沟口雄三:《中国前近代思想的曲折与展开》,龚颖译,生活・读书・新知三联书店 2011 年版,第 37 页。

之目的物的述说曲调,传唱不已"①。民族主义就是在面对外来威胁的情势下发端和逐渐高涨起来的,一开始就带有强烈的实用主义的特征,它并不像西欧一样是在自发秩序下,通过市场发展、社会力量的崛起并以此驯服了专制权力而产生的,而是由精英群体向普罗大众推广的一种观念,带有强烈的启蒙色彩,知识精英希望以危机意识唤醒民众,革除陋习,其目的是塑造强大的国家。清末是中国现代国家建设的开端,在清朝统治者君主立宪制的设计中,民族国家的政治秩序是建立在"忠君"基础之上的。

清末报纸思想启蒙的一个重点是开民智,当时社会主流的观念是,中国的民族危机主要是国人的蒙昧落后造成的,知识群体倾向于向内寻找自身原因。清末报纸经常以西方国家为参照系来勉励国人,其推崇最多的一个理念就是"爱国","欧美诸富强不在器甲之坚,物产之阜,惟其团结力强故能御外侮,爱国心富斯能固国本",经常慨叹国人如一盘散沙,无团结力,无爱国心。如 1909 年 11 月 13 日《大公报》刊登新闻《恭纪孝钦显皇后奉移情形》,在消息的最后,记者记述了葬礼秩序的混乱:

> (1)銮驾秩序异常紊乱,无人管辖,任会校尉颠倒错杂,嬉笑喧哗,贻外人笑;(2)瞻仰之人概不跪送,且笑语自若毫无哀戚之容;(3)大老随从之车辆,于梓宫未到之时,擅行御路,任意驰骋。记者不禁感慨道:"以上三端虽属微末,然我国人民对于国家爱力之薄弱,于此可见一斑矣。"②

因此,当上海商界在白云观设立太皇太后和先皇帝灵位举哀,商人们停业半日,到者六千人,《申报》以赞许和自豪的口吻评价说:"适逢国变,商业团体牺牲商业利益而一律停市半日之举,实是爱国心增进有一日千里之势也。"③

该论说文进一步阐述了现代国民与国家之间应该具备的关系:"今日所谓国家者,人民集合而成者也。国家赖人民而成立,人民赖国家而保护,此爱国主义之所由也。向日,人民不知爱国主义,遇困难之外交,激烈之战争

---

① 清末关于民族主义的看法流行较广和对中国后世产生较大影响的是梁启超的国家民族主义,他宣称,中国当前之急务,端在推动政治改革,培养健全之国民,以造成一强固之国家组织,其目的在于铸造一个强大的民族国家来对抗西方的压力和威胁。潘光哲:《"殖民地"的概念史:从"新名词"到"关键词"》,《近代史研究所集刊》总第 82 期,2013 年 12 月。

② 《恭纪孝钦显皇后奉移情形》,《大公报》1909 年 11 月 13 日。

③ 《论本埠商界举行国哀》,《申报》1908 年 12 月 20 日。

往往以为帝王家事,与人民无丝毫关系,不知无人民集合,不能成立国家之基础,无国家之保护,不能享人民之幸福。国家与人民相维相系至为密切。"①

以甲午战败为起点至 1911 年,中国传统政治文化经受了一个被西方民主政治观念洗礼的过程,在这一过程中,西方民主政治观念大举入侵传统政治文化领地,并在政治认知和政治取向中占据了重要地位。政治文化的民主化趋势加速了传统政治文化的分化和离析,传统政治思想日渐式微。西方民主政治学说的传播和逐步普及,推动着一种新型的政治价值观念的确立,其中最为突出的当属国民、国家意识的兴起。

另一篇白话文《这也是中国该败亡的一条》,标题的"败亡"透露了作者浓厚的民族危机意识,该文认为败亡的原因在于中国只讲究陈风陋俗,而不愿为公共事业投入。文章讽刺了给父母办丧礼的中国人,怕别人笑话,就遵循旧俗搞很多繁文缛节,其实是野蛮愚昧的风俗,旁敲侧击地讽刺了清皇室,评论的最后说:"如今的时代正是兴学堂栽培人才的时候,刻下各省的水害偏灾,人民流离困苦,惨不忍睹,养老院、育婴堂政府不愿意拨款救助",却"抱定了野蛮风俗,守定了鄙陋规矩,掏窟窿弄洞,非如此排场不可"。② 无论是正面入手,还是从反面阐述,两报有着共同的期待,那就是建立强大的民族国家。

慈禧葬礼在传统的"家天下"的论述之中,逐渐衍生和发展出民族主义的论述,这是民间报纸发挥的作用,它们将民众原本不可见的皇家葬礼置于公共讨论的领域,并将其中存在的问题:民众是否守制、执政是否廉洁等传统时代"不可见"的问题公开化,报人(新兴知识分子)在启蒙民众和监督权力中逐渐建构了民族主义的论述和想象,因此出现了"家天下"与民族国家的重叠与混杂。

第四节　家天下、民族国家框架之下的城市传媒想象

孙玮指出,对当下传媒想象的理解,必须充分注意到"共同体"的边界和多元问题。③ 其实这个问题在清末就开始存在,那时"多元共同体"指的是"基于三重不同层次的地缘认同——家乡、城市和国家认同"。以上海为例,上海在 19 世纪发展成为亚洲重要的商业城市有着不可复制的历史脉络。

① 《论本埠商界举行国哀》,《申报》1908 年 12 月 20 日。
② 《这也是中国该败亡的一条》,《大公报》1909 年 11 月 14 日。
③ 孙玮:《上海城市地方主义和传媒想象——周立波现象分析》,《新闻大学》2010 年第 4 期。

19世纪中后期,太平天国动乱造成江南地区的富人、平民逃到上海避难,上海因此成为一个移民城市,"上海的商人、企业家、劳工主要来自三个地方,广东、江南和苏北。三个地方的人在工作机遇、居住模式、文化行为和社会地位方面有严格的区别,形成层次等级:广州和江南人组成上等阶层;苏北人组成下等阶层"①。在这样等级分明的生活圈里,不同省籍的人有着不同的地域认同,在地域认同的基础上又扩展为城市认同和民族国家认同。

上海自开埠以来由西方传入的近代资本主义精神使其迅速成为中国商业化程度最高的地区。从西方输入的经济商业化和市政制度化②不仅给上海带来了物质的繁荣,也带来了上海的开放、包容和多元。西化的发展模式给上海人民带来了优越感和自豪感,因为在近代以后中国的信心在一次次的对外战争和外交事件中遭受挫败,西化意味着和西方的接近,也意味着相对于本土的优越。由于作为租界的特殊环境,上海吸引了来自全国各地的人和华侨,各色人等在一个五方杂处的社会里,发展出对上海的地方认同。

同乡认同、城市认同和民族国家认同在近代上海并存不悖,"三重认同常常是交织在一起的,表现出匪夷所思的融合而非排斥"③。这一点,也体现在《申报》在该事件中对本地新闻的处理上。1908年11月22日的《申报》"国恤纪"刊登了一条本地新闻,"县示谕:军民人等,自二十七日起,不理发、不作乐、不嫁娶",为了提早日期,以免一月之稽延,因此二十六日一天本地嫁娶之事甚多,"新闸路有彩舆经过,新嫁娘在舆中嘤嘤啜泣"。记者叹道:"上海究为开通之地,此新嫁娘或突闻国变,悲不自克,不避忌讳而在舆中啜泣。"④在这里,记者赞扬了新娘知礼,将新娘的知礼与上海这一座城市联系起来:上海是开通之地,因此百姓懂得爱国的道理,记者在此过程中体现出了作为上海本地人的骄傲和自豪感。这则新闻还传达出当时的观念,上海虽然是一个西化的城市,经历了欧风美雨的洗礼,仍重视忠君与爱国的传统观念。在另一篇上文提及的《论本埠商界举行国哀》论说文以"上海商界在白云观设立太皇太后和先皇帝灵位举哀,到者六千余人"这样的新闻开始,然后赞许了上海商人的爱国心,最后写道,以"而今我海上商人既如此则内地何复多让",作者以为上海商人在爱国心和团结力方面为国人做出了表

---

① [美]艾米莉·霍尼格:《江南人何以对苏北人抱有偏见?》,张仁善译,《世界经济与政治论坛》1990年第6期。

② [美]卢汉超:《上海城市的文化认同及其开放与容纳》,《学术月刊》2004年第7期。

③ 孙玮:《制造上海:报纸中的上海开埠——以2003年为例》,《新闻大学》2009年第4期。

④ 《嫁娶·国恤纪》,《申报》1908年11月22日,第2张,第4版。

率,内地人应该不甘落后,"商界中人如此,各界必兴起"。将这一做法由上海推广到全国,由商界推行到全国各界,"自此而言,我国之国事或能稍有转机"。上海商人牺牲商业利益按时举哀,这是懂得礼仪和"忠君"的表现,同时也是爱国心和国人团结力的表现,那么"大行皇帝、大行太皇太后在天之灵亦能湛然而含笑矣"①。在此新闻叙事中,守礼、忠君与爱国完成了无缝联接。我们可以看到,在此上海地方城市认同与民族国家认同毫不违和地交织在一起。本尼迪克特·安德森在其名著《想象的共同体:民族主义的起源与散布》中揭示了印刷媒体对民族国家的建构作用,其实,印刷媒体同样可以用于建构与民族国家相对立的其他共同体的表述,只不过,由于近代以来民族主义在中国社会中的绝对优势地位,使得其他层面的"共同体叙事"长期被遮蔽和压抑。

慈禧的葬礼中强大的帝制"家天下"叙事和民族国家的叙事并没有完全遮蔽地方认同,这两篇文章将"上海人开通、守礼、忠君、爱国"作为具体内容填充到上海城市的地方主义中,显示了它在全国的优胜地位,但并不是借由强调这些优势而疏离上海与国家权力中心,而是希望全国人民学习上海的文明与开化,共同建立强大的国家。《申报》借由上述两篇论说文,拼贴了一个面目模糊的上海城市地方主义。但是随即这个模糊的城市地方认同融入民族主义话语的时代洪流中,成为建构民族认同的合理注脚。

地方主义和民族认同存在冲突,但是在慈禧葬礼的媒介事件中地方认同和民族认同发生了融合。缘何如此?笔者以为,首先是由事件的性质和类型决定的,国葬是一个全国瞩目的政治事件,关系清帝国和国内人民的命运,传媒倾向于将之建构为"国家事件";其次,跟当时的时代危机和精英群体的思想意识有关,在保皇立宪的政治框架下谋求建设强大的国家,是清末不容挑战的正确的意识形态。

第五节　从慈禧回銮到东陵照相案:晚清现代政治视觉实践的开启与挫折

1902 年仓皇西逃的慈禧太后回銮紫禁城,举行回城仪式时,她的形象被城楼上的西方摄影师拍下,她面带微笑,主动向摄影师挥手致意,这是她在公共场合留下的最早的影像。大概是庚子之变的惨痛教训让她决意主动

---

① 《论本埠商界举行国哀》,《申报》1908 年 11 月 26 日。

利用摄影、肖像等展开现代外交政治实践。1904 年她与外国统治者、皇亲贵族和外交人员交换摄影照片。同年,接受美国公使夫人建议,将个人油画肖像送往美国圣路易斯展览。同时,慈禧与宫眷的照片作为商品出现在上海的市场。这三件与现代影像有关的事件与清末的政治改革是同时进行的,被学者们解读为"慈禧主动打破 11 世纪以来的帝王视觉禁忌传统,主动在国际社会建构大清国国际形象"[①]。"这些看似微尘泡沫的事件启示了晚清历史中的两大议题:其一慈禧通过肖像的形象塑造为国家代表;其二,肖像开始成为清帝国统治者形象塑造的重要媒介,并在新兴的公共领域中塑造舆论,成为具有实际影响政治的视觉资源。"[②]王正华还探讨了慈禧的形象走向公开时,晚清政治可能发生的变化。有学者认为慈禧的画像在展览过程中对改善中国的负面形象有一定积极作用,但其意图构建的神圣形象在西方语境下被错误解读,反而被祛魅。日本学者游佐徹指出慈禧是借助肖像展览向西方展示其权力,作为肖像画的"身体"由此被赋予了一种新的政治性。[③]商勇认为慈禧将油画送往万国博览会有明确的政治目的,首先是为了加强清美关系,叫停《排华法案》,其次敦请美国出面调停日俄战争,再次通过皇权与女权的图像展演,将慈禧宣传为"东方的维多利亚女王",并称油画这一艺术生产方式是前现代的,而其展出方式是现代的。[④]

"东陵照相案"是清末著名的政治案件,发生在慈禧去世一年后(1909年)的奉安大典上。大典当天,天津的福升照相馆的老板尹绍耕经直隶总督端方许可在典礼当天于陵墓前摄影,被李鸿章的孙子李国杰等大臣控诉冲撞了清东陵的神路和隆裕皇太后车辇。摄政王载沣将尹绍耕、摄影师等四人判十年的监禁,将端方革职。本书之所以专辟一节来论述东陵照相案是因为它本身就是慈禧葬礼的一部分,晚清这一重要案件折射了当时统治者、保守派、革新派大臣对摄影这一新的媒介形式的复杂态度和对其传播特征的分歧,也提示了慈禧开启的现代视觉政治遭遇挫败的深层文化原因。同时,该案件给了报纸一次集体表达、阐发政见的机会,直言不讳的批评引发了清廷统治的舆情危机,为清朝的覆灭提供了助力。

[①] 董丽慧:《20 世纪初慈禧肖像的对外宣传及其跨文化传播》,《艺术设计研究》2018 年第 1 期。

[②] 王正华:《走向公开化:慈禧肖像的风格形式、政治运作与形象塑造》,《美术史研究集刊》总第 32 期,2012 年第 3 期。

[③] [日]游佐徹:《慈禧太后的肖像画:Portrait 与"圣容"》,唐卫萍译,宋武全校,《美育学刊》2017 年第 2 期。

[④] 商勇:《皇权与女权的图像展演——日俄战争期间慈禧的油画外交再讨论》,《中国美术研究》2020 年第 4 期。

近年来，慈禧肖像的社会流通和外交使用的议题已引起国内外学界的关注，学者的关注点有图像历史钩沉、图像的具体形制、媒材和展出方式、展出目的、艺术品修复、权力话语研究以及中国现代性的建构等等，但对摄影、报纸、公共空间的出现对晚清政治运作方式带来的深刻变化缺乏足够的关照。有关东陵照相案的研究成果相对较少，张海林的专著《端方与清末新政》重点叙述了端方的生平、立宪改革思想和新政改革的措施，其中述及东陵照相案的发生经过，认为端方被革职是由他和李国杰的政治斗争所致。① 基于已有的研究文献，笔者认为仍有几项核心议题可做进一步阐释：第一，晚清从神秘政治到大众政治转型过程中，摄影、报纸等新式媒介嵌入晚清政治传播过程中给政治交往与政治运作方式带来了什么样的变化？第二，现代传播技术在应用过程中为适应中国的政治社会结构发生了怎样的调适？第三，从慈禧回銮到东陵照相案，现代政治的视觉之旅在开启短短七年内即遭遇重大挫折，这是否突显了中国政治现代性进程中的独特图景？本节希望通过对上述问题的回答来勾勒晚清新媒介——摄影、报纸与现代政治相互生成的历史片段。

一、古代帝王形象的视觉禁忌

中国古代一直没有公开传播在世统治者肖像的现象，"自 1006 年宋真宗起中国古代统治者一直是严禁自己的画像传出宫廷之外，历经元明清三朝，官方就不再允许民间公开展示、祭拜帝王像"②。在中国，统治者的长相逐渐成为禁忌。至 19 世纪末的近千年，统治者对帝王像制作、展示和传播的规制与管控渐趋严密。③ 清建立后有关规定更趋严格，为确保对清帝国的忠诚，规定凡对中原前朝历代统治者肖像的占有、收藏、展示、祭祀和供奉，均被视为否认皇权正统之体现。由于统治者对"圣像"的严厉控制，普通人对皇帝的"圣容"难得一见，帝王的相貌更非民间社会能熟知和普遍加以议论的。古代中国的传播系统是封闭的，信息在统治阶层内部水平流动，再由统治阶层向被统治阶层"自上而下"的垂直流动，封闭的"T"型传播系统④ 有效地维护了中国帝王的政治视觉禁忌传统。

---

① 张海林：《端方与清末新政》，南京大学出版社 2007 年版，第 501—502 页。
② 尚刚：《蒙·元御容》，《故宫学术季刊》2012 年第 2 期。
③ 董丽慧：《博弈与错位：从慈禧肖像看晚清国家形象塑造》，《文艺研究》2019 年第 6 期。
④ 日本学者和田洋一将传统中国的封闭的、上下循环的传播系统概括为"T"型传播体系，即在统治阶层内部横向的"水平流动"和由统治权力流向被统治阶层的"从上而下"的垂直流程。参考［日］和田洋一：《新闻学概论》，吴文莉译，中国新闻出版社 1985 年版，第 20 页。

"中国帝王传统中除了肖像可以代表统治者之外,可以代表帝王形象和意志的还有多种,如皇帝颁布的诏书、以文字加上印章的视觉与物质双重形式,代表着帝王的神圣性。中国比别的国家更强调帝王毛笔写下的手迹。皇帝的笔迹被赋予特殊的意义,观者与受众皆感受此意义。但是到了近代之后,肖像逐渐成为统治者的重要代表。"① 全球皆是如此,摄影的传入为统治者拍摄肖像照提供了技术条件。

(一)祖宗像的宗法功能、行乐图的自我彰显和政治运作

中国统治者在传统时代是不乏画师所绘的画像的。慈禧早年的画像多属传统形制与风格的肖像画,属于帝后妃像的范畴。中国传统的女性肖像多为祭祀祖宗所需的大妇像,一般中国的女性只有在进入宗族祭祀系谱中,才有资格留下肖像。清代皇室基本只有皇后留下形制统一的巨幅画像。此类祖宗像有其固定的定制,清朝初年确定下来,这些帝后像在服装、姿势上,都有一致性。像主离世后,帝后像一般置于景山寿皇殿等处,供皇室家族祭祀,一般人难以得见,② 仅于诞辰、忌日等重要时节时,悬挂于乾清宫、养心殿等帝王起居处,总之基本不出宫室。③ 慈禧的祖宗像依照祖制,如图 2-2,身穿黄色礼服,包括朝服、朝冠、朝褂与披领,佩戴朝珠,这是清代等级最高的服制。慈禧此幅画像,和其前后的皇后、皇太后的服制并无二致,呈现的是受到万民敬仰与尊敬的太后形象。传统中的肖像画还有行乐图,慈禧共留下五幅行乐图,行乐图主要是描述传主的各种活动,古代的行乐图中像主多呈现出悠闲自得甚至赏心玩乐的心态。慈禧行乐图中有两幅画《弈棋像》《扮观音像》,显现出了慈禧的自我彰显和政治运作。慈禧早在同治年间已深谙如何运用此类画像来凸显自己的身份和地位,标志自己高于慈安皇太后和同治帝的统治地位。④ 不过,行乐图的受众并非大众而是皇室宗亲与宫中近侍。

① 王正华:《走向公开化:慈禧肖像的风格形式、政治运作与形象塑造》,《美术史研究集刊》总第 32 期,2012 年第 3 期。

② 章乃炜、王蔼人编:《清宫述闻》,紫禁城出版社 1990 年版,第 955—960 页。

③ 根据《内务府造办处各作成活计清档》同治四年闰五月初八日、光绪元年元月二十二日条目记载,咸丰、同治帝薨逝后肖像曾挂于乾清宫、养心殿。

④ 冯幼衡:《皇太后、政治、艺术:慈禧太后画像解读》,《故宫学术季刊》第 30 卷第 2 期,2012 年冬季。

图 2-2　《慈禧祖宗像》绢本设色,253 厘米×110.5 厘米,北京故宫博物院藏

(二)祖宗像:古代政治的观看方式与君臣关系构建

从观看方式而言,传统的帝后祖宗像只有王公贵族才能瞻仰,这些肖像在重大政治活动或祭祀时进入宗庙,观看者在观看之前须沐浴更衣、洁净身体,完成一系列规定的仪式,在画像前不能直视像中的人物,必须跪拜、仰视,这种观看方式强调的是君臣位阶之差别。在帝王面前大臣们是不能随意走动的,要怀着崇敬之意,执臣之礼。面对帝王肖像,臣亦是如对君前,如果随意走动,也被视为"大不敬"。"中国传统祖宗中像主是全正面姿势的格式,像主虽然对着画外,目光却茫然空洞,并未望向画外定点,构成有意识的观看或凝视动作,与观者之间也无目光的交会可言。这些祖宗像,作为祭祀的崇拜对象,与子孙间不是透过眼神的交会而产生连结感,眼神的交会本来就不是中国社会社交互动之要素,面对帝王时,臣直视帝本是视觉的禁忌,即使是面对肖像也无上下之间眼神的交会。"①祖宗像所建构与强化的是传统社会中君臣之间的宗法关系。

中国传统社会的女子的容貌比男子有更严格的禁忌,仅有丈夫、父兄、

---

① 王正华:《走向公开化:慈禧肖像的风格形式、政治运作与形象塑造》,《美术史研究集刊》总第 32 期,2012 年第 3 期。

子女可以得见。慈禧即使贵为太后,也只能垂帘听政,其容貌不可在朝堂公开。后随着摄影、现代绘画材质在人物肖像中的运用,1904 年后慈禧的形象逐渐走向公开,传统的政治观看方式和像主—观者之间的关系建构都有了一定程度的改变。据学者研究,慈禧的行乐图和祖宗像的使用与流通,未见于任何文献资料,这两类图像更多地作为历史记录,画作完成后被收藏于宫中,仅具有历史文献价值。但是在 1904 年的中国,当大众媒体和社会公共空间开始蓬勃发展的时刻,统治者的身影开始以肖像摄影照片的形式出现在大众面前,是中国历史上前所未有的历史文化现象,这与晚清文化的大众化以及民族国家的兴起是同一进程。

(三)宫廷生活照:慈禧太后的私人影像

1839 年 8 月法国政府公布了达盖尔的银版摄影法。不像人们最初面对电报这一发明时的惊慌失措,①摄影术甫一问世,就受到了人们的热情拥抱和重视。摄影术的纪实、便捷等技术特点使它受到人们的欢迎,再加上它的日常性,以及低投入、小规模的社会经营运作方式不涉及清廷所担忧的"利"和"权"问题,所以它在中国的传入过程也不像电报那样经历一波三折。② 在 1842 年"中英南京条约"签订后,西方的摄影术通过外交、贸易、传教等渠道传入中国。1860 年之后,摄影术由沿海逐渐传入内地。在传入中国的初期,摄影技术也曾经被看作"奇技淫巧"加以反对,或者被看作"雕虫小技"而遭到不屑一顾。鲁迅先生写于 1924 年的散文《论照相之类》一文中谈到幼时在家乡 S 城里,可以约略看到民间对照相术的种种猜疑、想象和回避的态度。③ 摄影术于 19 世纪中期从西方传入北京时,曾被清朝昏庸老臣和皇亲国戚视为西洋异端邪术,称所照之相,"非目睛之水,即人心之血"④。

---

① 美国人最初对电报惊恐的态度,可参见[美]丹尼尔·杰·切特罗姆:《传播媒介与美国人的思想:从莫尔斯到麦克卢汉》,曹静生译,中国广播电视出版社 1991 年版;孙藜:《晚清电报及其传播观念》,上海世纪出版集团 2007 年版。

② 电报知识在 19 世纪 50 年代早期即被引入中国,然而清政府耗时 30 年才决定接受电报技术。有的解释将之归为社会精英对于儒家文化优越性的确信和大众百姓对风水的信仰,但是,周永明教授认为,对于利和权的关注才是清朝对电报的政策制定中起决定性影响的因素。参考周永明:《中国网络政治的历史考察:电报与清末时政》,尹松波、石琳译,商务印书馆 2013 年版,第 52—55 页。

③ 鲁迅在《论照相之类》一文中描述"照相似乎是妖术咸丰年,或一省里,还有因为能照相而家产被乡下人捣毁的事情"。"城人却似乎不甚爱照相,因为精神要被摄去的,所以运气正好的时候,尤不宜照,只是半身像是大抵避忌的,因为像腰斩",表现了中国人用熟悉的前现代的"迷信"来理解现代的科技奇器。

④ [英]德贞医士:《脱影奇观》,早稻田文库藏本 1873 年版。转引自王宏超:《巫术、技术与污名:晚清教案中"挖眼用于照相"谣言的形成与传播》,《学术月刊》2017 年第 12 期。

用箱镜对着帝王取影岂不"冒犯龙颜，丧失尊严和体统"。因此，紫禁城内不许照相，摄影器材和摄影师都难进入宫廷。道光、咸丰和同治皇帝因为抱有"摄影会使人丢失魂魄"的偏见从未照过相。

慈禧对摄影并非全然无知，早在八国联军攻入北京前，清宫就藏有维多利亚女皇、[1]俄国沙皇、皇后赠送的照片，这些照片甚至摆在了慈禧的寝宫。[2] 慈禧对摄影十分热爱，在 1902 年前，她就在宫内拍摄了一些照片，但多是个人肖像（如簪花照等多种形式的独照）和宫廷生活群体照。独照、群体照多悬挂在慈禧的寝宫等私人生活空间，具有展示自我、制造亲近与家庭感的作用。和传统的"行乐图"和"祖宗像"一样，这部分照片并非进入公共视野，因此不具有公共展示和流通的价值。

但有一些照片是需要特别注意的，即慈禧的扮装像，尤其是她的扮观音像，则有着较为清晰的形象塑造目的。观音在印度本为男性形象，传入中国后逐渐演变为女性形象，尤其是唐代女皇武则天为加强自己统治的合法性，以观音自喻。龙门石窟艺术水平极高的卢舍那大佛就融入了她的个人形象，她借助政治力量使菩萨的女性形象在中国得到推广和普及。

慈禧作为女性统治者，观音慈悲救世的品质为她提供了最佳的道德诉求。佛教神祇中唯有观音与女性、母性、温柔慈悲紧密相连，又不失高贵与救世的力量。以观音慈悲救世的意涵来进行自我形象塑造，符合她作为统治者和救世主的自我定位与道德标榜。慈禧扮观音的画像和扮观音照，基本是上在慈安与恭亲王去世后的光绪后期绘制、拍摄的，她通过观音像（照）将自己塑造为集宗族之长、统治者与佛教救世主为一身的形象。[3] 图 2-3 照片中，慈禧太后扮成观音坐于颐和园竹林中，李莲英扮韦陀合掌立左，两位年轻的女性扮龙女右立。[4] 上海《时报》1904 年 10 月 13 日的广告版还曾推广慈禧的这幅照片，慈禧之所以允许在市场上售卖，大概也是考虑到这有助于向大众宣扬自己慈悲救世的形象。

---

①　维多利亚女皇逝世于 1901 年，推测慈禧早于这个时间就受赠女皇照片。

②　Katharine Carl, *With the Empress Dowager of China*, Tientsin Societe Francaise de Librairie etd'Edition, 1926, p. 297.

③　王正华：《走向公开化：慈禧肖像的风格形式、政治运作与形象塑造》，《美术史研究集刊》总第 32 期，2012 年第 3 期。

④　扮龙女二人是庆亲王奕劻之女（人称四格格）和另一位不知名的宫女，参考董丽慧：《从公开到神圣：20 世纪之交的清宫扮装相》，《艺术与设计》2022 年第 3 期。

　　清末新政的两年间,慈禧授意制作了超过 786 张摄影,①除了这些记录宫中生活的照片还有一部分是正式照片,这些照片诉求对象是国外和国内的"大众",慈禧有意识地运用照片来塑造国家形象始于 1902 年。庚子事变后,国际形势非常严峻,她不得不调适各项政治和外交措施,对于摄影的公共使用,即是她的调适举措之一。

图 2-3　慈禧扮观音像

二、现代视觉政治的最初实践:慈禧肖像照的社会流通

　　慈禧因八国联军避祸西安,在 1902 年初回到北京,她在永定门举行回朝仪式时,有一群欧洲人聚集在城墙观看,她知道有欧洲人摄影,因此拱手为礼,身躯微弯,有礼又优雅,甚至举手招呼城墙上的外国人,用肢体动作热情回应摄影镜头。② 这是慈禧第一次在公众场合的未摆拍摄影。此后她开始主动利用摄影来将自己塑造为国家之代表,并透过个人肖像挽回清帝国落后、野蛮的形象。

　　1904 年有三件与慈禧影像有关的事件揭示了视觉政治现代化帷幕的

---

①　此照片数量统计依据《宫中档簿·圣容帐》(光绪二十九年七月—光绪三十二年九月),其中 1903—1904 年记录照片 29 种 766 张,1906 年庆亲王载振两次恭进圣容共计 20 件。根据故宫博物院 1926 年点查报告,当时在景福宫仍有共计 709 件慈禧照片,其中包括 14 盒放大照片(珍字号 186)以及一盒玻璃底片(珍字号 196)。参见清室善后委员会编:《故宫物品点查报告(卷八)》,线装书局 2004 年版,第 12—13 页;故宫博物院编:《故宫博物院清宫陈设档案·卷八》,紫禁城出版社 2013 年版,第 14—15 页,参考董丽慧:《博弈与错位:从慈禧肖像看晚清国家形象塑造》,《文艺研究》2019 年第 6 期。

②　"China Return of the Court",*The Times*,Jan 08,1902;p. 3;Issue 36659.

开启：第一是同年5月，慈禧与外国统治者、皇亲贵族或外交人员交换摄影照片，这一行为留下了官方的正式记录。① 这一方面是慈禧主动接受西方通行的外交礼节，另一方面也是她希望以照片展示端谨、严肃之姿与崇高、尊贵的头衔，彰显她大清帝国皇太后与清帝国统治者的形象。第二是同年6月，美国女画家凯瑟琳·卡尔进宫为慈禧所绘的油画之一被送往美国圣路易，并在世界博览会展出。第三是同年的6月20日直到次年的12月29日，上海《时报》不定期刊登有正书局出售慈禧照片的广告，列出具体的照片内容和售价。②

慈禧将肖像照赠予外国公使，制作现代油画肖像并作为国家形象之代表在西方国家展出，这是她有意的政治推动。在清末新政中，慈禧开始借鉴西方展示统治者肖像的传统，将巨幅油画像公开展出。董丽慧阐释了这一事件的深远意义："中国延续近千年的禁止公开展示统治者肖像的传统从此破除，影响了此后中国统治者肖像的塑造和展陈方式，以及现代中国人对统治者肖像的观看方式。"同时，也是"清国统治者首次以肖像参与外交与国家形象的塑造，有意识地通过公开宣传自己的视觉形象来获得国内民众的拥戴与国际社会的支持，这也是清政府外交走向现代化的最初实践"。③ 与此同时，慈禧的照片开始出现在上海租界的市场售卖，虽非慈禧有意为之，而是商家为了赢利主动营销。但是将这三件事合而观之，可以看出慈禧视觉政治策略的转变，这三件事其实与清末的政治改革有密切的关系。摄影技术的复制特性，使影像公开化的速度与广度远超历史上的各类媒介。统治者利用现代摄影、报纸等技术推广个人形象有着重大的政治与文化意义，对外这预示着现代外交的开启，对内意味着统治者开始通过形象的塑造来赢取大众的支持。

中国千百年来的统治者视觉禁忌与政治合法性的来源是密切相关的：以往的统治基础来自官僚阶层和儒生的支持，与底层民众关系甚微。如张仲民指出的，帝制时代的国家承担的主要是教化和训导之责任，其政治文化呈现出一种泛道德化的倾向，下层社会草民不必也无意识"间焉"，"国家兴亡视为一姓之家事，于多数国民无涉也"。④ 统治者无须出现在大众视野

---

① 该记录保存在《圣容账目》和《各国呈进物价账目》中。《圣容账》，光绪二十九年七月立，北京第一历史档案馆藏；《各国呈进物价账》，光绪三十年十月十六日立，北京第一历史档案馆藏。
② 1904年6月慈禧照片刚上市时，值洋元一元，未标明尺寸。当年十月后的广告，标示八寸一元，六寸五角。多买折扣愈多。
③ 董丽慧：《博弈与错位：从慈禧肖像看晚清国家形象塑造》，《文艺研究》2019年第6期。
④ 张仲民：《出版与文化政治：晚清的"卫生"书籍研究》，上海书店出版社2009年版，第292页。

中,甚至要刻意对民众保持神秘感与神圣性。

另一方面,晚清统治者也开始主动推进政治的现代化与大众化,意在塑造在大众中的良好形象,主动增加自己在社会中的可见度,个人形象开始更多地与"大众"和"大众舆论"相关联,这并非晚清统治者所擅长的。当观者为大众媒体和公共空间(如世界博览会论的观众)所预设的"大众"时,统治者赖以执政的合法性来源变成了新兴的阶层——"大众"。统治者通过报纸、摄影相册、公共空间(如世博会等)向公众展示自己的形象,借由报纸宣告政令、政绩,报告统治者的行止,公众针对君主肖像和其他时事在报纸上发表意见,并形成社会舆论,拥护或颠覆当权者。统治者借助舆论知晓大众的政治态度、意向,并把大众的意见作为制定政策的依据。统治者的视觉物质表现形式其实关系着政治交往、政治运作方式等一系列现代化议题。

三、机械复制时代与大众展演文化的成形

中国古代统治者的画像并不广泛悬挂,只在重大的祭祀礼仪中才会出现。皇帝(后)的画像,就是本雅明所说的"古典艺术品"。在观者的膜拜与瞻仰之中具有了神圣性。与膜拜价值相对的是复制机械时代艺术的"展览价值",作为现代技术的摄影术等复制技术出现以后,人们古典的审美趣味进入了现代,传统的"灵晕"被动摇,艺术品的独一无二性被取代,艺术与大众间的距离丧失了,艺术不再神圣,大众可以在日常场合欣赏复制品,神像被搬下了神坛。复制技术出现后,不再是大众接受艺术,而是艺术听从大众,大众反制并参与艺术的生产过程,大众意识的兴起是"灵韵"(aura)没落的社会基础,艺术的功能颠倒过来,艺术的价值不再建立在仪式的基础上,而是建立在另一种社会实践——传播的基础上,此时艺术品的膜拜价值(value of worship)沦为展览价值(value of exhibition),摄影、报纸等具有大量复制特性的传播技术的出现,从技术上促进了艺术品灵韵的消失。本雅明虽然批评了机械复制的艺术品(包括摄影在内)丧失了艺术的韵味和自主性,[①]但以乐观的眼光看,摄影术给我们带来了民主的观念。苏珊·桑塔格在《论摄影》中讲,摄影术自其诞生之日起,就意在捕捉尽可能多的事物,成为观看的对象,从"被观看"的对象上来说,镜头之前的所有事件具有了平等的意义,因此说摄影术带来了民主、平等的观念,摄影术使得我们可以将世

---

① 〔德〕瓦尔特·本雅明:《机械复制时代的艺术作品》,王才勇译,中国城市出版社 2002 年版,第19—22 页。

间万物尽收胸臆。①

　　摄影的技术特征使观看者可以跨越权力设置的藩篱,将其聚光灯对准以往神秘的特权阶层,在慈禧葬礼中所发生的东陵照相案即意味着大众文化的兴起改变了原有的权力运作方式。古代的皇家葬礼只有王公大臣可以获准参与。报纸和摄影术的出现,报馆记者和摄影师也出现在葬礼现场,他们为了赢利必然会站在观众/读者的立场来拍摄画面,由此,观众/读者的兴趣和品位制约了新闻和照片的生产过程。慈禧奉安大典上,清廷邀请了北京、天津等地的多名摄影师参与拍摄,摄影师捕捉到的葬礼的照片经由大量复制进入市场,葬礼场面和宫闱秘事成为人们街谈巷议的题材。葬礼失去了原本庄严、肃穆的氛围和凝聚社会意识的作用,成为观众们津津乐道的娱乐新闻,并借由街头巷尾这一场所引发进一步的交谈,从而形成社会舆论。所以苏珊·桑塔格说摄像机给世界设立了一种看客的关系。

　　在这一时期,报纸和摄影还未广泛结合,此时的葬礼照片还是通过"照相贴"的形式在市场上流传,这样流传范围和速度远不如每日出版的报纸。20世纪20年代,摄影就与报纸结合起来,显示出巨大的传播威力。摄影术不仅引发了报纸内容、形式和新闻业理念上的变化,从宏观上来说,它还是文化范式的革新,摄影术的出现和广泛应用还是从"古典文化"到"现代文化"典范转化的一系列标志性事件之一。神秘的皇室生活从"幕后"走到"台前",呈现皇室贵族视觉形象的画像变成了摄影照片,画像的"灵韵""神圣感"消失了,取而代之的是"观看者"和"被观看者"平等关系的确立。本雅明指出摄影为民众带来了民主的观念,并具有政治参与的潜力。② 摄影使得神圣政治拥有了现代的观看方式。观看者的接受心态,不再有与静观沉思相符合的敬畏的、聚精会神的专注心态,而是存在于一种轻松的顺带性观赏,带有闲散的消遣意味。③ 摄影把传统时代庄严、肃穆的葬礼解构为看客们的娱乐事件,消解了皇室本应具有的神圣、庄严的"韵味",摄影带来了现代化的现实主义价值观。

四、人人识其面容,论其作为:大众传媒与名人塑造机制

　　从1904年6月到1905年12月,在上海的日本出版商高野文次郎以有

---

① ［美］苏珊·桑塔格:《论摄影》,艾红华等译,湖南美术出版社2005年版,第23页。
② ［德］瓦尔特·本雅明:《摄影小史》,许绮玲、林志明译,广西师范大学出版社2017年版,第50页。
③ ［德］瓦尔特·本雅明:《机械复制时代的艺术作品》,王才勇译,中国城市出版社2002年版,第97页。

正书局之名在《时报》上频繁刊登出售慈禧照片的广告。1907 年 7 月 30 日也刊登了类似广告。耀华照相馆在 1904 年 6 月 26 日的《申报》上也刊登了出售慈禧照片的广告。其实慈禧肖像照的社会流通带来的社会颠覆性不仅是本雅明所强调的"灵韵"的消失,更重要的还在于她的照片与其他社会名人照片并置出售,抹平了统治者与平民的阶层差异。有正书局出售的慈禧照片,除了单张照①外,还有照相册。根据《时报》1904 年 9 月 22 日的广告,有正书局以单人照形式贩卖的丽人(妓女)名人照有六百多种。《时报》1905 年 7 月 11 日和 1906 年 11 月 4 日的广告显示,有正书局以某专题为名,搜集各种照片,再将单张照片粘贴成册,如《北京庚子事变照相册》《上海百丽人照相全册》《中外百名人照相全册》《中国百名人照相全册》等,名人的照片不仅有慈禧与光绪、恭亲王、曾国藩、康梁、戊戌六君子等,还包括名妓、欧亚各国皇族、统治者、大臣与美女。②

报纸杂志有时也会刊登名人照片,如《东方杂志》自创刊号开始陆续刊登中外名人照片,首两期包括恭亲王、载振、溥伦等名臣。③ 根据鲁迅的记述,庚子事变前他的故乡绍兴城的相馆,常见曾国藩等平定太平天国运动的名臣高将的照片,用来吸引顾客。④ 晚清时期,照相馆门前挂有名人影像以拉拢生意的做法,并不仅限于绍兴,在北京也如此,社会名流最常见的是政界人物与花丛名妓。⑤ 资料显示名人照片市场渠道相当畅通,不同层级的销售渠道皆备:既有有正书局这种比较大的书店,也有分布在北京、上海、绍兴等地的照相馆,还有街市上的小贩,此外有正书局的商店也提供邮购服务。慈禧与社会名流的照片通过邮政网络、销售系统从大城市流向小城镇,为大众所见。这些所谓社会名流的名气本来依赖社会的口耳相传,大众媒体、照片增加了传播的广度和速度,那些原本是社会底层的妓女,因由大众传播也转变为"社会名人"。

经由媒体的曝光即可成名的大众展演文化不仅对神圣之皇权有祛魅作用,甚至"具有政治颠覆的意味",有正书局将变法牺牲的谭嗣同与慈禧并置

① 慈禧的单张照,目前保存在北京故宫博物院,照片粘贴在白板上,纸板下边印有"上海四马路北京厂西门有正书局"字样。
② 王正华:《走向公开化:慈禧肖像的风格形式、政治运作与形象塑造》,《美术史研究集刊》总第 32 期,2012 年第 3 期。
③ 参考《东方杂志》第 1 期(光绪三十年正月二十五日)页 17,《东方杂志》第 2 期,光绪三十年二月二十五日(1905 年 2 月 28 日)。
④ 鲁迅:《论照相之类》,载氏著《鲁迅全集(第一卷)》,人民文学出版社 2005 年版,第 190 页。
⑤ 兰陵忧患生:《京华百二竹枝词》,载杨米人等:《清代北京竹枝词》,路工编选,北京出版社 1962 年版,第 125 页。

出售的做法,使当权者与被压迫者的界限貌似在相册中被消除,妓女的照片和皇太后的照片,都是花同样的价钱可以买到,颠覆了儒家传统的位阶观念,对当权者所精心建构的政治与社会秩序都有所撼动,①这从政治文化内部动摇了帝制的根基。

除了以照片形式流传,慈禧与皇室成员的照片还被制成明信片,②收信人往往处于世界不同地区,由此可以推断,慈禧的个人肖像早在其生前就跨越了各国外交官、各国统治阶层,而扩展到更大阶层的外国人。如王正华指出的:"20世纪初期在本地与全球因素的纠结促动下,慈禧与清皇室的影像流入市场、外交等场域,他们的形象再也无法深居宫内,清廷也无法全面掌握自己的肖像权。庚子事变的国际局势迫使慈禧亲自面对外国人,姿容无法隐藏,因此积极运用照片,洗刷八国联军事件中被国际媒体妖魔化的形象,更符合慈禧的政治外交策略。社会大众对于名人的兴趣,也促使上海的影像市场企图以慈禧和皇室成员的照片牟利。在多种因素的促使下,慈禧的容貌、身材等形象在全球已经成为流行的影像资源。"③神圣政治的统治者走下神坛,其容貌、私人生活与政治作为在报刊等舆论空间成为大众热议的对象,和那些社会名流、名妓一起,"人人皆识其面容、论其作为",这是神圣政治转向大众政治的一个标识。

五、皇权祛魅:圣路易斯世博会上的"圣容"展示

(一)"圣容"的制作与现代展陈:重塑国家形象的外交战略

慈禧在1900年年庚子事变前后,因为她和西方各国为敌的行为,被国际媒体进行了大量丑化描述,如1900年7月14日法国杂志 *The Lire* 的封面就把慈禧描绘成一个凶恶的刽子手,如图2-4。

---

① 有正书局的创办人狄楚青是一个具有维新倾向的革命人士,也是《时报》的创办人。他与康梁、谭词同、唐才常等维新派过从甚密。因狄楚青的维新派立场,使得他将慈禧照片与戊戌六君子等人的照片并置,背后隐含着政治颠覆意图,这些照片在民间的流通扩大了政治颠覆的范围。王正华:《走向公开化:慈禧肖像的风格形式、政治运作与形象塑造》,《美术史研究集刊》总第32期,2012年第3期。

② 明信片作为西方世界友朋家人之间互相联络沟通的媒介,在19世纪末到第一次世界大战前相当普遍,慈禧形象出现在明信片中,随着在中国的旅行的欧洲人,寄给自己的亲友,从而可以推测慈禧的形象在当时即被西方世界的平民所知晓。王正华:《走向公开化:慈禧肖像的风格形式、政治运作与形象塑造》,《美术史研究集刊》总第32期,2012年第3期。

③ 王正华:《走向公开化:慈禧肖像的风格形式、政治运作与形象塑造》,《美术史研究集刊》总第32期,2012年第3期。

图 2-4　*The Lire* 1900 年 7 月 14 日封面

　　画中夸张的表情和容貌,都突出表现了慈禧的邪恶、老迈和迂腐。慈禧一手持有匕首,一手握着一把中式折扇,左后方是长长的柱子上挂满了人头,这是因为戊戌变法失败后,慈禧杀害了革命党,囚禁了国际舆论非常同情的光绪帝,并支持义和团在民间杀害洋人,国际社会对她的认识就是一个残忍、面目可憎的巫婆形象。[①] 此外,戊戌变法失败后,被迫流亡海外的康有为、梁启超等获得西方人同情,康有为在西方媒体上揭露慈禧和光绪帝间的关系,光绪帝遂成被打压的先进力量之代表,而慈禧则成了保守、阴暗且邪恶之落后势力的形象代言人。[②]

　　下面这段话就是康有为向西方人讲述的:

　　　　自从皇帝开始表现出对国家事务的兴趣以来,太后就一直阴谋废黜他。她经常和他一起玩牌,还让他喝烈性酒,为的是阻止他参与国事。最近两年的绝大部分时间里,皇上实际上成了一个装饰品,这是违背其本意的。你们都知道,太后没受过教育,她非常保守,又完全不愿意给予皇帝任何管理国事的实权。在 1887 年,朝廷决定拨出 3000 万

① 董丽慧:《20 世纪初慈禧肖像的对外宣传及其跨文化传播》,《艺术设计研究》2018 年第 1 期。
② 商勇:《皇权与女权的图像展演——日俄战争期间慈禧的油画外交再讨论》,《中国美术研究》2020 年第 4 期。

两白银，用于创建一支水师……太后却将余下的钱用来修（颐和园）……①

慈禧面对世界传媒如此强大的负面舆论和影响力，也不得不服从民意，塑造开明形象，做出许多改变以挽救人心，维护日益飘摇的帝国统治秩序。她决定主动参与到国际形象的建设中来，挽救她在西方人心中的负面形象。圣路易斯世界博览会是美国为了纪念圣路易斯安那州购入 100 周年而举办的。美方通过驻华公使对晚清政府发出了参展邀请，慈禧以老迈不能远行为借口婉拒，但同时又接受美国康格公使夫人的建议，选择美国女画家凯瑟琳·卡尔为其绘制油画肖像，并送至圣路易斯参加展览，其目的是消除西方人对她的憎恶和仇恨的言论。慈禧在凯瑟琳·卡尔制作油画的过程中，精心设计图像，比如她对宝座的选择十分在意，她执意要求卡尔根据几张设计草图，画出她在庚子之乱中丢失的柚木宝座，这个宝座是同治皇帝进献的，②可以彰显她的地位。慈禧最终从卡尔所绘的四幅油画中挑选了一幅。"传统的帝后肖像象征着宗法社会的道德和统治秩序，它由特定的图像、色彩和数字来表达，龙、凤是御用之像，明黄色是皇家的特定色彩，象征高贵，九是祭祀中帝王的专属数字，牡丹象征富贵，兰花寓意高洁。"③1904 年在圣路易斯展出的这幅大尺寸的肖像油画，画面宽 6 英尺，高 10 英尺，画框总高达 14 英尺，远超了西方人物油画的规制，这是一幅用现代西方媒材制作的遵循中国封建宗法礼制规范的祖宗像。这幅油画中，所有的元素都合乎清王朝的"规范"。画中有九只凤凰，象征着慈禧高于光绪皇帝，是实际的统治者，朝服上的兰花和画中的牡丹象征高贵与高洁的品质，画中还有明黄色的朝服、冠饰、手镯、甲套，慈禧在画中的形象也如三四十岁的妇人，远小于她当时已近七十的年龄，如图 2-5。这幅画重点在于强调慈禧太后的身份与地位。油画配以极大的紫檀外框，画框上雕刻精美的寿字团纹和龙纹图案，两层基底外加画框底边构成的基座近一人高，使得观瞻者必须仰视画中高居宝座上的慈禧。在制作画像的过程中慈禧还有很多地方援用了祖宗像的祖制，使之合乎"神圣"的规范。

肖像画从制作到国内官员的观瞻再到运输方式，都显示出朝廷百官是

---

① 斯特林·西格雷夫：《龙夫人：慈禧故事》，秦传安译，中央编译出版社 2005 年版，第 216、217 页。
② ［美］凯瑟琳·卡尔：《禁苑黄昏：一个美国女画师眼中的西太后》，晏方译，百家出版社 2001 年版，第 157、171 页。
③ 肖志慧：《1904 年圣路易斯博览会〈慈禧肖像〉分析》，《艺术教育》2017 年第 17 期。

图 2-5　1904 年在圣路易斯万国博览会上展出的慈禧油画像

如何将这幅油画视为"圣物"的。"正如虔敬的祭司对圣杯深怀敬意一样。甚至连我的绘画材料也被赋予了某种神圣性。太后感到疲惫时,宦官便会拿走我的画笔和调色板,然后从画架上取下画像,恭恭敬敬地送往指定的房间。"①在 1904 年 4 月 19 日吉时落笔并装入巨大的画框底座,当天外务部邀请各国公使夫人等外国女眷进宫观瞻,次日又将画座移入庭院,安排高级别官员、贵族入宫观瞻,慈禧御用摄影师裕勋龄还奉命为画像拍照。之后的几天,这幅画和画座被移到外务部,邀请级别更低一些的清官员和外国使馆人员着正装观瞻。②

朝廷内部将慈禧的肖像称为"圣容""圣像",画像的运输方式也相当地

① Katharine Carl. *With the Empress Dowager of China*, Tientsin Societe Francaise de Librairie et d'Edition, 1926, p. 105.

② 商勇:《皇权与女权的图像展演——日俄战争期间慈禧的油画外交再讨论》,《中国美术研究》2020 年第 4 期。

恭谨、隆重。1904 年 4 月 21 日,这幅巨画沿专门为之铺设的铁轨运至火车站,经天津、塘沽,从上海乘美国西比利亚号轮船"恭奉"赴美,5 月 27 日抵旧金山,6 月 12 日抵圣路易斯世博会现场。① 根据慈禧要求,这幅画在运送过程中(尤其在中国境内)不允许头尾颠倒,其所到之处,亦均由中国官员举行迎接圣像的跪拜仪式,如同朝拜太后本尊。为了运输这幅肖像画,甚至下令修了一条铁路,以区别于一般的挑夫手抬遗像的方式。② 在圣路易斯世博会期间,中国代表团甚至在中国馆举办了庆祝太后七十大寿的活动。③

这次在圣路易斯世博会的圣容展示,慈禧预设西方人为其观众。此外,此幅油画中人物的姿势与目光不同于祖宗像,像主的眼神形成观看或凝视(gaze)的效果,与观众的视线有所交汇,预设的是多数观众,④而非帝制时代祖宗像的单一观者,此种眼神与视线的设计,也体现了图像的现代性。慈禧有着清晰的预设,她试图向西方受众传达自己精心润饰后的温柔、美丽的女性形象,以扭转西方媒体对自己的丑化,另一方面她也试图展示自己是实际的统治者,处于中国权力等级制的顶端,是万民膜拜的神圣形象。所以这次慈禧太后肖像的展陈不仅是展示性的,更是宣示性的。这也说明了清帝国的外交实践中混杂了传统与现代的因素,其内核依然是万邦来朝的"朝贡观"和"天下观"的延续。

(二)国际传播转译失败与皇权祛魅

1903 年 8 月,卡尔第一次被公使夫人引荐入宫为慈禧作画时,《纽约时报》隔日就报道了此事。⑤ 9 月份《纽约时报》跟进绘画进展,并强调该画像会在圣路易斯展出。⑥ 油画从开笔到封笔、画像的包装、运送以及开幕式,慈禧均认真对待,每一个环节充满仪式感,因此也一直被西方媒体关注。画像在运输过程中,由于被视为"圣容",所以不能放倒运输,为了直立,甚至拆毁了火车的顶部,画像上覆有象征皇家的黄色的带有龙的丝绸,每到一处,迎接圣容的官员如同接驾,举行恭谨的仪式,以示尊崇。到了圣路易斯,中

---

① 商勇:《皇权与女权的图像展演——日俄战争期间慈禧的油画外交再讨论》,《中国美术研究》2020 年第 4 期。

② 左远波:《清宫旧影珍闻》,百花文艺出版社 2003 年版,第 38 页。

③ "The Empress—Dowager of China's Portrait on Its Way to The ST. Louis Exposition", *The Graphic*, July 9 1904, Saturday, No. 1806.

④ 王正华:《走向公开化:慈禧肖像的风格形式、政治运作与形象塑造》,《美术史研究集刊》总第 32 期,2012 年第 3 期。

⑤ "Chinese Empress's Portrait", *New York Times*, August8,1903p. 9.

⑥ "Chinese Empress's Portrait", *New York Times*, September 11,1903,p. 2.

国派往圣路易斯世博会的总督溥伦主持揭幕仪式,这一仪式也被《纽约时报》报道。这种对画像的尊崇在美国人看来是难以理解的,关于画像的诸种"奇观"必然吸引大众传媒的目光。大众传媒带来了政治的公开性,这可能也是慈禧希望看到的,毕竟有了曝光度,她的真实形象才能被西方民众认识,才能扭转她因为在庚子事变中的仇外行为而带来的负面、邪恶、野蛮的形象。在画像赴美之前,慈禧就多次向德龄表达自己对缠足等陋习的不满,塑造自己维护女权的现代形象。展览进行了半年,她的画像在展出期间,对于该博览会的私人书写和公开报道,只要提及中国参展,都必然会提到该画像,并且据可以查询到的报道来看,画像受到的赞美与欢迎居多。① 画像的尺寸是《纽约时报》尤为关注的,称其尺寸与西方肖像画比例不相符合。② 展览结束后,画像被送往美国政府收藏,这些公开报道影响了美国公众对于慈禧的认识。

此外与画像相关的卡尔的图书出版,也引发了慈禧的另一波曝光。1905 年年底卡尔出版 *With the Empress Dowager of China* 一书,书中记述了她在清宫的日子,引发了美国媒体的报道,此书对慈禧多正面评价,卡尔虽然描写了慈禧对绘画的控制,也谈到慈禧善解人意、谈笑自如与女性柔美的一面,修正了原有的国际舆论。

世博会是一个开放的公共空间,在这里,太后的画像不再是如清宫内那样神圣不可侵犯,参观者是数量广大的无名大众,人们或远或近观看,品头论足。因受先前慈禧的不良舆论,人群中也有轻视、鄙夷与嘲弄的目光。经由在西方世界的展示和报道,慈禧的国际形象得到巨大改观。1905 年 9 月 14 日的《华盛顿时报》,报道了慈禧与美国总统女儿爱丽丝的会面,这时慈禧的形象已经不是 1900 年前后的嗜血杀人的老巫婆,而是借用和改造了 1904 年展出的慈禧的油画肖像。③ 在这幅画中,慈禧化身为可被西方文明感化的老妇人,她坐在宝座上,聆听西方人的教诲。慈禧还赠送了一张照片给爱丽丝,但是她通过服装的图案象征个人的福寿绵长、国家的长寿福祉之含义,西方语境下的观众却无法理解。慈禧试图经肖像精心建构的等级感、长寿、威严的意象,由于文化语境不同,西方人并未理解这些文化元素的含

---

① 王正华:《呈现中国:晚清参与 1904 年美国圣路易斯万国博览会之研究》,载马敏主编:《博览会与近代中国》,华中师范大学出版社 2010 年版,第 75—120 页。

② "Fair Gets Empress's portrait", *New York Times*, June 14, 1904, p. 2; "An imperial Portrait", *New York Times*, June 27, 1904, p. 6.

③ 董丽慧:《20 世纪初慈禧肖像的对外宣传及其跨文化传播》,《艺术设计研究》2018 年第 1 期。

义,从而造成了误读。经过西方媒体的广泛报道,慈禧刻意展示的处于等级制顶端、被万民敬仰膜拜的圣像反而被祛魅。清帝国奉为"圣容"的画像,在文化隔膜和对慈禧怀有偏见的西方民众眼里,失去了神圣的含义,成了可以点评、褒贬的世俗之物。1904 年慈禧主动将画像送往美国展出,具有特别的现代意义:"其展示性和公共性已和传统帝后肖像(祖宗像和行乐图)有了重大不同,其制作目的与使用空间皆涉及公共领域,意图影响和制造公共舆论。"①

　　19 世纪中后期的英国,维多利亚女王及其家族经常出现在插图新闻里,女王的照片在大众媒体上流传,不可避免地面临着其政治影响力逐渐减弱的现实。但是女王意识到大众时代的到来,她本人在国民心中的形象对于君主制的存续至关重要,因此她主动采取种种措施来提升她本人和皇室的形象,如将女王的肖像设计在流通广泛的货币和邮票上等等。王室还特别注重以王室肖像画来传达信息,皇宫到处装饰着肖像画,随着肖像画的市场商品化流通,普通民众自己在家里就能直接观看到女王的肖像。② 君主肖像走向公开、走向大众,皇权权威的下降是现代国家面临的不可避免的趋势。1902 年慈禧被迫接受国际惯例,运用肖像来塑造国家形象。这是清末新政的一部分,也是清政府向国际社会靠拢的初步尝试。1904 年 5 月,慈禧接受外国使节夫人的建议,采取国际惯例,允许民间拥有君主肖像,"以示爱戴之忱"③。在上海的租界市场,有正书局或许是出于某种政治目的将慈禧的照片与妓女、戊戌六君子并置,这不仅抹平了各个阶层间的差距,而且照片在被顾客买走后即使被拥有者毁损、涂抹,辱没太后,清政府都无法掌控。从政治角度而言,统治者肖像的公开化是近代政治文化史上一个不容忽视的重大改变。统治者的形象走向国内/国际大众,大众籍籍无名,数量众多,难以猜测与控制,对于统治者而言,也无法亲身接触,只能通过各种"再现形式",为大众所见,同时接受无名的社会大众的评价。统治者将个人的形象与声誉交予大众评价,对政治和道德权威的下降很难再有完全的控制权。统治者肖像公开是近代重要的政治文化事件,是因为这意味着统治基础发生了改变,"统治者的再现多半透过肖像而来,形象塑造为其重要用

---

① 王正华:《呈现中国:晚清参与 1904 年美国圣路易斯万国博览会之研究》,载马敏:《博览会与近代中国》,华中师范大学出版社 2010 年版,第 75—120 页。
② 〔日〕游佐徹:《慈禧太后的肖像画:Portrait 与"圣容"》,唐卫萍译,宋武全校,《美育学刊》2017 年第 2 期。
③ 《太后照相传闻》,《大公报》1904 年 5 月 5 日"时事专栏"。

意。当观者为大众媒体与公共空间时(包括公开展览与报纸舆论)中所预设的大众时,统治者赖以生存的执政基础从原来士大夫和皇亲贵族阶层转变为了大众"①。统治者通过在公共空间塑造正面形象争取大众的喜爱,但另一方面,大众也针对统治者的形象阐发意见,连接时政,在报刊上形成舆论,也就是说,民众被新的媒介赋权,他们拥有了拥护或者颠覆统治者、政权的权力。

六、摆拍:影像制作过程中的权力控制

清末社会因为摄影的不常见性,拍照者往往会认真对待这件事。此时的人物摄影还是一种仪式。观察宫廷中和上层人物肖像照和特写镜头,他们努力控制自己的姿势、神情,以展示自己最理想的一面,如图 2-6。"如李鸿章夫人、慈禧,基本都是盛装端坐在镜头前,忍受着早期摄影的缓慢和繁复的衣着带来的不适,留下了他们以为优雅端庄的影像。"②自认为一国形象之代表的慈禧太后更是郑重其事地对待拍照,庄重程度如同举行仪式。中国摄影的出现晚于西方,早期的肖像摄影则延续了中国传统肖像画的风格,沿着明清制作祖宗像的模式化的道路前行。③ 即使普通中国人摄影也会对照相提出在西方人看起来古怪的要求:"中国本地人在拍摄肖像时必定要拍正面像,坐姿端正,双耳露出,眼睛直视镜头,似是与相机对峙。他们身旁必须放上一个小茶几,几上摆设假花。他们的脸上不可以有阴影,照相时必定要穿最好的衣服,手持扇子或鼻烟壶等心爱物品,而他们的长指甲也必定在炫耀之列。"④希望通过影像中展示理想的自己,也是人之常情。只是统治者有更多的权力使拍照更符合宗法功能。

据已有的资料可以推断,此时的慈禧还是在绘制祖宗像的框架下来理解摄影的。1903 年,驻法公使之女裕德龄和裕容龄奉旨进宫,裕德龄和裕容龄精通多国语言并熟悉西方文化习俗,二人常常陪伴慈禧,给慈禧做外交翻译,同时也带来了很多新鲜的西洋文化知识。同时在这一年慈禧授意裕德龄和裕容龄的兄长裕勋龄进宫为她拍摄照片。北京故宫博物院现收藏有慈禧的百余张玻璃板肖像照片,有三十余种服装和姿势,照片的构图、陈设、

---

① 王正华:《走向公开化:慈禧肖像的风格形式、政治运作与形象塑造》,《美术史研究集刊》总第 32 期,2012 年第 3 期。
② 吴靖:《文化现代性的视觉表达:观看、凝视与对视》,北京大学出版社 2012 年版,第 91 页。
③ 王宏超:《郭嵩焘伦敦画像事件考:图像的政治与文化相遇中的他者套式》,《复旦学报》2021 年第 3 期。
④ 〔美〕巫鸿:《聚焦:摄影在中国》,中国民族摄影艺术出版社 2017 年版,第 34 页。

图 2-6　慈禧盛装打扮的宫眷照

坐姿都与传统帝后像别无二致。慈禧所有照片从细节到动作，裕勋龄都须经她同意才能拍摄。[①] 为她制作油画的卡尔回忆道："她很有鉴赏力，人也开放，最后总会给我很多自由，但是她也不得不遵守传统。"[②]慈禧肖像的制作，都是经过摆拍而成，在拍摄前做精心的准备，内务府档案记载，为拍一张照片，太监们要提前八天将准备工作事无巨细地呈报慈禧审批。[③] 据卡尔的记录，她为慈禧画肖像的画具也每天都要充满仪式感地被太监们用黄盒子锁好，导致她缺乏足够的独立作画时间，在慈禧的认知里，她觉得画油画和画祖宗像是差不多的，都是一种神圣的仪式，画具也是"圣物"。[④] 慈禧要求卡尔绘画时要美化她的五官，去掉她脸上的皱纹，她不愿意在画像中出现阴影，原因也是不愿意让美国人以为她的面孔半黑半白。[⑤] 卡尔为她制作送往世博会展出的油画时，慈禧特意佩戴咸丰帝所赠华丽的珍珠披肩，这不仅仅是显示国家的文明和富足，也是借已故皇帝所赠礼物来强调自己权力的正统性。送展的这幅油画不仅是展示东方女皇的柔美，也是对其等级地位、统治权力合法化的描绘。[⑥]

慈禧拍照时同样会对拍摄者提出很多具体的要求，根据裕德龄的回忆

① 彭盈真：《顾影自怜？——从慈禧太后的两张照片所见》，《紫禁城》2010 年第 9 期。
② ［美］凯瑟琳·卡尔：《美国女画师的清宫回忆》，王和平译，故宫出版社 2011 年版，第 128 页。
③ 冯荒：《慈禧扮观音》，《紫禁城》1980 年第 4 期。
④ ［美］凯瑟琳·卡尔：《禁苑黄昏：一个美国女画师眼中的西太后》，晏方译，百家出版社 2001 年版，第 82 页。
⑤ 德龄：《清宫二年记》，顾秋心译，云南人民出版社 1981 年版，第 121 页。
⑥ 董丽慧：《从柯姑娘到双龙爵士：慈禧六幅油画像及其现代性表征》，《美术研究》2020 年第 1 期。

录,每天"照片大到选题立意、场景布置,小到服装道具、首饰配件的选取,都要经过慈禧的首肯"①。在令裕勋龄拍照前,慈禧明确指示她的第一张摆拍照片必须照着她"坐在轿子里去受朝的样子"。当天早朝后,慈禧又命人在院子里摆上宝座、踏脚和屏风,布置成"坐在宝座上好像听朝的样子"②,并且特意换上之前接见美国海军提督伊文思夫妇的服饰。这一时期慈禧拍摄肖像照的目的是精心展示她希望被外国人看到的样子,修复在庚子事变前后留给西方世界的"反文明"的印象,宣示大清国威,接受天下万民之朝拜。统治者在接受摄影师拍照时试图掌握主导权,规定哪些场景可以拍摄、穿戴什么服饰等,努力向外界展示一个理想的东方统治者形象。对于统治者而言,不可想象摄影师未经他们同意出现在重大场合拍摄。

东陵照相案中清廷对端方和照相馆人员的严厉惩罚即是出于上述逻辑。可是摄影和报刊,这些新的传播技术本来所具的复制性、公开性使得清政府失去了对影像和舆论的绝对控制权。1909 年 11 月,河北普陀峪清东陵修竣,清政府准备举行奉安大典,将慈禧太后灵柩移入东陵。奉安大典属于帝国机密,摄影需要经过清政府的准许,这样清政府可以事先审查,将摄影的题材控制在适度的范围内,以彰显丧事的郑重与威严。据史料记载:谭景堂,上海同生相馆老板和北京的瑞华照相馆,1909 年都获准参加拍摄光绪和慈禧太后的葬礼。瑞华照相馆摄制的新闻性纪念册《清西太后丧事录》,表现了慈禧葬礼上紫禁城外一段仪仗和纸人、纸马等各种明器,也从侧面反映了葬礼的奢华。③ 19 世纪下半叶,在照相铜版印刷技术出现以前,许多摄影师为了扩大时事或纪实照片的影响范围,采用裱贴的方法将选择和编辑完成的一组照片制成相册,其观赏效果优于最初的照片印刷品。④ 天津福升照相馆老板尹绍耕没有在受邀之列,但他从其中看到了"商机"。他设法买通了直隶总督端方的仆役,拉上全部照相器材,和其弟一行四人,于大典时沿途拍照。当慈禧的梓宫快到东陵隆恩殿时,百官列队,尹绍耕等人又开始拍照。于是"百官咸集,万目共睹,莫不诧异"⑤。摄政王载沣立即派人将摄影师四人拘捕。

---

① 德龄:《清宫二年记》,顾秋心译,云南人民出版社 1981 年版,第 110 页。

② 德龄:《清宫二年记》,顾秋心译,云南人民出版社 1981 年版,第 117 页。

③ 马运增等:《中国摄影史(1840—1937)》,中国摄影出版社 1987 年版,第 83—84 页。

④ 韩丛耀主编:《中国近代图像新闻史:1840—1919(第 6 卷)》,南京大学出版社 2012 年版,第 82 页。

⑤ 《申报》1909 年 11 月 25 日,第 6 版。

七、技术强国：摄影作为西方文明与民主政治表征

端方（1861—1911）是东陵照相案的主角。他是清末满族重臣，历督湖广、两江、闽浙，时任直隶总督，因东陵照相案被弹劾罢官。端方和当时很多开明的官僚一样，意识到专制是造成中国求强求富不成的原因，因此主张效法实施欧美的政治制度。作为清末重要的新政人物，他积极推动清末宪政的施行。1905 年慈禧派员出国考察政治，分赴日本和欧洲各国。端方作为五大臣之一，与戴鸿慈等人一路，先后访问了日本、美国、英国、德国、法国、意大利、俄国、丹麦、荷兰等 14 国，对上述国家的政治、经济、文教及军事现状进行了广泛的实地调研，端方更加坚定地确立了君主立宪政治理念。在端方眼里，摄影无疑是西方文明与现代民主政治的表征，他回国之后常称赞欧美宪政制度："欧美立宪真是君民一体，毫无隔阂"，他尤其羡慕欧美之政事公开，"无论君主、大总统，报馆访事，皆可随时照相，真法制精神也，中国宜师其意"[①]。端方对报纸在西方国家的政治生活中扮演了举足轻重的"第四权力"印象深刻，他认为报馆可以"通上下之情"，消除君与民的隔阂。新闻将政治事务公之于众，对民众而言也是一个逐渐了解政事、熟悉政治运作过程、接受教育的过程。除了赞叹报馆和摄影之作用，端方还热心采用新的通信技术，1908 年时任两江总督的他决意在吴淞与崇明间以无线电报取代有线电报，该两处无线电报台是当时国内高度最高且通报能力最强的无线电。通过新的传播技术开拓民间的信息交流渠道是端方所追求的。让民众知晓政治、参与政治，符合他一贯的立宪改革主张。

端方也非常喜爱摄影和摄像机，出国考察时还带回照相机和摄像机亲自拍摄。在他看来，对比西方的总统可以任意摄影，在慈禧的奉安大典上请人拍照再自然不过。况且在他看来，"慈禧生前喜欢照相，因此照相记录当不会违背慈禧太后的意愿"[②]。端方早年就办理过皇室婚丧庆典和陵寝工程，督办慈禧梓宫移葬山陵之事本来是驾轻就熟之举。奉安之差事极为繁重，"直督端午帅率随员等，凡梓宫经过各站，着先行到站伺候，并饬地方官妥为照料"[③]。可谁料竟发生意外。在东陵慈禧葬礼上，太后隆裕的乘舆经过时，照相者支起镜架欲拍照，但是"侍卫、大臣等即大呼有刺客，指镜架为

---

①　张海林：《端方与清末新政》，南京大学出版社 2007 年版，第 489 页。

②　张海林：《端方与清末新政》，南京大学出版社 2007 年版，第 489 页。

③　《梓宫奉移纪事》，《申报》1909 年 11 月 16 日。

炮架。太后大警,遂立传懿旨,严拿当晚护卫大臣"①。

当天的护卫大臣正是直隶总督端方。李鸿章的孙子李国杰与端方素有恩怨,趁机落井下石,向摄政王和隆裕太后上了弹劾折,指控端方犯了大不敬之罪,张海林认为这只是李国杰借此打倒政敌而做的文章。② 不过,在笔者看来,在陵墓前摄影能成为公开弹劾朝廷重臣的理由,恰好可以反映新旧两派对摄影与政事公开的观念存在根本分歧:晚清端方等立宪派将摄影视为西方民主政治的表征,主张以摄影将政事公开,沟通上下,效法西方议会政治,鼓励民众参政议政;保守派认为准许社会自由摄影会对自己的权力带来威胁,这样将难以维护自己权力的可控性。

清廷的合法性和权威是建立在官员、知识分子以及底层人民对帝国儒学的"精神认同"之上的。③ 统治者的合法性和神秘性的维持是通过封闭自己所处的等级的空间而实现的。晚清社会随着权力的逐渐下移,统治基础转变成了社会大众。摄影、报刊的出现正好为统治者获取大众的喜爱与支持提供了技术条件。摄影机刻画客观世界的外表,是通过科学的观察来再现、把握外在世界。通过客观化的具体描述给人们提供关于外部世界的图像,因为其写实的特性,逐渐获得了优于绘画的合法性。晚清趋新报人普遍将摄影机视为一种更为进步和科学的传播工具,香港文化研究学者彭丽君谈道:"对于晚清进步知识分子而言,摄像所代表的写实主义的再现比起中国传统的精神主义来说是一种更高级的再现方式,这是基于写实主义跟科学的亲缘关系,它简洁地跟权力和自强连接起来。"④得到端方被免职的消息,各大报纸都为清廷的保守做法感到震惊与愤怒,随之发表讽刺性言论,抨击清廷,掀起了一场舆论风暴。

八、政治斗争与传统"风水"观念下的摄影

照相术发明之后,人们普遍认为其有摄魂的神秘功能。摄影最初传入中国,在香港、上海、北京、天津等各大城市陆续出现照相馆,但中国人普遍认为照相药水乃是由传教士所"挖"中国人的眼珠化合而成。作为新兴商业的摄影依旧被一些守旧人士描述为"妖术"。这在某种意义上反映了当时中

---

① 《新闻报》1909 年 11 月 18 日第 4 版。
② 张海林:《端方与清末新政》,南京大学出版社 2007 年版,第 501 页。
③ 赵鼎新:《中国大一统的历史根源》,《文化纵横》2009 年第 6 期。
④ 彭丽君:《哈哈镜:中国视觉现代性》,张春田、黄芷敏译,上海书店出版社 2013 年版,第 50 页。

国民众对于外来宗教以及与之相关的新技术的恐惧与排拒。① 照相的意思为传统肖像绘画中的"小照"(指给活人绘像)和影像(给亡人绘像),而由于中国传统观念对于画像的禁忌(因为画像通常与葬仪有关),摄影又具有对人像逼真抓取的特征,使得一部分国人将摄影与死亡的禁忌联系在一起,就连最早开埠的通商口岸,也时有将摄影视为妖术的趣闻在坊间流传,并且人们把人物摄影与用于祭祀的传统肖像相联系,增加了摄影的死亡意味。②

1909 年 11 月 22 日《申报》刊登上谕,发表对端方的指控和处置:对端方的指控主要在于:①沿途派人照相,是对孝钦显皇后(即慈禧太后)的大不敬;②乘舆横冲神路而过,树立电线杆,破坏风水。这些指控都与晚清主流社会拥抱西方科学精神大加相悖。朝廷重臣因为冲撞风水被革职,这成为《大公报》批评朝廷昏庸、腐朽的由头。

中国古代社会,人们深受风水观念的影响,在营造坟茔时,一般都会慎重选择风水好的"吉地"。风水理论在其发展过程中,受到儒家宗法伦理思想影响,儒家的礼制精神强化了古人的坟山风水观念。儒家思想认为"人道,亲亲也。亲亲故尊祖,尊祖故敬宗,敬宗故收族"③,"事死如生,事亡如存,仁智备矣"④。不过,在晚清西方文明进一步传入中国,古老的风水观念逐渐被趋新人士视为与科学相对立的、理应被批判的落后观念之一。《申报》《京话报》等报纸都是倡导科学文明丧葬的主要阵地。如 1896 年发表在《申报》的《辟风水说》一文指出:"然而中国今日竟有至愚、极陋、荒诞不经之习俗,始焉倡于奸民,继焉和于儒者,沿之数百年,累代明君贤相不能禁止,而重为外邦所讪笑者,莫如风水一说。"⑤可见,在报业知识分子看来,讲究风水的殡葬习俗是特别愚昧、粗陋和荒诞不经的,是被外国人所嘲笑的。1899 年有国人通过《申报》向扬州知府进言,痛陈经年累月停棺不葬之弊,矛头直指风水迷信思想。⑥ 1900 年《京话报》发表《论风水》一文,从多个方

---

① 王宏超:《巫术、技术与污名:晚清教案中"挖眼用于照相"谣言的形成与传播》,《学术月刊》2017 年第 12 期。
② 董丽慧:《妖术/技术/美术:20 世纪 20 年代中国现代摄影的历史语境》,《艺术设计研究》2019 年第 2 期。
③ 出自西汉戴圣《礼记·大传》,其含义为:人性都是亲近自己的亲人,因为亲近亲人所以尊敬自己的祖先,因为尊敬祖先所以敬重自己的宗祖,因为尊敬自己的宗祖所以把同族人聚集在一起,因为同族人聚集在一起,所以有严谨的宗庙制度,有严谨的宗庙制度所以有国家的尊崇,因此而强调宗法血缘关系。
④ 魏顺光:《从清代坟山风水争讼透视中国法律文化之殊相》,《江西社会科学》2013 年第 3 期。
⑤ 《辟风水说》,《申报》1896 年 6 月 17 日,第 5 版。
⑥ 《书扬州府沈碧香太守示禁停棺不葬后》,《申报》1899 年 8 月 10 日,第 4 版。

面论证了重风水殡葬的荒谬性,特别是揭露了著名风水先生并未能给自己和后代带来好运的事实,进一步深入地批判了殡葬中的风水迷信。① 罗志田指出晚清的社会思潮中出现了将传统文化"负面整体化"的心态,这种心态已经渗透到大众文化(报刊)领域。② 风水等封建迷信是新式媒体批评的重要靶子之一。但在传统中国的文化与礼俗里,风水已内化于人们的历史记忆、文化实践和思维方式中,东陵照相案显示出风水在时人的文化观念里依旧占据优势地位。

当时信仰风水的往往上流社会人士更多,1904 年《中外日报》批评说:"往往是富贵人好讲求之,而贫贱者不然,因其事甚费,贫贱者无力可讲求也。然其志则固在焉。"③这些看起来既不"科学"也不"文明"的怪力乱神,尽管备受知识界、报界的批评,但是在日常生活实践中,依旧是人们日常生活的重要组成部分。迷信力量之强大,也并非仅仅依靠科学启蒙等外力就能将其消除。对于照相妖魔化的研究,在义和团运动之后逐渐消歇,原因是新文化运动对西方科学的大规模译介,使知识分子以及民众都慢慢了解和接受了照相术,照相活动也逐渐祛魅,成为日常的普通事物。但是此时民间还偶有照相容易被摄魂的观念。④ 1909 年摄影机和电报传入中国已有数十年,慈禧在清末新政期间,一直推动将摄影应用于外交、内政等多个方面,拉开了现代政治之序幕,封疆大吏端方却因为在陵园内设置电线杆,被指控有伤风水、冲撞神路而获罪。可见,即使经过多年来的科学启蒙,风水、神魂观念依旧根深蒂固。怎奈由大众媒体形成的展演文化已经形塑了政治的运作机制,这场官场的变动很快就造成了报刊舆论的喧腾。

九、从"不可见的天下"到"可见的民族国家"

东陵照相案中端方被免职的背后有复杂的利益纠纷,但是报刊将端方被革职与西方统治者的肖像四处张贴相比,并掀起了批评政府的舆论热浪。《大公报》语带嘲讽地说道:"自光学发明而后有照相机之作用,自电学发明而后有电线杆之设布,我国之有此等机械尤在近数十年。故关于此等,今直督端方竟因此而蒙不敬之罪,殊属出人意外。由此推之,凡近来以摄影为纪

---

① 《论风水》,《京话报》1900 年 11 月上旬。
② 罗志田:《中国传统的负面整体化:清季民初反传统倾向的演化》,《中华文史论丛》第 72 辑,上海古籍出版社 2003 年版,第 225 页。
③ 《论社会之小蠹》,《中外日报》1904 年 12 月 22 日。
④ 王宏超:《巫术、技术与污名:晚清教案中"挖眼用于照相"谣言的形成与传播》,《学术月刊》2017 年第 12 期。

念,以电机通言语者,要皆以不敬待之耳,否则何解于端方之革职?"①《申报》也发表评论,认为朝廷以荒唐的理由将一位封疆大吏撤职不可思议:"端方以照相获咎而乃革职,然则不知今后设有外人照相则何如?"②

革命人在广州出版的《时事画报》手绘讽刺画《所谓大不敬》,直接将清廷称为专制政府。画面还原了奉安大典上发生的一幕,画面配上文字指出:"西方各国统治者之肖像皆随处张贴,而清政府不仅没有这样做,反而将摄影师关进监狱,将朝廷大员革职。"③《时事画报》是晚清革命党人创办的,旨在宣传革命思想。经过报刊的建构,统治者肖像的公开与否已不仅仅是中西方文明之差异的问题,而是关涉到"先进文明"与"落后文明"的评判标准。最终报纸的舆论多大程度上影响了清廷的决策,因为缺乏相关史料的支撑已难以判断,不过可以从《大公报》之后的自述中隐约判断效果甚微。据《大公报》报道,天津绅士联合抵制继任的保守派总督陈夔龙来津赴任,陈夔龙果然晚几天到津城,天津绅士却发现并非因为他们的抵制和朝廷对汹涌的舆论有所忌惮,而是因为总督夫人身体抱恙。④ 但是从长远的社会效果来说,报刊的作用又不可小觑,经过媒体的报道与讨论,清廷的腐朽堕落又一次在媒介空间展露无遗。

慈禧生前重视个人国际形象的塑造,却未能有效维护统治者在国内的形象,报刊对清政府不许摄影的批评,实际上也是利用了东陵照相案中复杂的政治利益纠纷,营造出清政府腐朽、落后的形象。将统治者肖像在公共空间展示是在慈禧生前就已经对外积极推进的视觉文化宣传策略,慈禧死后因为摄政王等人的倒行逆施转而被大众报刊舆论批评,甚至为革命党人所利用成为推翻清王朝的重要舆论动员。

时任荷兰阿姆斯特丹《电讯报》驻北京的记者亨利·博雷尔(Henri Borel)也用文字记录了葬礼奢侈、豪华的一面,⑤葬礼的文字和图像流向全球新闻市场,为西方的受众可见,进而引发了全球范围的政治互动。东陵照相案和端方革职就引发了国际舆论的关注,英国、日本等国本来对中国正在

---

① 《新罪名》,《大公报》1909 年 12 月 4 日,第 5 版。
② 《申报》1909 年 11 月 25 日。
③ 《所谓大不敬》,《时事画报》1909 年第 18 期。
④ 天津绅士私下谋划抵制保守总督陈夔龙来津赴任。1909 年 12 月 25 日的《大公报》透露,闻直隶绅士数十人日昨于某处审议商量所以对待新督者,经某君建言,拟以浙江绅民对待张小帅之法效之。可是绅民的抵制究竟在多大程度上有用呢?《大公报》带着自嘲的口吻说,有人说陈督一月未到任是直绅抵制之力,其实陈督留京未赴任是由于"其夫人抱病之故,与直绅的抵制无关也"。
⑤ 参见[比利时]Henri Borel:《慈禧太后葬礼目击记》,沈弘编译,《中州今古》2004 年第 Z1 期。

图 2-7　手绘讽刺画《所谓大不敬》,《时事画报》1909 年第 18 期

进行的立宪改革满怀希望,这一事件让他们乐观的态度变得谨慎。1909 年英国驻华公使给英国外交部发去的年度报告中回顾了端方的仕途,西方诸国因为端方开明的政治态度和拥有在欧洲考察宪政的经历对他寄予了厚望,但是没想到,在监督指导慈禧太后的葬礼仪式中受到指控革职,报告说:"公开指责他的理由是他授权行使电影机拍摄葬礼仪式,以及任意在陵碑前穿行和在陵区内架设电报线。"①西方国家对这位丢官的政治家表示了明显的同情,包括中国人和外国在华居民,并且对清廷在鸦片战争 70 年后仍未放弃古老的风水观念甚为惊讶。

　　东陵照相案的发生提示着晚清视觉政治实践开启短短几年后就遭遇的重大挫折。尽管慈禧的葬礼严禁闲杂人等观看,摄影使慈禧的奉安大典依旧出现在大众视野。事实上,在摄影与大众政治的冲击下,摇摇欲坠的清廷已难以管控和维护其形象。被邀请参与葬礼摄影的北京端华照相馆摄制了《清西太后丧事录》的新闻记事照片册,内贴 12 寸照片 26 幅,均为慈禧太后出殡时在紫禁城外路边摄取的部分场景,内有伫立景山前街的清廷仪仗队阵容,精制的大型纸人纸马及各种明器、祭奠用品等,根据目前保留下来的照片(图 2-8)看,摄影师捕捉到了葬礼的部分真相,暴露了葬礼奢华和混乱无序的一面,这些照片经由复制进入市场,葬礼场面和宫闱秘事成为人们街谈巷议的题材。葬礼失去了原本庄严、肃穆的氛围和凝聚共同意识的作用,

---

① "Annual report for the year 1909", *PeKing*, January 31, 1910, in Confidential Print and Piece, No. 9462, p. 506.

成为观看者津津乐道的社会新闻，借由东陵照相案在报纸上形成的批评性言论，进一步削弱了清廷的统治权威。

图 2-8　1909 年慈禧奉安大典现场

　　照片与新闻给那些被排斥在外、无缘亲历现场观看仪式的国内民众制造了一种可以反复观看的"被中介的仪式"，由照片和报刊文字中介的"仪式"脱离了现实语境，也失去了神圣庄严感，但传播的范围、速度和影响的人群都因为新的媒介技术大大增加了。晚清的电报、摄影、报刊等联合在一起创造了一个"流动的空间"，民众借由新的媒介空间在共同的"观看"和"阅读"中不仅经历了慈禧盛大的奉安大典，也通过对端方革职的舆论连接对清政府的批评，报刊言论中的忧患意识启发着大众对于国家前途命运的忧虑。卞冬磊曾指出，国家日常的可见度很低，因此谈不上被描述、被感知，每天出版的报纸是更为制度化的传播手段，每期报纸包含各种消息，所以它是一种连续的主体。此外，报纸发明了新闻这个现代知识形式，通过持续地向国家空间注入具体的事件，那些超出人们经验的事件被打开了，有了被审视和谈论的可能性。原本不具有可见度的国家，因为报刊之公开，成为被民众感知的日常之物。①

　　内忧外患是中国民族主义产生的条件，这是晚清以来中国人孜孜以求建立强大民族国家的动因。在向西方学习和对大众进行启蒙的大潮下，东陵照相案的媒体再现同样呈现出显著的国家主义倾向，"当国家的

---

① 卞冬磊：《"可见的"共同体：报纸与民族国家的另一种叙述》，《国际新闻界》2017 年第 12 期。

框架被激活,社会行动者就变成了国家行动者,不同的现象变成了国家现象,每日故事也变成了国家故事"①。晚清读者通过慈禧奉安大典、东陵照相案之新闻、评论,观看照相册,一个落后、专制的国家被进一步描述和激发出来。

皇帝或者皇后的葬礼,仪式的制定遵循严格的等级制,天子、官员三品以上、官员四五品、官员六品以下以至庶人,以及不在礼典中规范的贱民,不同的身份有不同的礼仪,不同的阶层有属于该阶层要遵守的仪式,官阶低的官员和普通的庶民是被排斥在葬礼现场之外的。② 另外,中国历代帝王的陵墓空间虽贵称为"陵",却是一个僵死的、封闭的空间,专设重兵守卫,禁卫森严,根本不向社会开放。除皇帝定期举行祭祀之外,与现实政治及大众并无密切关系。③ 这一切说明了中国古代政治是神圣政治,统治的合法性来自天命而非大众。帝制时代的"名分观"认为每个人都"有其名,有其分",古代的信息传播制度反过来也强化了人们的名分,即现实的等级阶层。古代政治的观看方式带有强烈的仪式性特征,观看方式加强了对皇权的崇敬与膜拜,彭丽君将之称为"透过精神上的认同理解现实"④。

晚清统治者慈禧在 1902 年后,主动运用摄影的"写真"与报刊"纪实"的功能展开现代政治之旅,这是她努力融入西方世界的证明。显而易见,从慈禧回銮至东陵照相案的七年(1902—1909)中,晚清新的政治文化已蔚然成风。随着大众传媒兴起,读书人从阅读儒家经典转向阅读关注时事的报刊。统治者主动或被动推进的个人形象与政治之公开,逐渐导致皇权祛魅,甚至帝制时代的统治合法性也被动摇。暂且搁置照相案背后的政治利益纠纷,以弹劾方的理由来分析各方态度,清政府中的保守派对于摄影带来的政治公开性抱强烈的抗拒态度,他们希望摄影能为"我"所用,并借此维护和巩固原来的权力中心;以端方为主的开明派官员将摄影视为政事公开必不可少的工具,由于统治者内部对摄影技术不同的理解、不同的接受程度,再加以风水等传统乡土文化观念对现代文明的阻碍,导致了该案的发生。摄影具备大量复制和公开的传播特性,神秘政治下的内部事件几乎以"透明化"的方式呈现在大众面前,清政府再也没有办法控制照片的扩散和大众对新闻

---

① 卞冬磊:《"可见的"共同体:报纸与民族国家的另一种叙述》,《国际新闻界》2017 年第 12 期。
② 〔美〕司徒安:《身体与笔》,李晋译,北京大学出版社 2014 年版,第 19 页。
③ 陈蕴茜:《谒陵仪式与民国政治文化》,《开放时代》2008 年第 6 期。
④ 〔美〕彭丽君:《哈哈镜:中国视觉现代性》,张春田、黄芷敏译,上海书店出版社 2013 年版,第 50 页。

事件的进一步阐释。这不但消解了皇权的神秘性与神圣性，也启蒙了人们现代政治的权利意识。在政治借助报纸走向公开的同时，政治之运作也开始受到大众舆论的制约。端方被革职后，《申报》《大公报》《新闻报》等报纸追踪报道照相案的各种信息，连续报道此事动态，同时站在"为民代言"的立场，批判统治者的昏庸、腐朽。东陵照相案经由报刊的评论变成了一件事关国家行政是否公正开明、文明与野蛮的公共讨论，读者也集体参与到思考国家与政治事务的运作中来。摄影、报纸等新式媒介所具有的传播潜能，在清末危机频发的时代再次使清廷的意识形态合法性面临危机，与此同时，"中华民族共同体"被再一次描述、评判，甚至成为民众行动的基础。

大众传媒的展演机制一旦成形，便塑造了人们的政治交往以及政治的运作模式，即使统治者一厢情愿地希望掌握摄影权，并进而控制清政府的形象，但权力的下移已是不可改变的时代趋势，清廷在新式媒体的冲击下再也不能像以往那样统驭民众。因为国内外的政治形势，加上其陈旧的统治理念、统治方式，对新媒体的不能适应，照相案发生后的两年内帝制就终结了，但历史并未终结，"新的权力中心与合法性的塑造仍然需要面对新的媒介与形构的新的交往关系"①。

本章小结

清廷依循旧时礼制操办慈禧的葬礼，和前文所述万历皇帝之母李太后的葬礼相同的是，不同职级的官员、命妇、士绅和普通民众各遵守不同的礼仪。我们也可以从《申报》和《大公报》的描述中看到慈禧葬礼"仍依旧制"和守护"祖制"的一面，如"恭办丧礼大臣于二十二日午后，在内务府仍照同治十三年十二月礼部旧案，唯奉经事稍加变通，他项典礼，仍如其旧"②。在奉安大典梓宫出城之前，清廷饬命民政部将"孝钦显皇后梓宫所经过之处，皆铺黄泥"，因"以此色最尊"，这样做的目的是"以崇体制"。③

在这里所推崇的体制是延续两千年的皇权制度，皇权的合法性来自"天意"和"天理"，"天理"即天之道、天之理。儒家把天理看作本然之性；亦指自

---

① 孙藜：《再造"中心"：电报网络与晚清政治的空间重构》，《新闻与传播研究》2015年第12期。

② 《大公报》1909年12月8日。

③ 《京师近事》，《申报》1909年11月9日，第1张，第5版。

然的法则;犹言天道,以天理为天下确立普遍性、统一性和至上性。在中国传统的政治结构下,君之所以成为君主并不是他拥有对民的优越感,而是他要具备超凡卓群的道德修养,才有资格被国民赋予统治权。因此王朝的君主会被认为是道德上的圣人,所谓"内圣外王"也。如果一个王朝不再拥有天命,它就会被推翻取代,也就是"天谴论"。因此,民意可以通过"天"实现,因此君、民以"天"为媒介达成了一种潜在的社会共识。①

孙歌指出,中国的自然,由于与天理、道等概念相结合,遂成社会秩序的重要媒介,葬礼的时间安排也要遵守自然之道。因此可以看到古代葬礼的仪式的隆重与轻简是依据节令、亡者死亡日期(如头七、三七、七七等)而定,古代帝后在其身后,也不会设定专门的诞辰纪念日、逝世纪念日作为国家的法定纪念日。慈禧去世后大奠都安排在重要的时间节点,冬至是古时祭祀的重要节日,这是一种与自然秩序协调一致的时间制度。② 据恽毓鼎的日记记载,"冬至德宗景皇帝大祭,礼节隆重"③。节日对中国古人而言,是天、地、人本身的存在方式和节奏,是万物与人和谐相处的方式。这与他们总将合法性诉诸"天理"存在逻辑上的一致性。

总而言之,清廷的合法性仍然建立在天命的基础上,虽然统治者1908—1909年已经启动立宪改革,意图将合法性从传统的"君权神授、天命"转变为法理型。但是,传统"天命观"在以平等为诉求的社会潮流兴起之前仍占据大众的意识,历史长期占主导地位的是以阶级身份或经济力量为前提的、各守其分的秩序观念。君主的权威来自天,自然就不必动员民众参与到葬礼之中,不必诉诸大众的观看、参与来赋予皇权以合法性,皇家葬礼只是一个群体的内部事件,葬礼排斥普通人的参与,皇权和民间保持刻意的距离和神秘感,以维持高高在上的位置。1909 年 11 月 8 日为慈禧太后梓宫奉移之日,清政府就规定:"所有经过城内及关厢各巷口一律搭棚并派官兵弹监沿途地段各铺户住户,出具甘结,不准容留闲人窃看。"④葬礼的安排体现了皇权制度的等级性和封闭性,公告式的新闻文本映射出皇权对芸芸众生的俯视,内容又进一步强调了皇权的高高在上。《泰晤士报》也印证了这一公告实行的效果:"梓宫经由之路,家家闭户,军队布列皆满,以防意外之

---

① 孙歌:《"自然"与"作为"的契合》,《读书》2014 年第 1 期。
② 古时以春分、立春、夏至、立夏、秋分、立秋、冬至、立冬为八节,后来又分为二十四节气。
③ [清]恽毓鼎:《恽毓鼎澄斋日记(第二册)》,浙江古籍出版社 2004 年版,第 411—412 页。
④ 《申报》1909 年 11 月 7 日。

事也。纪律严整，无喧哗紊乱之象。"①但是，进入大众社会，报刊和摄影等新的传播技术出现，这两者所具有的可以大量复制、公开等特点使清廷意欲维持的神秘与权威再也难以实现。

大众媒体本身对葬礼仪式有重构的能力，意在巩固皇权合法性的葬礼在大众报刊的公开报道之下，由初步维护事件组织者给定的定义与象征意义，逐渐转变为"启蒙民众的国家观念""什么是真正的爱国爱民""如何挽救中国于危亡"这一系列关系到"国家的前途和命运"的时代命题讨论之中，完全脱离了事件组织者——清廷为葬礼所定的基调，报刊的主笔们以精英式的启蒙性话语对体制进行了局部性批判，在这里所谓"局部性批判"是指他们对清政府正在进行的政治改革持期待与支持的态度，②在具体的事务处理上和统治者观点相左。

戴扬和卡茨在《媒介事件》一书中提出了转化性力量在具备一些条件的社会中可能会出现，并且媒介事件的效果取决于这些条件之间的互动，这些条件分别是：(1)公众对社会危机的体认；(2)媒介生态中主导媒体与替代性媒体的关系；(3)权力精英集团中的分歧及对媒介话语的争夺；(4)社会文化中存在着的想象性资源。③具有转化性的媒介事件往往都回应着一个社会长期存在着的某个问题或危机，也就是说，公众舆论已为其做好了长期铺垫。④

以上述理论作为我们分析问题的视角和出发点，对慈禧的葬礼报道做一总结：

第一，晚清面临的时代危机是如何实现国家富强的目标，以解决中国在世界上的生存与地位问题。国富又基于民强，民强包括人民物质上的富足、精神上的进步，具体包括：人民有国家意识、爱国、团结、守秩序，这几乎成为那个时代的集体意识，也是当时报刊公共舆论关注的重点议题。

为了达到"富国强民"这一目标，需要一个强有力的中央政权来主导中国的现代化建设，因此"君"的神圣地位不能动摇。君主立宪制就是在保障

①　*The Times*，27th，November，1909. p.5.
②　立宪在清末已经深入人心，"朝野附和，竞趋风气"。孙宝瑄感慨道："风气至今，可谓大转移。立宪也，议院也，公然不讳，昌言无忌，且屡见诸诏旨，几等口头禅。"转引自罗志田：《革命的形成：清季十年的转折(中)》，《近代史研究》2012年第6期。
③　孙藜：《转化性建构：媒介事件与权力结构转变——新媒体语境下对媒介事件研究的再回顾》，《新闻记者》2013年第9期。
④　孙藜：《转化性建构：媒介事件与权力结构转变——新媒体语境下对媒介事件研究的再回顾》，《新闻记者》2013年第9期。

君主地位的前提下的立宪。因此报刊在悼念慈禧、监督国民在国丧期间的举止行为时自觉遵守清政府确立的基调。但是,在国丧举行期间,基层官僚系统在具体的执行过程中,可能就会偏离了"君"爱"民"的本义,"爱民"是中国传统统治者的基本道德要求,无数儒家典籍在强调这一点,经典的表述有"民为贵,社稷次之,君为轻"①。报人在批评政府不体恤下层民众之苦和民生之艰时,所援用的仍然是传统政治思想资源,而非源于西方宪政的民权思想。这和当时的公共舆论学理性不强、论证多从传统思想中取材有关。

第二,在慈禧的葬礼报道中,媒体仍然遵照了日常客观中立的报道,它既提供了官府的标准化态度,又发出了自己独立的声音,在评论中保持了旁观者批评的距离和地位。传媒之所以成为独立的力量,与当时报刊的资本背景有关。据近代史学者桑兵研究发现,1895—1908 年,与前此官报独占及后此政派分据的格局相比,报业民间化态势是最突出的特征,②如表2-7所示。

表 2-7　1895—1908 年的不同资金来源的报刊数量统计表③

	1895	1896	1897	1899	1900	1901	1902	1903	1904	1905	1906	1907	1908	总计
商办	1	1	3	4	7	11	22	22	37	20	40	31	41	266
官办		1				2		3	6	12	4	9	7	44
外资	2	7	7	6	2		5	15	4		2			75
总计	3	9	10	10	9	22	29	30	58	36	44	42	48	385

第三,如果我们将清廷对慈禧葬礼给定的基调和框架称为"独白体"式的权威话语,我们可以将这种转化发生称为由"独白体式"的权威话语模式转向了"对话体式",戴扬和卡茨将之称为"主人—领袖"和"客人—领袖","主人"是现实中的统治者或权威,他们试图借助"媒介事件"凝聚人心、构筑自身权威合法性,而"客人"则包括事件中的外来者、挑战者,也包括从"主人"中分裂出或者转化而来的反对派。他们往往以攻击性的姿态和策略,"帮助事件克服、渗透'结构'世界,彻底重新规划社会事实"④。那么,该事

① [战国]孟子:《孟子》,方勇译注,中华书局 2010 年版,第 189 页。
② 桑兵:《清末民初传播业的民间化与社会变迁》,《近代史研究》1991 年第 6 期。
③ 桑兵:《清末民初传播业的民间化与社会变迁》,《近代史研究》1991 年第 6 期。
④ 孙藜:《转化性建构:媒介事件与权力结构转变——新媒体语境下对媒介事件研究的再回顾》,《新闻记者》2013 年第 9 期。

件中的"客人"是私营新闻业的报人，他们不再像传统文人谋求进入体制内施展自己的政治作为，而是以批评监督和向上建言的方式参与政治，可谓是现有政权的"忠诚反对者"。

第四，报刊以种种象征手法，维护仪式主导者为事件提供的定义，并提供解释的特权，同时"为观众该做什么样的反应提供样板"。戴扬和卡茨总结了三类媒介事件，分别为观众分配或提议不同的角色：在"竞赛"中，观众被要求作为公民陪审团来裁断谁在总统竞选辩论中获胜；在"征服"中则要见证牺牲、奇迹般的成就，中止不信任；而在"加冕"中，则采取诸如问候、祝愿、慰问、致敬等"习惯性"的反应。在慈禧国丧报道中，读者被大多数报刊期待能给予"为皇权加冕"的反应：表达礼敬与哀悼，进而拥戴继任者摄政王，在新任君主的领导下，臻至国家富强。

镇压太平天国运动以来，清末地方主义日渐增强，这种分权式的地方主义在清末国力日渐衰微的时候出现，不仅分散了国家权力也消解了政治权威，严重制约了中央政府的行动能力，再加上西方列强的不断打击削弱了清帝国的权威。[①] 清王朝虽然具有表面的形式的统一，但是中央政府的渗透能力比较有限，即迈克尔·曼所说的："专制能力强，而基础能力弱。"[②]因此，晚清政府出现了严重的权威危机，无法有效统合国内的各种力量维持内政与抵御外敌。

清政府在1906年、1908年相继颁布《大清印刷物专律》《大清报律》，设立毁谤罪，严厉处罚以下毁谤行为，诸如"毁谤皇帝、皇族、政府或者煽动愚民违背典章国制，甚或以非法强词，又惑使人人有自危自乱之心，甚或使人彼此相仇，不安生业等"[③]。这些出版、报刊专律的主要矛头针对的是革命党报刊，对于具有改良倾向的报刊较为宽容，从前文的分析中看到，私营新闻报刊在慈禧葬礼报道中超越了清廷的框架，为葬礼设置了新的议题，并采取了批评政府的角度，引发了读者对国家前途和命运的关注和忧思。

第五，如何评估转化性媒介事件的变革效果时，戴扬和卡茨指出了其具有不确定性的特点，很难指出慈禧葬礼的报道如何在事后能够继续延续事件引发的问题，毕竟这只是一个短暂和细微的事件。不过，正是因为此类微

---

① 弓联兵：《现代国家与权威危机——近代中国国家建设的政治逻辑与受挫原由》，《人文杂志》2011年第1期。

② [英]迈克尔·曼：《社会权力的来源（第一卷）》，刘北成、李少军译，上海人民出版社2015年版，第40页。

③ 方汉奇主编：《中国新闻事业通史（第一卷）》，中国人民大学出版社1992年版，第950页。

观事件的日积月累,复杂的合力造成了清朝皇室正统性的缺失,在革命的冲击下被摧毁,皇权时代的文化架构的神圣核心——王权不再对"政治—社会与文化—道德"具有整合能力,新的革命时代需要建立新的政治文化。从媒介与政治现代性的角度看,在慈禧逝世数年后,各党派团体对大众媒体的运用与干预已成定势,中国就此进入了近现代世界的大众展演文化与媒体政治的汹涌潮流。

第三章　民国英雄典范的塑造：
蔡锷与黄兴的国葬报道

第一节　国葬：新式革命文化与国家象征符号的制作

前文已指出，在传统中国，丧葬礼仪一直是儒家伦理"崇化导民"的工具，清朝灭亡以后，新生的国家开始为革命烈士举行国葬仪式。政治文化的变迁的分隔符往往是一次重大的历史事件。在法国，这个历史事件就是法国大革命，在大革命之前亡者会很快被生者自然遗忘，这本是人类记忆的自然规律，但"革命导致了生者对亡者产生前所未有的兴趣，新式的纪念碑、墓园及其丧葬仪式开始兴起，并通过纪念亡者，保存了历史记忆"①。在中国，这个"分隔符"是辛亥革命，伴随着辛亥革命兴起了新型的现代政治文化。

美国学者本尼迪克特·安德森认为，战争与死亡是锻造伟大国家最有效的途径，它们不仅构成了一个民族最基本的心理基础，也是塑造民族国家自我意象的最好素材。② 所以国葬是一个很好的考察民族国家形态建构的研究入口。"国葬"是由政府为被界定为国家重要人物或对国家有重要贡献的人物举行的官方葬礼。但何谓"重要人物"或"重要贡献"，在不同的时代、不同的国家又有不同。"皇权时代，君王即国家，因而享有国家葬仪的，主要是皇室成员——皇帝或者皇（太）后。君主去世，不同级别的官僚和平民都按照所处等级来遵守相应的礼仪。此外，全国必须参与哀悼。皇室成员死亡后的 49 天内，北京城禁止屠宰牲畜，这段时间居民均禁止吃肉，并须穿着素服守丧 27 天（其他地域的居民则穿素服 13 天），全国于一个月内严禁嫁娶，百天之内人民亦被禁止理发。"③民国时期国葬仪式强调以平等的"国

---

① Jacques Le Goff. *History and Memory*, trans. Steven Rendall and Elizabeth Claman, New York: Columbia University Press, 1992, pp. 85-86.
② 转引自马萍：《全球化、抗战博物（纪念）馆与民族国家——人类命运共同体语境下抗战记忆空间的构建》，《日本侵华南京大屠杀研究》2020 年第 4 期。
③ 潘淑华：《国葬：民国初年的政治角力与国家死亡仪式的建构》，《近代史研究所集刊》总第 83 期，2014 年 3 月。

民"身份参与各种仪式和纪念活动,同时国人要按照规定在国葬三日内停止嫁娶、演戏、宴会与弦歌,各店铺与住宅均下半旗志哀等。[①]

1911年辛亥革命推翻了皇权,新的北洋政府对皇权文化并未激烈地全盘否定,然而它也意识到共和观念深入人心,"君权神授"的意识形态已经不合时宜,因此皇权时代以君主—臣民的主从关系为基础的政治礼仪从此不再适用。辛亥革命对国人的深刻影响不同于以往的改朝换代,这也不仅是一场政治革命,而是涉及人们的时空观念、服饰发型、殡葬礼仪等日常文化习俗的文化和思想变革,辛亥革命消解了帝制时代的等级制度,同时也引发了国人身份与文化认同危机,"我过去是谁""我现在是谁""我将来是谁"这些问题成为国人最大的困惑。

在君主制国家中,臣民可以对君主这个亲身可及的人物宣誓忠诚,如在之前的章节中对慈禧葬礼的描述。在君主不存在的共和制国家中,"国家在人民眼前以何种形式出现? 又如何召唤国民的忠诚心? 而人民如何认识国家、对待国家?"国家象征的存在就显得尤其重要。通过"象征"想象、描绘国家,因此有必要发明一些"象征"(仪式、国旗、国歌、国庆、国家伟人、其他政治节日)来制作出新的国家、国民。乔治·L. 莫塞(George L. Mosse)在其所著的 *The nationalization of the Masses*:*political symbolism and mass movement in Germanny from the Napoleonic war through the third Reich*[②] 一书中将起源于19世纪德国统一过程中,借由作为世俗宗教的国民神话或象征、参加仪式或庆祝来体现国民统一性的政治形式命名为"新的政治"。20世纪80年代象征与民族主义的经典著作中,埃里克 · 霍布斯保姆(Eric Hobsbawm)在《传统的发明》中指出,在大众政治出现的近代进程中,作为凝集国民意识的新方法,在德国、英国及其他欧洲国家也有公共仪式及纪念日、建筑物、广场、纪念碑等传统被大规模制造出来。[③] 我们可以从很多仪式与象征的著作中知悉:"仪式"与"象征符号"便是个人与国家结合的媒介。

如果没有现代媒介的传播,新发明的政治仪式只能对公众保持间歇性的可见度,每天发生的大量的内政外交的重大事件仍然不为民众所知,也就

---

① 《警察厅对于蔡黄二公出殡之公告》,《大公报》(长沙)1917年4月10日,第7页。

② George. L. Mosse. *The nationalization of the Masses*:*Political Symbolism and Mass Movements in Germany*,*from the Napoleonic Wars Through the Thrird Reich*,Howard Fertig,2001.

③ [英]埃里克·霍布斯鲍姆:《传统的发明》,顾杭、庞冠群译,译林出版社2020年版。

谈不上被描述、被感知，因此，国家的日常可见度必须依赖更为制度化的传播手段，这就是大众传媒的兴起，尤其是现代报纸，它的兴起和现代民族国家的步调几乎是一致的。"首先，报纸是定期、多次发行的（至少每周一次），其次，因为期数多，每期报纸都包含各种消息，再次，消息都有前后一致、容易辨认的标题或者格式。"① 所以，报纸通过持续地发布新闻，那些超出人们的经验的事件就被看见，成为围绕着人们日常的事件。② 因此说，报刊是将"象征"公开、促使民众熟知、接受其象征意义、进行国民教育、培养国民意识的重要媒介。

在近年来的中国近代史研究中，民族主义成为一个主要的研究课题。在民族主义的研究中，有很多研究成果援引了"象征与仪式"的分析视角。霍布斯鲍姆指出，"所谓的国族与其说是国家形成的基础，不如说大多是国家设立后才被创造出来的"③。对于中国这种被迫进行民族建设的后发国家而言，这个倾向更为显著。日本学者小野寺史郎指出：中国从清末到南京国民政府时期，与其说是国族引导革命，不如说是革命发生后，国家、政党或知识分子由上而下创造"国族主义"。近代中国的国家、政党和知识分子对于创造国家的仪式或者象征，极具自觉性。④ 查尔斯·爱德华·梅里亚姆（Charles Edward Merriam）的政治学经典之作《政治权力》中认为："无论是哪一种权力，仅仅凭靠物理性力量并不能维持自我。"⑤ 在权力自我正当化的过程中，常见手段是诉诸理性及诉诸大众情绪与情感的感性，作为感情支配的事例，包括诸如"纪念日以及应该留存于记忆中的时代，公共场所以及纪念碑式的道具，音乐以及歌曲、旗帜、装饰品、雕像、制服等艺术的设计、故事与历史、精心策划的仪式，以及伴随着行进、演说、音乐等的大众示威游行行为"⑥。除此之外，古代君主或者领导者的身体，座右铭、口号等种种图像、言论、场所、行为，也可以成为国家的象征。1912 年 1 月 1 日中华民国成

---

① ［美］米切尔·斯蒂芬斯：《新闻的历史》，陈继静译，北京大学出版社 2014 年版，第 101 页。

② 卞冬磊：《可见的"共同体"：报纸与民族国家的另一种叙述》，《国际新闻界》2017 年第 12 期。

③ E. J. Hobsbawm. *Nations and Nationalism since 1780：Programme，Myths，Reality*，second edition，Cambridge：Cambridge University press，1992，p. 78.

④ ［日］小野寺史郎：《国旗 国歌 国庆：近代中国的国族主义与国家象征》，周俊宇译，社会科学文献出版社 2014 年版，第 8 页。

⑤ Charles Edward Merriam. *Political power：its composition and incidence*，Newyork：Whittlesey House，1934，p. 102，转引自［日］小野寺史郎：《国旗 国歌 国庆：近代中国的国族主义与国家象征》，周俊宇译，社会科学文献出版社 2014 年版，第 8 页。

⑥ Charles Edward Merriam. *Political power：its composition and incidence*. New York：Whittlesey House，1934，p. 105.

立后,宣布采用阳历作为新的纪年方式,同时抛弃了象征封建专制的"黄龙旗",以五色旗作为国旗,这只是制作国家象征的两种方式,此外,中华民国成立后还兴起了新的革命仪式,成为塑造民国合法性和国民认同的重要文化实践。革命葬仪是国家象征仪式的一种。

第二节　崭新的死亡仪式:葬礼与革命政治文化

国家是看不见的,它被看见之前必须被人格化;在爱戴之前必须被象征化;被想象化之前必须被感知。[①]

一、革命葬仪

新史学家林·亨特(Lynn Avery Hunt)在《法国大革命中的政治、文化和阶级》中指出:"革命的逻辑实质上贯穿于革命进程中的政治文化,因为政治文化由语言、意象、修辞等象征实践(symbolic practice)所构成。"[②]作为象征实践的国葬仪式,通过全社会的参与、展演、媒体报道而形成广为人知的革命性力量,一种新型的政治文化通过国葬等一系列的象征实践转化为结构社会的物质力量,由此创造出革命性的社会关系并预示着新的社会变革。早在清末,中国就开始了以烈士追悼会来塑造爱国主义。日本东京大学吉泽诚一郎在《梁启超追悼谭嗣同的活动与晚清烈士观念的形成》一文中认为梁启超通过参加谭嗣同追悼仪式的方式来宣传自己的政治思想,因而这些追悼的仪式实际上是一种爱国的政治活动。谭嗣同就义时,梁已亡命日本,但梁却对这个过程进行了特别生动的描写,所以实际上是梁创造了谭的"烈士"形象,其目的是借由哀悼亡友,证明变法运动的正当性和重要性,批评镇压变法的势力。[③] 沈艾娣(Henrietta Harrison)的研究显示,到了辛亥革命后,民国政府在追悼烈士和建立纪念碑之际,因为政权的更替,"中华民国、共和理

---

① [美]大卫·科泽:《仪式、政治与权力》,王海洲译,江苏人民出版社 2015 年版,转引自卞冬磊:《可见的"共同体":报纸与民族国家的另一种叙述》,《国际新闻界》2017 年第 12 期。

② [法]林·亨特:《法国大革命中的政治、文化和阶级》,汪珍珠译,华东师范大学出版社 2011 年版,第 26 页。

③ 侯杰、林绪武:《"梁启超与近代中国社会文化"国际学术研讨会综述》,《近代史研究》2004 年第 2 期。同时参见[日]吉泽诚一郎:《梁启超追悼谭嗣同的活动与晚清烈士观念的形成》,载李喜所:《梁启超与近代中国社会文化》,天津古籍出版社 2005 年版。

念获得社会各界的认同,英雄和烈士的认定强调的是为国奉献的价值观"①。"革命导致了生者对亡者产生前所未有的兴趣,新式的纪念碑、墓园及其丧葬仪式开始兴起,并通过纪念亡者,保存了历史记忆。"②

辛亥革命消解了帝制时代的等级制度,同时也引发了国人身份与文化认同危机。新的中华民国需要创造相当复杂的仪式、象征符号来收获认同。段义孚指出,城邦规模小,每个国民都对它有清楚的认知,但是在现代民族国家,国之大超出了人们的经验,因此必须使用"象征符号"以使民族国家看似是一个具体的地方,而不仅仅是一个使人们感到有所依附的政治理想。③也就是说,国家必须通过感人至深的仪式、令人激昂的国歌、随处飘摇的国旗、建筑物等象征符号将之具体化,才能被人们所感知。新的共和政权借革命英烈的葬礼,借由逝者符号打造国家英雄就成了理想的选择。④ 革命英雄的葬礼有着严密的仪式操演,通过逝者的纪念物如挽联、花圈、旗幡、烈士遗物等,追悼会的通告、现场演说、媒体报道,凡是言论所到之处,国家都借此传播革命的合法性。

近代的国葬仪式就具有这样的将"国家"具象化的能力,它是一场带有转化性力量的面向公众的表演,主事者通过这场表演向观众展示他们的信念及力量,以达到"转化"公众以至改变政治及社会的功能。⑤ 在传统中国,包括死亡仪式的丧祭等礼仪,一直被视为支持儒家伦理的"教化"工具。国家利用革命烈士或英雄人物的遗体进行国葬仪式是中国 20 世纪初才出现的崭新现象,也可以说是伴随辛亥革命而兴起的现代政治文化。⑥ 早在1911 年 4 月 27 日的黄花岗起义后,革命报刊工作者就参与了此次战斗的采访与报道工作,许多革命报刊开始刊登死难烈士的传记,赞颂他们为革命牺

---

① Henrietta Harrison. "Martyrs and Militarism in Early Repubilcan China", *Twenties Century China*, Vol. 23, No. 2, April 1998.

② Jacques Le Goff. *History and Memory*, trans. Steven Rendall and Elizabeth Claman. New York: Columbia University Press, 1992: 85-86.

③ [美]段义孚:《经验透视中的空间和地方》,潘桂成译,台湾编译馆 1998 年版,第 170 页。

④ 瞿骏:《辛亥革命时期的集会与城市公共空间——以追悼会为中心(1911—1912)》,《华东师范大学学报(哲学社会科学版)》2008 年第 2 期。

⑤ James L. Watson. "The Structure of Chinese Funerary Rites: Elementary Forms, Ritual Sequence, and the Primacy of Performance", in James L. Watson and Evelyn S. Rawski, eds., *Death Ritual in Late Imperial and Modern China*, Berkeley: University of California Press, 1988, p. 4, 转引自潘淑华:《国葬:民国初年的政治角力与国家死亡仪式的建构》,《近代史研究所集刊》总第 83 期,2014 年 3 月。

⑥ 潘淑华:《国葬:民国初年的政治角力与国家死亡仪式的建构》,《近代史研究所集刊》总第 83 期,2014 年 3 月。

牲的大无畏精神,《神州日报》《民立报》在专栏里刊登了方声洞、喻培伦两位烈士的巨幅照片,《大江报》则征集烈士的遗文遗信编辑成册,附报赠送,不少革命报刊通过文艺作品颂扬黄花岗之役。① 与此同时,革命党人开始为革命烈士举行各种形式的公开追悼会,一方面以此宣告皇朝的灭亡,另一方面嘉许烈士为革命牺牲的精神,并确立自身作为革命派的政治身份。烈士的灵柩、遗体、遗物(如秋瑾的血衣、照片、用过的物品)在追悼会上展示,成为塑造革命记忆最强而有力的道具。围绕着烈士遗体的现代中国国家死亡文化,包括新式的死亡仪式、墓园及纪念碑,亦陆续出现。② 20 世纪初期的爱国将领的葬礼、陵墓被赋予崭新的意义。1917 年 4 月,以蔡锷的遗体为中心举行的民国首场国葬仪式,是正在形成中的新文化的阶段性成果。无论是对国葬的界定,或是死亡仪式及空间的塑造,北洋政权皆不能简单借鉴皇权时代的死亡文化。

二、北洋政府时期的国葬:多方政治势力的角力与妥协

北洋政府时期,中国"君权神授"的政治意识形态已被"共和"政体取代,皇权时代以"君主—臣民"的主从关系为基础的礼仪文化亦不再适用。北洋政府遂于 1914 年在政事堂下设立礼制国葬馆,以建立新礼制,其中包括新的死亡礼仪。③ 礼制馆最初希望以西方国家的国葬为蓝本。1914 年 8 月,礼制馆致函外交部,请该部指示驻法国及美国的公使,对两国的国葬礼制进行调查。礼制馆希望了解各国是否有特定的国葬礼制,以及"功人"(即有功于国的人物)与军人的国葬仪式是否有分别。④ 国葬因为牵涉到现代国家对伟人的定义,以及官方对国家历史的诠释与书写,国葬礼仪亦成为新政权缔造革命文化的组成部分。

北洋政府 1916 年 12 月 18 日通过了民国第一部《国葬法》,本法的出台源于两位民国爱国将领黄兴、蔡锷于 1916 年 10 月 30 日、11 月 8 日相继去世。此《国葬法》的内容极为简单,对国葬仪式的细节缺乏详细交代,其匆匆拟就及通过,是因为国会议员急需通过官方的死亡礼仪,来确立刚去世的两位爱国将领的身份,并以此向民众宣告袁世凯时代的终结。约翰·R.吉利

① 方汉奇主编:《中国新闻事业通史(第一卷)》,中国人民大学出版社 1992 年版,第 927 页。
② Jacques Le Goff 指出法国大革命与死亡文化有密切关系,在法国大革命前,亡者很快被生者遗忘,但革命导致了生者对亡者产生前所未有的兴趣,新式的纪念碑、墓园、葬仪陆续出现,并保存革命的记忆。
③ 钱实甫:《北洋政府时期的政治制度(上册)》,中华书局 1984 年版,第 163—164 页。
④ 钱实甫:《北洋政府时期的政治制度(上册)》,中华书局 1984 年版,第 163—164 页。

斯(John R. Gillis)指出，保守与革命政治意识形态的对垒，并未跟随革命政权的确立而消失。革命政权的国家纪念也往往是充斥着争议及不同力量角力的场所。国家仪式及纪念碑，有巩固新秩序的功能，但其缔造过程所展示的不单是共识，也有冲突与妥协。[1]

"清末以来出现的地方分裂主义倾向削弱了中央政府的控制权力，从而使传统的集权化政治结构呈现出松散的多元化倾向，一方面起到了瓦解清朝的作用，另一方面对统一的近代民族国家的构建有一定的阻碍。在清末民初的政权转换中，这种分散态势成为左右中国政治的一个决定性因素。在分散化的政治走向的基础上，产生了军阀政治。"[2]袁世凯称帝是把中央权威等同于恢复帝制，从而归于失败，进一步损伤了中央权威的信誉。袁世凯死后，国家陷于军阀割据的分裂状态，政治权威呈现碎片化、弥散式分布。北洋政府貌似一个国家机构，但是中央政府的权威几乎名存实亡，没有任何有效性可言。在这样派系林立、政治纷扰的局势下，蔡、黄二公的"国葬礼"就成为各种政治、社会力量争议、角力、协商、妥协的场所。国葬礼制成为不同意识形态的支持者及利益集团用以界定及缔造国家英雄的工具。

袁世凯虽然是民国首任总统，但他倒行逆施的称帝行为被爱国人士声讨，1916 年 6 月，他在一片反帝制的声讨浪潮中黯然去世，没有得到北洋政府予以国葬的官方颁令，爱国将领蔡锷(字松坡，1882—1916)和黄兴(字克强，1874—1916)是中华民国时期最早被授予国葬荣典的民族伟人。本章以蔡锷和黄兴的国葬与报刊报道作为分析重点，来理解蔡、黄二人的支持者(反袁势力)如何借着争取北洋政府授予蔡锷及黄兴以国葬之荣典，以宣示袁世凯时代的终结；以及迫使与袁世凯有密切个人及政治关系的新总统黎元洪，向公众展示"捍卫共和"政体的决心。

第三节　"君主之命命已终，世局统统归共和"

一、时人竞相说"共和"

王汎森曾指出，就思想论思想是思想史的基本工作，但同时思想史应该

---

[1]　John R. Gillis. "Memory and Identity：The History of a Relationship"，in John R. Gillis, ed.，*Commemorations：The Politics of National Identity*，1995，p. 9.

[2]　弓联兵：《现代国家与权威危机——近代中国国家建设的政治逻辑及受挫原因》，《人文杂志》2011 年第 1 期。

广泛地与许多领域相结合,思想之于社会就像透过微血管运行周身,因此,它必定与地方社群、政治、官方意识形态、宗教、士人生活等复杂的层面相关联,故应该关注思想观念在实际生活世界中的动态构成,并追寻时代思潮、心灵的复杂状况。①

"共和"是民国初年报刊、中小学教材和国民读本中经常出现的新词,本节借助"共和"这一时代关键词来观察民初的社会文化心理,从而理解为何各报在蔡锷、黄兴国葬报道中均以"建立共和国家"来号召国民。

1912年,旧制度的代表——皇帝发布诏书,宣布逊位,帝制终于走到了终点,进入千年之大变的"共和时刻",这个时候,普遍王权崩塌,帝制中国所建立的一整套抽象、普遍性价值解体。② 当时的《民立报》评论说:"君主之命命已终,世局统统归共和。""虽白叟黄童,无不共称中华民国万岁。"③"共和"成为时人竞相言说的话语资源嵌入民初的日常生活。不仅城市都会,甚至山村乡野,时人动辄抬出"共和"的金字招牌,连一些乡村农民也开始运用"共和"等新名词来进行抗争。④ "共和"一词竟致市场上很多日用商品被冠以"共和"之名。如一商家精选洁白的杭纺手帕,名为"共和"纪念帕,手帕还以玻璃版精印孙中山和他两个女儿的肖像画,据其广告说纪念帕"颜色鲜明,落水不褪,与洋货纱巾比较,精致经用"⑤。军界买来可作纪念品,学界可作奖励品,女界可作赠送品。中法药房也在此时推出了"共和"纪念券。⑥

"共和"话语之时髦,不仅为商家所用,也被形形色色的力量操持和运用,成为谋取利益、建构身份认同、区隔社群乃至获得政治合法性的话语表征。⑦ 徐兆玮日记有过记载:唐海平来,言拟译《平民政治》一书,易名《共和政治》。邓秋枚以《国粹学报》滞销,改出《共和杂志》,大畅销,如此阴差阳错的际遇,也令徐氏心生感叹:"今日惟共和二字稍可卖几钱耳"⑧,也就难怪

---

① 王汎森:《晚明清初思想十论》,复旦大学出版社2004年版,第1页。周叶飞:《"共和"中的政治报——以"竖三民"为中心(1909—1913)》,复旦大学博士学位论文,2013年,第1页。

② 林毓生:《中国意识的危机:"五四"时期激烈的反传统主义》,穆善培译,贵州人民出版社1986年版,第22—23页。

③ 《共和政体之沿革》,《民立报》1912年1月3日,第2版。

④ 朱英主编:《辛亥革命与近代中国社会变迁》,华中师范大学出版社2011年版,第57页。

⑤ 广告,《民立报》1912年2月2日。

⑥ 瞿骏:《革命与生意——以辛亥革命时期的上海为例》,《史林》2008年第3期。

⑦ 周叶飞:《"共和"中的政治报——以"竖三民"为中心(1909—1913)》,复旦大学博士学位论文,2013年,第4页。

⑧ 徐兆玮:《棣秋馆日记》,载扬州师范学院历史系编:《辛亥革命江苏地区史料》,香港大东图书公司1980年版,第79页。

章士钊写短评慨叹说，当下最时髦的名词是"共和"，最烂污的也是"共和"。军人放纵、学生顽劣都以自己实行"共和"作为辩护。因此章氏疾呼："共和、共和，天下悉假汝之名以行。汝如能言，其速自白汝为何物？"①

"共和""立宪""民主"等新词语、新理论、新概念为理解世界提供了一种新的方式，也为政治行为提供了新的基础。② 与"共和"所代表的"新世界"相对应的，旧词语及所代表的旧世界成为落后的象征，如"君主""王权"成为弃之如敝屣的符号，"官府之文告，政党之宣言，报章之言论，街巷之谈说，道及君主，恒必以恶语冠之随之"③。前文中曾引用 1912 年《时报》上刊登的一则通俗歌谣，现为呈现清末民初社会之剧烈转换再次引用：

> 共和政体成，专制政体灭；中华民国成，清朝灭；总统成，皇帝灭；新内阁成，旧内阁灭；新教育兴，旧教育灭；枪炮兴，弓矢灭；新礼服兴，翎顶补服灭；剪发兴，辫子灭；盘云髻兴，堕马髻灭；爱国帽兴，瓜皮帽灭；……阳历兴，阴历灭；鞠躬礼兴，拜跪礼灭；卡片兴，大名喇灭；马路兴，城垣巷栅灭；律师兴，讼师灭；枪毙兴，斩绞灭；舞台名词兴，茶园名词灭；旅馆名词兴，客栈名词灭。④

这段话提示着人们，从清末到民初，制度、服饰、纪年方式、日常事物的命名等都发生了很多变化，但新旧的交替并不像这篇论说文表达得这么轻松，社会的"新陈代谢"不会在一朝一夕完成。民初依旧是一个新旧混杂的世界。"共和"成为人们耳熟能详的新名词，但是，人们对于"共和"的理解，却各有不同。1912 年，《时报》有人就写过甲、乙二人讨论何为"共和"。甲说："与世界各国同此政治也；和者，以后能与各国皆玉帛相见，永无争战之谓也。"⑤如周叶飞在文章中谈到，身为革命党人的叶恭隐感到，民初虽号为共和，但是众人并没有意识到民主制度为中国历史上前所未有的创制，而只是将之"视为朝代转移，如三马同槽及刘宋赵宋之禅让而已"⑥。

---

① 行严：《共和》，《民立报》1912 年 2 月 27 日，第 2 版。
② ［澳］费约翰：《唤醒中国：国民革命中的政治、文化与阶级》，李恭忠、李里峰译，生活·读书·新知三联书店 2004 年版，第 231 页。
③ 梁启超：《异哉所谓国体问题者》，载李华兴、吴嘉勋编：《梁启超选集》，上海人民出版社 1984 年版，第 675 页。
④ 吴冰心：《新陈代谢》，《时报》1912 年 3 月 5 日，第 6 版。
⑤ 《共和解》，《时报》1912 年 3 月 6 日。
⑥ 瞿慕阳：《摇晃的革命八卦》，《东方早报》2011 年 3 月 13 日 B05 版，转引自周叶飞：《"共和"中的政治报——以"竖三民"为中心（1909—1913）》，复旦大学博士学位论文，2013 年，第 2 页。

民国初年,尽管人人竞相说"共和",但言人人殊。"共和"话语普及化的背后,其实还是人们对"共和"这一外来的政治理念的陌生与疏离,人们更习惯在传统的思路中来理解共和,将熟悉的帝制世界中获得的知识积累与经验运用到对"共和"的理解中来。这是一个"旧的信条"已破,而"新的公共信条"未立的历史时期。从政治到社会、从生活到心态、从思想到学术,无不呈现出半新半旧、亦新亦旧的状态,时人尝有谓"过渡时代""重建时代"①。其实,即使到了五四前后,此种古今中外多歧互渗的局势也未见丝毫改变。②

二、北洋政府的"共和"叙事

早在清末,"共和"一词被梁启超等人从日本引入中国时就包含了和"专制"相对立的意思。1903 年邹容出版《革命军》,猛烈抨击"数千年来种种专制之政体",替代的选项是革命,号召以美国为蓝本,建立"中华共和国"。随着这本书的畅销,清末的"共和"已经作为"专制"的对立面广为传播。将"共和"与"专制"对应的做法常见于一般报章书刊,如"近因欧风东渐,文明日进,国体共和,实行自由"③,再如"共和时代,男女平权,欧风东扇,美雨西连,世界潮流,皆为所牵"④。

晚清文人受到民主、自由思潮的影响,一方面,他们拥护"共和"而反对帝制;另一方面,他们也不认同"革命"。袁世凯逝世后,段祺瑞政府成为继任者,但是北洋政府对"革命"抱有贬抑的态度,他们认为辛亥的重要性在于建立"共和"而非革命,"共和"是北洋派之功。因此北洋政府尤其强调"共和"与清帝逊位的关联,以及北洋派与建立、维护"共和"之贡献,将辛亥与共和、统一相连接,反对革命。⑤

在北洋政府前期的历史教科书中与民国建立史实的描述中,"共和"的叙事占据主导。⑥ 所谓"共和"叙事,是指历史叙事主要围绕民主共和制度的建立而展开,强调清朝结束、民国建立的历史,是民主共和取代君主专制的过程。李帆对清末民初的教科书的研究也显示,清季强调历史课的要义

① 《辛亥革命之意义与十年双十节之乐观》,载李华兴、吴嘉勋编:《梁启超选集》,上海人民出版社 1984 年版,第 762—773 页,转引自周叶飞:《"共和"中的政治报——以"竖三民"为中心(1909—1913)》,复旦大学博士学位论文,2013 年,第 4 页。
② 周叶飞:《"共和"中的政治报——以"竖三民"为中心(1909—1913)》,复旦大学博士学位论文,2013 年,第 4 页。
③ 悲秋:《图画女子呈禁曼陀罗画师不准再绘裸体文》,《余兴》1917 年第 28 期。
④ 张根仁:《祝词》,《女子白话旬报》1912 年第 3 期。
⑤ 唐启华:《北洋时期的"宣布共和南北统一纪念日"》,《社会科学辑刊》2013 年第 1 期。
⑥ 朱英:《百年以来的辛亥革命历史叙事》,《读书》2011 年第 6 期。

在"陈述黄帝尧舜以来的历朝治乱兴衰大略，俾知古今世界之变迁，邻国日多，新器日广；尤宜多讲本朝仁政，俾知历圣德泽之深厚，以养成国民自强之志气，忠爱之性情"，民初则强调"历史要旨在使知历史上重要事迹，明于民族之进化、社会之变迁、邦国之盛衰，尤宜注意于政体之沿革与民国建立之本"①，可见，教科书对历史要旨的讲述从认同大清转换到认同民国。民初，普及"共和"历史叙事的除了教科书，也不可忽略报刊日复一日的教化之功，民国代清，很大程度上要归功于报刊发挥的鼓动作用。清代遗老恽毓鼎在1917 年回忆清亡的历史，将之归于沪上租界报刊的鼓动。恽毓鼎的看法代表了时人的基本观感。1912 年，时任上海三新纱厂总办的陶湘在致函盛宣怀时认为："清之亡，实亡于报馆。"②严复亦说，武昌起义的原因可以归纳为，心怀不满的新闻记者们给中国老百姓头脑中带来的偏见和误解的反响。③ 孙中山也认为，锻造共和的首功是报刊，"自武汉发难，不数月而共和政治出见于亚东大陆，论者推原功首，咸以为数年来言论提倡之力"④。

　　北洋政府时期，"共和"叙事虽然符合执政者的意志，但是，教科书和报刊也并非一味迎合当局。1913 年民初的"共和"实践频遭挫折，很多人表示失望，感觉民国政治反不如清。有的教科书对当时的"共和"局面不满，也直抒胸臆，说"共和其名，专制其实"，并将原因归为"一则时间太短，数年之共和，万难扫尽数千年专制遗毒，故实际上收效不易；二则我国革命效法欧美，非全本于国民之自动，故仅能为事实之改革，非先由于思想之改革，事后设施，其抵触正自不少"⑤。袁世凯称帝，建设"共和"的进程遭遇重创。民间报刊却始终不辍宣讲建设"共和"之志，紧紧联系新闻事件向国民灌输树立"共和"之理想，蔡锷、黄兴的国葬就理所当然地成为报刊最恰当的启蒙国民、创建"共和国家"的良机。

---

① 《奏定高等小学堂章程》，课程教材研究所编：《20 世纪中国中小学课程标准·教学大纲汇编·历史卷》，人民教育出版社 2000 年版，第 6 页，转引自李帆：《"共和"叙事：切近的历史表述——民国前期历史教科书中的辛亥革命与民国建立》，《民国档案》2021 年第 4 期。

② 陈旭麓、顾廷龙、汪熙编：《辛亥革命前后：盛宣怀档案资料选辑之一》，上海人民出版社 1979 年版，第 340 页。

③ 骆惠敏：《清末民初政情内幕——泰晤士报驻北京记者、袁世凯政治顾问乔厄莫理循书信集（上卷 1895—1912）》，知识出版社 1986 年版，第 782 页。

④ 孙中山：《〈新民国〉杂志序》，载中国社会科学院近代研究所中华民国史研究室等编：《孙中山全集(2)》，中华书局 2011 年版，第 381 页。

⑤ 汤济沧：《新式国史课本》下册，国光书局 1920 年版，第 35 页，转引自李帆：《"共和"叙事：切近的历史表述——民国前期历史教科书中的辛亥革命与民国建立》，《民国档案》2021 年第 4 期。

三、梁启超的《国民浅训》与"共和"教育之急迫

学者吴起民指出,辛亥革命所开启的"共和"未能解决社会碎片化的危机。一方面,辛亥革命冲击了原有的政治、文化秩序,把公共秩序转移到"共和"体制的建设问题上;另一方面,地方割据、政党纷争、废止尊孔等问题又加剧了社会碎片化,使得移植而来的"共和"体制难以有效运转,甚至"共和"制度本身都面临着存废危机。①

传统帝制加速崩解,削弱了中央对地方的统合能力,儒学的政治文化地位的丧失使公共利益失去道统的规训作用。但是,儒家意识渗入中国人的头脑与生活已有几千年的历史,在政策层面否定儒家意识形态容易,在事实层面建立"共和"体制及其政治文化的权威是困难的。② 基层民众对舶来的、空降的现代化要素的隔膜与反感,由于新体制难以在短期内形成应对社会离心力的替代品,因而民初社会的碎片化趋势加剧,③其结果就是如李大钊所说的上层社会引入的现代化因素"像油浮在水面上一样漂浮在广阔的乡土文化带的上空"④。若要解决中国社会公共利益弱化和社会碎片化的治理困境,培养与现代化相适应的"共和"新国民就成了国家的当务之急,也成为蔡元培、梁启超等人最为关切的问题,他们大力呼吁推广现代国民教育。

1912年2月23日,同盟会元老、教育总长蔡元培忧虑地指出:"数千年君权,神权之影响,迄今未沫,其与共和思想抵触者颇多",因而亟待培育具有"共和"思想的新国民。⑤ 蔡元培作为教育总长,觉得当时教育的着力点是除旧,规定在国民教育过程中不再尊孔读经,因为"忠君与共和政体不合,尊孔与信教自由相违"⑥。1913年3月出版的第9卷第9期《东方杂志》的广告栏中,一则推销"共和国宣讲书"的广告反映了传播"共和"思想的迫切性:"承数千年专制之后,一旦改建民国,欲使穷乡僻壤,人人知共和之要义

---

① 吴起民:《作为方法的五四运动:集体行动的逻辑与现代中国的内生路径》,《中共党史研究》2019年第4期。
② 吴起民:《作为方法的五四运动:集体行动的逻辑与现代中国的内生路径》,《中共党史研究》2019年第4期。
③ 吴起民:《作为方法的五四运动:集体行动的逻辑与现代中国的内生路径》,《中共党史研究》2019年第4期。
④ 程歗:《晚清乡土意识》,中国人民大学出版社1990年版,第10、11页。
⑤ 高平叔编:《蔡元培全集》第2卷,中华书局1984年版,第137页。
⑥ 《中华民国史档案资料汇编》第2辑,江苏人民出版社1981年版,第474页。

非宣讲不为功。"①1912 年李大钊也指出"愚民不识共和为何物"②是造成社会碎片化危机的原因之一。

　　1915 年，乱象加剧，袁世凯加紧了称帝的步伐，梁启超先后发表了《异哉所谓国体问题者》《袁世凯之解剖》等文，批评了袁世凯的倒行逆施，袁世凯称帝后，梁启超与他彻底决裂，并应广西都督陆荣廷的邀请，一路躲避袁世凯的堵截绕道抵达镇南关，与宣布独立的桂省护国军汇合。梁启超在途中写下了《国民浅训》，夏晓虹指出这本书在梁启超个人生命历程中的特殊意义，"在生死未卜之际迸发出的文字，也是梁启超认为最值得留给世人的肺腑忠告"③。梁启超认为，袁世凯之所以成功称帝，很大程度上归咎于国民的不作为，痛心疾首斥责"良心麻木之国民"——不只是没有善恶观念，而且其"善恶之标准，乃与一般人类社会善恶之公准绝殊"，因此才使得袁世凯顺利地伪造民意、劫持民意。国民政治常识的缺乏，尤令梁启超痛心，由此激发起在南行途中即写下《国民浅训》这本国民常识教育的小册子。天津《益世报》刊登了该书的广告，强调了此书的意义："试问成立以来，何至再有帝制发生，曰国民缺乏常识而已。近共和虽已复活，此后之责果谁是赖，我国民岂尚能懵懵乎？"④因此任公于"流离生死之间"，为"启迪我同胞"，特撰此书，足见其"一片婆心"。⑤ 该书的内容主要是普及启蒙国民的常识，同时交织着时事的感怀，该书九个月间，即接连有第三、四版发行，因此推测它十分畅销，《申报》在 1916 年 6 月 16 日刊登了该书的广告，特意介绍了本书内容，"分十三章。凡国民不可不知之理，与夫不可不尽之责任，均详细解说，示国民以途径。吾国历来不完全之见解，自窒进步之积习，无不究其病之由来，穷其弊之终极，痛下针砭，俾国民知幡然改革之不容已"⑥。

　　《国民浅训》畅销且造成广泛的社会影响力，也和官方的大力荐购有关，如江苏省省长甚至令各道尹、县知事购买该书，因"该书以浅显之文字，揭明共和真谛，于民国前途为益甚大也"⑦。直至 1917 年 2 月，湖南省仍有《省长令各知县颁发〈国民浅训〉》的指令，湖南官报这样评价梁任公的新著，"旨在

①　广告，《东方杂志》1913 年第 9 卷第 9 期。转引自吴起民：《作为方法的五四运动：集体行动的逻辑与现代中国的内生路径》，《中共党史研究》2019 年第 4 期。

②　李大钊：《李大钊全集》，人民出版社 2006 年版，第 3 页。

③　夏晓虹：《"共和国民必读书"》，《读书》2016 年第 3 期。

④　广告，《益世报》1916 年 7 月 23 日。

⑤　广告，《益世报》1916 年 7 月 23 日，转引自夏晓虹：《"共和国民必读书"》，《读书》2016 年第 3 期。

⑥　广告，《申报》1916 年 6 月 16 日，转引自夏晓虹：《"共和国民必读书"》，《读书》2016 年第 3 期。

⑦　《齐省长通令购置〈国民浅训〉》，《申报》1916 年 9 月 16 日。

灌输共和国民常识,激起国民合群爱国之心,语浅意深,洵为普及社会教育之善本。本省长为开通民智起见,特将前项《国民浅训》订购三千本,分发各县知事,转令所属各学校及公共团体及各演讲机关,一体参阅,以资传播"①。1917年,该书还由教育部审定在全国发行,直到20年代末期,该书作为各种公民教育的读本被推介与阅读。在袁世凯称帝,"共和政治"遭遇挫折的国家至暗时刻,梁启超以生命为代价撰写此书,可见他为培养国人的现代国家意识所做的努力。该书的畅销和长销也说明了近代中国国民教育之任重道远。

本书无意对民初错综复杂的"共和"政治过深涉及,蜻蜓点水般地提及只为保持学术的警醒与自觉,研究民初的国葬报道与民族国家建构离不开观察时代意识的毛细血管如何作用于社会的点点滴滴,通过本节我们深知国民启蒙教育之急切,下文将继续回归蔡、黄二公的国葬典礼。

第四节　国葬仪式与媒体报道的过渡功能

国葬是以国家的名义为有特殊功勋的人举行的葬礼,是一个国家最高规格的葬礼,代表了整个国家上下对逝者高度的崇敬。"近代以来,国葬制度在西方各国逐渐兴起。法国、英国等先后为雨果、吉卜林等著名文豪举行盛大国葬。日本明治维新后,迅速与西方接轨,很多制度也沿袭下来,这其中就包括了国葬一例。"②国人很早就接受了国葬这一概念,这源于《大公报》《申报》等报纸的引介。1891年据《申报》介绍了在日本首先享受国葬荣光的维新派元勋,"以国葬礼,按维新功臣之受此隆礼者,一为赠大臣大久保,二为赠太政大臣岩仓,三为左府岛津"③。在1909年11月,《申报》还报道了日本首相伊藤博文逝世后的盛大国葬仪式,④由于《申报》的早期报道,国人很早就熟悉了"国葬"这一概念。

蔡锷、黄兴是中国近代史上影响较大的人物,前者被称为中华民国"护国元勋",后者被誉为中华民国的缔造者之一。民初袁世凯称帝,复辟帝制,公开践踏"共和"理念,改中华民国为"中华帝国"。蔡锷、黄兴等人义无反顾地加入护国战争,为国人争取尊严,最终于1916上半年迫使袁世凯取消帝

---

① 《湖南政报》第9册,1917年2月,转引自夏晓虹:《"共和国民必读书"》,《读书》2016年第3期。
② 季川:《黄兴、蔡锷的逝世及其影响》,苏州大学硕士学位论文,2014年,第18页。
③ 《青岛电》,《申报》1891年3月7日。
④ 《伊藤国葬式典》,《申报》1909年11月6日。

制。其后上任的代理大总统黎元洪顺势恢复《临时约法》，起用进步人士，一时间国内政局有所好转。正是在这百废待兴、国家用人之际，黄兴、蔡锷两位共和英雄却相继病逝，一时间举国哀悼、薄海同悲。①

一、黄兴、蔡锷离世与报纸舆论倡议国葬

1916 年北洋政府开始统治全国，由黎元洪登上总统的宝座，冯国璋担任副总统，段祺瑞任国务总理，国会重新召开，恢复《临时约法》，各地议会工作正在展开。在这一时代背景下，蔡锷、黄兴的去世，促成了中华民国第一部《国葬法》的出台。1916 年 10 月 31 日，革命党人黄兴在上海病逝；11 月 8 日，起兵反对袁世凯称帝的蔡锷，亦在日本病逝，消息传回中国后，社会各界在报纸上刊登声明要求以国葬仪式礼葬蔡锷、黄兴的声音十分高涨。当时上书要求国葬蔡锷的人甚多，其中包括国会议员、四川及湖南省省长、湖南省官绅、曾任北洋政府总理的熊希龄、江苏南通实业家张謇，及蔡锷的老师兼反袁盟友梁启超等。② 他们认为，黄兴及蔡锷对确立中国共和政体做出了重要贡献，黄兴是"手创共和"的主要领袖之一，蔡锷则是"共和再造之元勋"。黄兴与蔡锷是反对袁世凯的重要人物，他们二人皆是湖南人。

黄兴为湖南善化人，1904 年成立华兴会，以推翻清政府为职志。1912年南京成立临时政府后，黄兴任陆军总长，国民党成立后则任国民党理事。1913 年，袁世凯刺杀国民党人宋教仁（1882—1913），并派兵南下征讨反对者，国民党人遂发动"二次革命"，黄兴任江苏讨袁总司令，事败后逃亡日本。袁世凯死后，1916 年 7 月 8 日，黄兴由日本回到上海。不久，因操劳过度，旧病复发，于 10 月 31 日去世，时年 42 岁。蔡锷为湖南省宝庆县（今邵阳）人，辛亥革命后出任云南都督。1913 年"二次革命"后，蔡锷被袁世凯调任到北京，但在袁世凯于 1915 年称帝时，他斥责袁世凯"违法背誓，背叛民国"，并潜回云南，与当时的云南都督唐继（1883—1927）联手宣布云南独立。1916年春，他带领军队在四川击败袁世凯的军队。③ 军事上的失败逼使袁世凯于 1916 年 3 月取消帝制，袁于同年 6 月病死。其后蔡锷因病到日本求医，就医两个月后，于 1916 年 11 月 8 日病逝于九州福冈医院，终年 35 岁。蔡锷的死讯在中国引起极大回响，他的重要历史地位随即得到北洋政府、国会

---

① 《护国文集》编辑组：《护国文集》，河北教育出版社 1988 年版，第 285 页。
② 《蔡松坡死后所闻》，《大公报》1916 年 11 月 13 日，第 6 页；《熊张电请国葬蔡松坡》，《大公报》1916 年 11 月 19 日，第 2 页。
③ 唐德刚：《袁氏当国》，广西师范大学出版社 2004 年版，第 197—206 页。

及报纸舆论的肯定。北洋政府接到日本政府的通知后,即宣布发治丧费二万元,国会参、众两院亦于11月9日休会一天哀悼,并降下国旗致哀。①

黄兴逝世之后,北洋政府就着手安葬事宜,并准备《国葬条例》的颁行。上海《民国日报》②刊登"国葬条例起草"专栏,记录了《国葬条例》的颁布过程。其中多有各界人士催促政府颁行条例之言。③ 1916年11月21日,上海《民国日报》刊《要闻·国葬条例》文中说:

> 自黄克强先生逝世,大总统即拟礼以国葬,曾经国务会议以先须编订条例,是以尚未宣布,乃不及两旬,蔡松坡督军又复溘逝,政府拟以与黄先生同一待遇,且电致日使,蔡督军灵柩运至上海以便与黄先生同举国葬之典,故国葬条例政府早拟草案。前数日已经告成,昨日提交国会矣。草案如次:第一条,中华民国人民,有殊勋于国家者,身故后经国务会议决议,呈请大总统,准予举行国葬典礼……第三条,国葬墓地由国家于首都择定相当地址,建筑公墓于各地方择定或相当地址。修造专墓或由死者遗族自行择定茔地安葬,均由国家建立碑铭以表彰之。④

1916年11月29日,《民国日报》又刊各方来电催促国会速表决《国葬条例》以"早安黄先生在天之灵"⑤的电文,并提及"黄克强先生丧事经在沪同人及家族决议十二月廿一二日开吊,廿三日举殡西湖茔地,查《国葬条例》有提交国会,务恳促其迅速表决,颁布明令,以便遵行"⑥等语。因为国会和政府的分歧,《国葬条例》迟迟未正式颁布,黄兴的国葬地点还未能最终确定。黄兴的友人和家族是选择杭州西湖为黄兴安葬地的。湖南方面为了争夺"国家英雄"的纪念权,同时致电北洋政府要求将黄兴归葬故里湖南。湖南省议会决定"拨付16万元为营葬经费和铸铜像、建设公园,并成立两公国葬筹备处,下设黄兴、蔡锷营葬事务所,对出殡规模、经过路线、码头选择、船只

---

① 《北京专电》,《大公报》1916年11月10日,第2页。
② 1916年1月22日,以讨袁为主旨的《民国日报》在上海创刊。该报是中华革命党在国内的主要言论阵地,创始人是中华革命党总务部长陈其美,主编为叶楚伧、邵力子,主要撰稿人有戴季陶、沈玄庐等。1924年中国国民党第一次全国代表大会后,成为中国国民党的机关报。
③ 《国葬条例起草》,《民国日报》1916年11月12日,第3版。
④ 《要闻·国葬条例》,《民国日报》1916年11月21日,第4版。
⑤ 《催议国葬条例》,《民国日报》1916年11月29日,第3版。
⑥ 《要闻·黄先生举殡卜茔电》,《民国日报》1916年11月29日,第3版。

调配进行了充分的准备工作。同时，派出工程队，对两公在岳麓山的墓地，按设计日夜施工，如期完成"①。此外，还以警察厅名义，向全市发出两公出殡通告，规定出殡两日各居民店铺、住室应一律下半旗，停止嫁娶，停演戏剧，各经过街道禁止人力车及轿车通行，各酒馆停止宴会，各妓户禁止弦歌。②

　　蔡锷为反袁世凯运动的发动者，因为护国战争而为国人所知，他的名字与"共和"联系在一起，在其政治生涯最高峰时英年早逝。经由报纸报道所掀动的民众情绪及讨论均比黄兴的葬礼来得剧烈和广泛。报纸刊登国务院、参议院、社会各界知名人士的唁电。参议院致蔡锷家属的唁电中，形容蔡锷为"共和再造之元勋，民国伟人，天南一柱"，其逝世则被喻为"大星崩殒，全国震惊"。③ 报纸对蔡锷临终前的状况提供了详细报道，这些报道进一步强化了蔡锷的伟人形象。如天津《大公报》指出蔡锷逝世前并没有留下手写的遗嘱，唯在弥留之际，向讨袁军事行动中的盟友蒋方震口授给黎元洪总统的"遗电"。遗电共有四点：前两点有关他对中国政治的期望，希望政府能"采有希望之积极政策"，及当权者"以道德爱国"。第三点则是有关在他

图 3-1　1916 年 11 月 10 日《申报》刊登的蔡锷遗像

---

① 谭仲池：《长沙通史·近代卷·长沙》，湖南教育出版社 2013 年版，第 848—849 页。
② 《要闻·黄先生举殡卜茔电》，《民国日报》1916 年 11 月 29 日，第 3 版。
③ 《呜呼 蔡松坡》，《大公报》1916 年 11 月 11 日，第 3 页。

死后其部下的待遇,他希望在四川阵亡或出力的部下,能够得到政府恩恤及嘉奖。最后一点是有关他的身后事,他说自己"以短命未能尽力民国,应为薄葬"。此报道以副题盛赞蔡锷"濒死言不及私"及呼吁"全国上下勿忘蔡公垂死之言"①。临终之言蕴含着道德和政治力量,往往比死者的其他著述来得强烈。书写蔡锷遗电的横幅,成为殡仪队列的一个组成部分。

二、国葬制度的出台:国家、湖南地方利益的纠结与协商

1916 年袁世凯去世,袁世凯作为中华民国首任国家元首,理应得到国葬礼遇。北洋政府总统黎元洪在袁世凯时代任副总统,还是袁世凯的姻亲。他对袁世凯称帝既不赞成,亦没有公开反对,而只是作消极抵制。1916 年 6月袁世凯去世后,保守派张勋、倪嗣冲等人力争以国葬仪式安葬袁世凯,但鉴于强烈的反帝制浪潮,黎元洪最后决定袁之葬礼不以国葬进行。但黎元洪对袁的葬礼安排非常优待,反映了他对儿女亲家袁世凯的暧昧态度。袁世凯去世后,北洋政府还沿袭了帝制时代的传统习俗:在之后的 27 天内,文武官员须左臂缠黑纱及停止宴会,在这段时间内,政府公文亦须盖黑色而非红色的印章。

1915 年 11 月 10 日,袁世凯的爱将郑汝成(1862—1915)在镇压二次革命时被革命党枪杀,袁世凯试图以国葬形式安葬郑汝成,但未获成功。反袁人士试图由蔡、黄二人取代郑汝成成为"国家英雄",这将重新树立新的国家英雄典范和重新定义共和国。当时的报界一致主张国葬蔡、黄二人,天津《大公报》谈到郑汝成与蔡锷的区别,在于"郑兹媚一人,蔡则功在全国"②,并刊登社会知名人士催促国葬二人的政府条例尽快出台的专电。国葬蔡锷、黄兴与否,对黎元洪和北洋政府来说,是顺应《申报》《大公报》舆论,是北洋政府是否有决心与袁世凯时代划清界限的标志;其支持者和革命派来说,为黄兴及蔡锷举行国葬礼,不单是向两人为国家所作的牺牲及贡献表示敬意,更重要的是把两人从国家的"叛乱者"转变成为国家英雄,来宣示及巩固共和国的政治理念,重申及维护因袁世凯称帝而备受冲击的共和政体。并且,革命派当时尚属在野党,希望借国葬之机会,为自己争取道德和政治的合法性。总之,民初的国葬仪式关系到国家对"国家英雄"的定义,对未来的政治取向有重要的指示意义。

---

① 《呜呼 蔡松坡》,《大公报》1916 年 11 月 11 日,第 3 页。
② 《说国葬》,《大公报》1916 年 11 月 12 日,第 7 页。

当时的湖南省省长谭廷闿(1880—1930)及地方官绅皆支持以国葬仪式礼葬黄兴及蔡锷,这符合湖南的地方利益及他们的个人利益。湖南省对国家前途的牺牲与承担,通过这场国葬得以彰显,亦满足了湖南人的国家民族情感及湖南的地方认同。此外,在袁世凯称帝期间,袁世凯的支持者汤芗铭任湖南总督,他大举捕杀革命党。谭廷闿是清末立宪派,对革命党人的态度暧昧,并曾有意向袁世凯投诚,但未得到袁世凯的信任。① 湖南革命派和反袁人士亦希望通过为蔡锷及黄兴举行国葬礼来捍卫共和政体。总之,国葬结合了国家认同、地方利益及个人利益的纠结与协商。②

蔡锷逝世 11 日后,政府完成草拟国葬条例,并交给国会讨论。《大公报》《申报》都刊登了此草案。根据此草案,谁享有国葬,由"国务会议"(由国务院成员组成)决定,再呈请总统批准。政府在本次国葬仪式中所做的包括:一、拨出五千元作为国葬经费;二、于首都或其他地点建筑公墓或专墓,并建立碑铭以作表彰;三、派员办理葬仪及修墓事宜;四、典礼当日由总统或总统的代表前往致祭,当地的官员及公共团体亦须出席。条例中并没有明确提到国葬仪式的细节,只是指出进行殡葬的所在地及灵柩经过的地方官署,须降下半旗志哀,以及灵柩由国家派出的军队以军乐护送。③

在政府提出国葬法草案的同时,几位国会众议员另外提出一份国葬法草案。此草案与政府草案不同之处主要有两点:一是谁人享有国葬,应由国会决定;二是无论享有国葬之国家英雄于何处出殡及下葬,中央及各地政府应同时举行仪式。首先,政府草案所订出的程序。"国务会议"及总统拥有谁享有国葬的决定权。议员的草案反对政府在国葬决定权上的垄断,认为决定权应在国会,目的是政绩昭著者,"能得大多数人之同意",才能享有国葬。此举显然是为了防范袁世凯爱将郑汝成去世后的事件重演。其次,在政府草案中,总统可以选择不出席典礼,由其他官员代表出席。议员的草案则拟定"国葬典礼中央及地方同时行之",而在典礼中,中央以总统为主席,而地方则由地方长官为主席。即使国葬人物于其家乡下葬,首都及各地须同时举行"遥拜礼",向死者遥祭。④ 此草案是强调全国上下共同参与,并

①　中国人民政治协商会议湖南委员会文史资料研究委员会编:《湖南文史资料选辑·辑 2》,湖南人民出版社 1981 年版,第 1—8 页。
②　潘淑华:《国葬:民国初年的政治角力与国家死亡仪式的建构》,《近代史研究所集刊》总第 83 期,2014 年 3 月。
③　《政府提出国葬体例》,《大公报》1916 年 11 月 19 日,第 3 页;《专电》,《申报》1916 年 11 月 19 日。
④　《议会提出之国葬法》,《大公报》1916 年 11 月 22 日,第 6 页。

且有意逼总统出席国葬典礼。可见国葬礼仪成为国会议员、总统之间的权力争夺场所。国会最终取得界定国家伟人的决定权,并且赋予总统参与国葬的仪式责任;通过倍显尊荣的国家英雄的纪念仪式与空间,来巩固共和理念。[①] 最终,政府于 1916 年 12 月公布生效的《国葬法》,列明颁授国葬荣典予"有殊勋于国家者"程序及国葬的安排,当中大致根据政府的草案,总统可选择亲往或派员出席仪式。但在国葬者资格的决定权上作了让步:总统在咨请国会同意或国会通过之后,才准予举行国葬。换言之,国会对颁授国葬有最终的决定权。在通过《国葬法》后,国会随即议决以国葬仪式礼葬黄兴及蔡锷。《国葬法》亦采纳了国会议员遥祭礼的建议,全国官署均须设祭位遥祭。[②] 国会成功争取行使国葬仪式的决定权,让反对袁世凯的两位领袖得到国葬的荣誉,通过国家死亡仪式来迫使政府宣告与袁世凯时代决裂。从《国葬法》的出台经历也可以看出,民国初年的国葬并非自上而下的国家权威的建构过程,对党政的北洋政府来说,国葬是政治妥协(北洋政府妥协于党派团体和国会)多于国家建构的工具。

综上所述,黄兴、蔡锷去世后,《大公报》《申报》等各报积极发挥信息告知的功能,将各界的吊唁专电、国会、政府、革命派与二人支持者的关于国葬条例的意见均刊登报道,这不仅使社会各界了解国葬条例的出台流程,也通过报道将此事件赋予重要地位,被读者关注和讨论。本章从悼念活动和国葬仪式、纪念空间(陵墓)、报纸报道三方面,来分析蔡锷及黄兴的国葬礼中政治角力的过程以及国葬对共和政体的塑造。

三、国葬献礼:公祭和悼念活动

黄、蔡二人相继离世后,国务院、参议院、各省议会、督军府纷纷发表唁电,议会均休会一日,并下半旗志哀。《申报》1916 年 11 月 3 日、11 月 8 日、11 月 17 日以《公电》为名刊发了这些唁电,各地的丧事委员会纷纷重新开会"复议以两公合开一追悼会",以志哀忱。《申报》作为民国时期发行量较大、颇有影响力的全国性报纸,在当时曾收集全国各地人士所发之悼念黄兴的电文,编为《黄克强先生吊电汇录》,前后共六期。黄兴逝世后,孙中山、唐绍仪、胡汉民等人组成黄宅治丧办事处,治丧办事处主张北洋政府为黄兴举

---

① 潘淑华:《国葬:民国初年的政治角力与国家死亡仪式的建构》,《近代史研究所集刊》总第 83 期,2014 年 3 月。

② 《国葬法》,《大公报》1916 年 12 月 10 日,第 3 页;《命令专电》,《大公报》1916 年 12 月 23 日,第 2 页;《政府公报》第 345 号,《大公报》1916 年 12 月 19 日,第 9 页。

行国葬,并以治丧办事处的名义催促北京,"尽快确定国葬内容、日期"①。

(一)黄兴公祭

孙中山等革命派为黄兴争取国葬,既有对黄兴高尚人品、革命功绩的考量,也是因为作为在野党,希望借国葬之机会,为自己争取道德和政治的合法性。北洋政府国葬虽然没有立即作出决议,但是黎元洪、冯国璋等人致电慰问、政府祭奠、发放抚恤金等,还派代表前往致祭,发表现场演说。11月11日,总统代表就到达上海,会同本地官员致哀,这是公祭、国葬之前颇为隆重、正式的一次政府祭奠活动。12月21日,公祭当天,黄兴在上海的府邸被布置得庄严肃穆,大门前电灯点缀出黎元洪书写的"气壮山河"四个大字,大厅内供奉黄兴身穿洋装的白色大理石雕塑,高约三尺,遗像前摆满了花圈,最大的一对也是总统黎元洪所赠,军乐队奏响哀乐,气氛神圣凝重。上海道尹作为总统代表来到黄宅,代黎元洪致祭,接着宣读了黎元洪的电文,全文由《申报》登载:

> 自公之没,四旬有奇,举世悲感。如初逝时,民国肇基,于之今五载,独操舟楫,以涉大海。公开其先,中路弃之,遗此艰巨,孰为导师?粤稽古训有三,不朽立德,功言与世并寿。公之功业超迈等伦,以诚修身,以信孚人,大本既充伟绩斯,著手造新邦,宏兹建树。昊天不吊,一柱忽倾,百身何赎,永失长城。黯黯湘云,言归丹旐,敬陈薄言,重申哀悼。降年有域,垂裕无穷。公其奚憾庶鉴,予衷尚飨。②

黎元洪作为总统,没有出席公祭,而是书写挽联、亲书电文,派代表代为致哀,一方面避免了自己与袁世凯亲近而导致的尴尬,一方面也显示了政府能够一视同仁地对待不同党派的爱国者,体现了其宽宏大量,可谓是两全之策。

(二)蔡锷公祭

蔡锷将军去世一个月后,他的灵柩在总统特使与好友的护送下,从日本长崎返回上海,据《申报》记载,"离开日本时,日本官绅感动于蔡将军的事迹,数千人去港口相送。当天上海人山人海,前往观看者多达数万人,甚至

---

① 《沪电》,《申报》1916年11月8日。
② 《沪电》,《申报》1916年12月22日。

连在上海的美国驻军都派出舰长水兵数十人加入迎柩队伍"①。商务印书馆为了纪念这次事件,表达对国家英雄的追思,特别印制了一套12张的明信片,记录了蔡将军灵柩抵达上海的细节。12月14日,蔡锷的公祭仪式在上海进行。会场四周悬挂挽联,摆放了花圈。治丧委员会称"中华民国已将破坏,幸赖蔡氏举义,得以恢复共和"②。公祭首先宣读祭文,演奏军乐,来宾对遗像三鞠躬,之后蔡锷的校友、战友等人依次登台演讲,演讲多围绕蔡公的人生经历展开。最后由蔡锷的恩师、政治伙伴梁启超登台演讲作为公祭的总结,梁启超难以自已,甚至失声痛哭,最后梁启超总结道,"(蔡公)因国事艰难,为国民争人格,心底纯洁",蔡锷一生有四点大家可以向之学习,一是有良心,二是行事坚强不挠,不慕荣利与虚名,三是谨慎,四是立志甚坚,无论公私何事,非达目的不可。并号召国人学习蔡公,若如此,国家必可趋富强。《申报》12月16日电文中刊载了挽联中的赞美之词,称呼蔡锷为"是伟人亦是完人""国之柱石"等。

(三)黄兴、蔡锷合祭仪式

蔡、黄二公的合祭仪式共有两次,分别在北京和上海。因北京为政治中心,政要云集,加上普通百姓对政治趣味浓厚,经北京宪法研究会、丙辰俱乐部、益友社等社团组织牵头下,决定在北京合祭蔡、黄二公。1916年12月1日,在北京中央公园举行。当天,中央公园北布置得庄严神圣、大门至礼堂的道路两旁,树上挂满了挽联和白纸灯笼,大门外竖起数座彩坊,相互映衬。此外,现场还有军乐队,穿着整齐划一的礼服。礼堂内,供奉着黄、蔡二人的遗像,四周布置鲜花。③ 据《申报》报载,追悼会仪式当天,上午往祭者多为各机关人员、中外名士及各校学生,如汇文学校、中国公学等皆全校配对入堂共同致祭,下午则多为妇女及携家眷者,前往祭拜的人异常拥挤。追悼会特意做了一批纪念章,上面印有蔡、黄二公的肖像。用于发放给参加仪式的人。④ 纪念章发完之后,悼念的宾客依然络绎不绝,后来的宾客都获得黄花一枚。此次盛况,《申报》将之描述为"天安门刑部街一带行人胸间无不带黄花者,外城亦多见之",甚至连乡间农民、村妇都前来吊唁,可见黄、蔡二人之事迹、精神深入人心。据《申报》估计,当天前来祭拜的人有四万多,为历次

① 《专电》,《申报》1916年12月12日。
② 《北京电》,《申报》1916年12月4日。
③ 《北京电》,《申报》1916年12月4日。
④ 《北京电》,《申报》1916年12月6日。

活动之最。① 此外，《申报》还刊登了黎元洪、冯国璋、孙中山等人的挽联和祭文。

清末民初，上海一直被革命派视为重要的根据地，如《申报》所言："上海者，迎送伟人往来之地也，凡建功于民国之人物，无不至上海。至则无不欢迎焉，去则无不欢送焉。"②黄兴生前在上海居住，因此市民对其爱国事迹比较熟悉，蔡锷也曾多次路过上海，并做短暂停留。为纪念二公，当二人的灵柩即将离开上海返湘时，上海当地政府决议联合各界于 12 月 28 日组织一场黄、蔡追悼大会，"开会者之意非仅为二公表钦仰之忱，盖示中国人不忘国之意。要知国民各有国家的责任，故追悼在精神，不在形式，但愿人人各有此心"。"上海商团筹备处"在此次追悼会前夕，特定制一批徽章，分发会员，并要求追悼会当天"南北各同志均穿便服加罩玄色马褂，以归一律"③。此次合祭为国葬典礼的先声。追悼大会的仪式由奏军乐、演说、宣读祭文、敬献挽联等部分组成。仪式本身是对黄、蔡二人的缅怀，也是对他们爱国精神的纪念。除了上海，全国多地举行了悼念仪式，悼念、公祭仪式本身就是一场爱国教育，再加上报纸每日的报道，传播范围与触及的读者更为广泛。

（四）追悼会中视觉符号的运用：表达哀思、制造认同与情感动员

黄、蔡二人逝世后，各界将他们视为以身殉国的英雄，为尊重和赞扬他们的爱国精神，通过公祭、追悼会等纪念他们。同时，全国各地的纪念仪式也成为人们反对帝制、重申共和的政治实践场所，增强了人们面对国家四分五裂的危机及对共同价值的认同。从这个角度说，国葬及其公祭、追悼会等纪念活动也发挥了社会动员功能。仪式行动是具有戏剧学式的色彩，重点在于表演与其象征性的意义。在仪式中，情绪也可以在人群中创造暂时或永久的凝聚关系，④公祭、追悼会、国葬礼作为一种文化象征，通过实现参与者的情绪共振和价值认同，使得国家内成员凝聚和整合在一起。在社会动员和凝聚共同意识上，视觉符号起着特别重要的作用。

黄、蔡二人的合祭仪式上，树上悬挂白色的灯笼，主办方给来宾发放黄花和吊唁者便服加玄色马褂。白色、黄色、玄色都是非常明显的视觉符号，一直以来，视觉符号频繁地使用在社会动员中，如法国大革命期间用来表示

---

① 《北京电》，《申报》1916 年 12 月 6 日。

② 《东方通讯社电》，《申报》1916 年 11 月 16 日。

③ 《商团预备送殡》，《申报》1916 年 12 月 21 日。

④ 乔志东：《社会资源动员研究》，《上海交通大学学报（社科版）》2009 年第 5 期。

自由的弗里吉亚小帽。见图 3-2。同时,色彩出现在越来越广泛的社会活动之中,这些颜色通过不同的符号载体,成为身份识别、情感动员的显著标志,视觉符号可以激起强烈的情感反应。

图 3-2　法国大革命时期象征自由的弗里吉亚小帽

社会动员需要借助载体来进行,身体是最便利也是最能调动情感的展演空间。在参与者较多的集体行动中,表演色彩更加浓厚,以统一的身体符号化展示为主。颜色的选择与使用在视觉策略中占据重要的位置,色彩之所以能够制造认同、划分群体,既与色彩的象征意义有关——色彩对某种情感和观念的表征作用,涉及特定的社会文化背景,内嵌的文化规约与集体记忆等,也与色彩本身所携带的情绪意义有很大的关联,色彩感觉和其他感觉器官发生连接现象,从而对人们的情绪产生影响。[1]

在中国的传统文化里,白色一般是丧服的颜色,代表哀痛;黄花代表祭拜和寄托对逝者的哀思;玄色马褂在传统文化中象征着天地,早期汉服大礼服如祭服冕服一类多为玄色上衣,纁色下裳,用来寓意天地,穿着上玄下纁的汉服礼服,即有敬天法地的含义,也代表着天、地、人的合一和与自然和谐相处的内涵,具有非常典型和重要的中国文化意义,黄花、玄衣等穿戴物作为身体的延伸,不仅表达着参与者共同的哀痛,也起着框塑群体(我们是维护"共和"的人)、制造身份认同、视觉劝服与情感动员的功能。[2]

在悼念仪式中,挽联与祭文也是追悼会上和媒体上经常出现的内容,挽联往往是白纸黑字。祭文则往往用于追悼会现场的演讲、诵读,有时候重要人物给逝者写的祭文,也会刊登在报纸上广泛传播。挽联、祭文一方面能够起到赋予死者价值的意义,包含了对逝者一生功绩的评价;另一方面,也可

---

[1]　郭小安、杨绍婷:《图像传播时代的符号载体与共意动员——对九起"丝带行动"的综合分析》,《传播与社会学刊》总第 49 期,2019 年 7 月。

[2]　郭小安、杨绍婷:《图像传播时代的符号载体与共意动员——对九起"丝带行动"的综合分析》,《传播与社会学刊》总第 49 期,2019 年 7 月。

以起到烘托气氛、制造悲伤的作用，如刘长林指出的："挽联作为直接赋予死者社会价值和意义的载体，具有简明扼要、醒目、警世的作用。挽联摆放在追悼会的现场，使追悼、公祭现场庄严肃穆。"①追悼会中的各种仪式不仅是表达性的，而且是规则性的、程式化的，即人们按照这些规则、程式去追悼，即是认同了蕴含于仪式中的价值和意义。

四、国葬报道与民族国家建构

潘淑华指出，"死亡仪式是一场过渡礼仪，中国传统的丧葬礼仪将人的遗体和鬼魂转化成庇佑后世的祖先。为国家伟人而设的葬礼，也是一场'过渡礼仪'，让原来血肉之身的英雄过渡为不朽的英灵，以作为教育后世的学习榜样及巩固道德和政治秩序的基石。对于现代民族国家来说，伟人的死亡礼仪更被赋予了教育国民及团结国家的政治及社会功能"②。

下文将分析，国葬等仪式进行了一场怎样的仪式表演以建构国家的英灵形象？媒体在国葬典礼中起到了什么样的作用？媒体在国葬报道中做到客观、中立了吗？

（一）为何蔡锷而非黄兴成为"国葬第一人"？

黄、蔡二人都享有国葬殊荣，黄兴虽然比蔡锷早逝世九天，但是蔡锷的国葬却早于黄兴三天举行，成为民国"国葬第一人"，北洋政府之所以如此安排，在于黄、蔡二人虽同为捍卫共和、反对帝制的民国英雄，但两人在公众心目中的政治形象有所不同：黄兴的身份比较固定，一直都是坚定的革命党，主张暴力推翻清政府，创建共和。他的一生就是在不断策划起义、暗杀和指挥作战，身体力行实践自己的革命主张。蔡锷的政治身份就比较模糊多元，他早年加入同盟会，后来反对孙、黄主张，留日归来加入北洋政府，还曾经短暂拥护过袁世凯，看清袁世凯称帝的面目后再次举起反袁大旗，与梁启超关系紧密，曾被视为"君主立宪派"，正因蔡锷抱有"经世致用"的思想，他一生的政治选择都出自对国家前途和命运的关心。③

蔡锷曾作为"中国士官三杰"④之一活跃于军坛，担任川滇督军时期，重视民生、兴办教育、开发实业、整顿吏治、加强武备，广受好评，多年后人民依

---

① 刘长林：《仪式与意义：1919—1928 年为自杀殉国者举办的追悼会》，《学术月刊》2011 年第 3 期。
② 潘淑华：《国葬：民初年的政治角力与国家死亡仪式的建构》，《近代史研究所集刊》总第 83 期，2014 年 3 月。
③ 陈宇翔：《八十年来的蔡锷研究》，《求索》1997 年第 4 期。
④ 蔡锷与中国同学步兵科蒋百里、工兵科张孝准并称为"中国士官三杰"。

然感念蔡锷。蔡锷因护国战争而成为民国英雄,最后因操劳过度逝世,年仅35岁。

英年早逝的蔡锷,在身后获得了"护国军神""再造共和"的赞誉,其形象在其逝世之后迅速跃升为民国之首位。从中央到地方,各级政府都为其举行了追悼仪式,从当时《大公报》《申报》等报纸的报道看,全国主要省份都为蔡锷举行了纪念、悼念活动,感念其"护国爱国"之精神,经报纸报道,全国各地掀起的纪念蔡锷的风潮,使得蔡锷"国魂"的形象更加深入人心。对于北洋政府而言,摆脱袁世凯负面政治影响最好的办法就是以国家最高规格来纪念蔡锷,比纪念革命派领袖黄兴更能减少北洋政府政治立场上的尴尬。因此北洋政府特意将蔡锷的葬礼安排在黄兴之前,使蔡锷成为"国葬第一人",凸显了北洋政府的立场和考虑。①

(二)中西合璧的国葬仪式

因为蔡、黄二人先后举行国葬,相差时间不过几天,本章主要以率先举行的蔡锷国葬礼为研究主体,兼及黄兴葬礼,来考察当时报刊、民众、政府以及社会各界对"民国英雄"的建构。蔡锷的灵柩共进行了三次迎送。第一次是从日本送回中国,先停柩于上海;第二次是从上海送至其家乡湖南的省会长沙,等候国葬仪式举行;第三次是国葬仪式完毕后,从长沙送至对岸的岳麓山上安葬。每段旅程,均有军乐队沿途演奏军乐。除了家属外,灵柩由各界组成的送葬团体陪同,包括大批中小学生,途经的商店、民宅皆降下半旗志哀。北洋政府、社会团体试图为蔡锷举行一场"新式的礼仪",葬礼中充满了现代政治符号。民国初年,国葬是一种新式葬仪,参加者皆以国民身份参与②。出殡行列中是军人、学生及各界代表。但1916年处于近代转型时代,其中也掺杂了传统或宗教礼仪。"新与旧的杂糅是民初新的死亡文化在建构过程中的必然现象,亦反映了在不同场合,新旧两种死亡文化所代表的不同意义及功能。"③

民国初年的国葬因为北洋政府的弱势地位,再加上蔡、黄二人反对袁世凯,是试图颠覆北洋政权的力量,因而把他们打造为国家英雄,实非北洋政府所愿。因此参与建构国葬典礼、陵墓空间的多方力量中,不同的社会团体

---

① 季川:《黄兴、蔡锷的逝世及其影响》,苏州大学硕士学位论文,2014年,第60—61页。
② 潘淑华:《国葬:民国初年的政治角力与国家死亡仪式的建构》,《近代史研究所集刊》总第83期,2014年3月。
③ 潘淑华:《国葬:民国初年的政治角力与国家死亡仪式的建构》,《近代史研究所集刊》总第83期,2014年3月。

如同乡会、各党派扮演了比北洋政府更为重要的角色。

1. 蔡锷遗体的三次迎送

蔡锷在日本福冈病逝后，因他生前信奉佛教，其灵柩停放在九州崇福寺。其遗体穿上黑色礼服（此为当时官方颁布的正规服饰），依中国传统，口含金圆，并供奉香烛，而棺木内放有他生前爱用的一串伽楠珠。佛寺内的僧侣，亦每日为其诵经超渡。在运载其遗体回中国的商船上，蔡锷的棺木前放有香炉，以便早晚上香。① 在其逝世最初的几天，葬礼的公开展演还未开始，此时对他的遗体举行的相关仪式都在私人空间进行，蔡锷在这里与一个普通的中国人没有区别，所采取的仪式，都是为了超度亡灵，使他的灵魂顺利到达中国佛教徒信奉的"彼岸世界"。蔡锷的遗体被运回中国后，被安排上演了截然不同的仪式，宗教元素被浓厚的军事元素所取代。

1916 年 12 月 5 日，在千余人的迎柩列队中（当中包括孙中山），蔡锷的遗体到达上海，并停柩于上海宝山路的蜀商公所。1916 年 12 月 17 日，蔡之灵柩由招商局轮船利川号，从上海送回长沙，军舰楚有舰护送。② 当日上午八时，灵柩从蜀商公所出发，送柩仪式和队伍主要有家族、亲属，遵从蔡将军遗愿，布置简单。送柩队列中有传统的灵亭、铭旌（写上死者姓名及身份的旗幡，又称招魂幡）、孝帏（悬挂于灵柩前的帷帐）、龛灯（放于神龛前的长明灯）、松柏牌、香亭一座、花圈数十对等，这些物品大部分由蔡锷的湖南同乡致送，而并非由蔡锷治丧会预备。③ 送柩队列以军人为主，有军乐队及陆军仪仗队一连，出殡音乐为军乐，灵柩亦以炮车载运，这一安排特别强调蔡锷的军人身份。

蔡锷的灵柩及送柩队列在公众空间的巡行，对在场的大批民众来说，成为最具体不过的"国家符号"④。根据民国作家李定夷（1890—1963）的记述，在蔡锷灵柩到达及离开上海时，街道及灵柩途经的茶楼，挤满了对蔡锷表示敬意的民众。"有于灵榇必经地点，向各茶楼包定座位者，各茶肆以地位关系，抬价以谋利益。而来者均不以为贵，足见蔡公感人之深矣。"⑤

---

① 曾业英编：《蔡锷集·第 2 集》，湖南人民出版社 2008 年版，第 1505 页，最后蔡锷的灵柩是以商船运载，而以中国派出的军舰护航，详见《蔡松坡灵柩改期回湘》，《大公报》1916 年 12 月 17 日，第 7 页。

② 《南京快信》，《申报》1916 年 12 月 15 日。

③ 《蔡松坡灵柩改期回湘》，《大公报》1916 年 12 月 17 日，第 7 页。

④ 潘淑华：《国葬：民国初年的政治角力与国家死亡仪式的建构》，《近代史研究所集刊》总第 83 期，2014 年 3 月。

⑤ 李定夷：《蔡灵离沪记》，载氏著《民国趣史》，江苏广陵古籍刻印社 1998 年版，第 45 页。

图 3-3　1916 年 12 月,护国英雄蔡锷的灵柩从日本运回国内

图 3-4　蔡锷国葬礼上护送灵柩的卫队士兵和军乐队

　　运载蔡公灵柩的利川舰去湘途中,沿途经过各站如镇江、南京、江宁镇等地,本地官员均亲自到江口,设祭坛,脱帽遥望利川号,表示哀悼。① 《申报》所载的《南京快电》《合肥电》《武汉电》等都记载了本地官员的迎接与悼念:利川舰到达合肥,该省省长倪嗣冲带领各级官员在码头摆设香案,望江遥祭蔡将军。② 一周后,进入湖北境内,停靠汉口,该省督军王占元带领官员到码头祭拜伟人,此时正是蔡锷云南起义纪念日,武汉城内张灯结彩,大举庆祝,市民们也自发赶赴码头纪念蔡锷。③

---

① 《南京快信》,《申报》1916 年 12 月 20 日。
② 《合肥电》,《申报》1916 年 12 月 26 日。
③ 《武汉电》,《申报》1916 年 12 月 31 日。

报纸上刊登的战争、袁世凯称帝、蔡锷领兵反袁等国家大事距离普通民众是比较遥远的，但连日来报纸对国葬的报道再加上蔡锷的灵枢及送枢队列在公共空间的巡行，则令参与送殡的民众或者是阅读相关报道的民众对国家抽象的想象变得具体而实在。[1]　现场的仪式、报纸的报道让民众感受到国家如何从危机中恢复过来，令他们进一步确立了个人与新生的中华民国的关联。大卫·科泽(David Kertzer)说："现代国家的民众是通过参与仪式来认同那些更大的政治势力的。因为这些政治势力只能且必须通过借助象征形式来表现出来，也唯有通过政治仪式，我们才能理解这个世界的情形。"[2]对于民众个人来说，公祭仪式、追悼会、送灵枢下葬岳麓山就是现代民族国家在日常生活中显现自身的文化实践。

蔡的灵枢离开上海后，被运至长沙的测量局，[3]等待举行葬礼。1917年1月1日，经过两星期的旅程，蔡锷的遗体终于到达长沙的码头。蔡锷在上海是作为"民国英雄"被迎送。而他回到湖南后，同时进行了新旧混杂的两种仪式：一是军政农工商各界及以军乐构成的新式礼仪，迎接队伍之中有军警，并在行进中奏军乐，以此凸显蔡锷的军人身份。另一是蔡的家族成员所进行的中国传统儒家葬仪，蔡锷长子蔡端只有三岁，"孝冠、草履、麻衣、竹杖随行"。在通往用作停枢的测量局的路上，不少民众自发设路祭。在成人的引导下，蔡端依据传统中国礼仪，向每台路祭送予代帛钱二串及谢帖一份。[4]　此外，传统葬礼元素还有：迎枢队伍以肃静木牌为前导，"大锣銮驾、香亭、遗像亭、遗物亭、命令亭"等，迎枢队伍为步行，一路沿途观者不绝，最后进入陆军测量局，作为蔡公灵枢安放之处。众人三鞠躬后，逐渐散去。[5]

蔡锷的遗体从日本运至长沙，进行了中西合璧的仪式："(蔡锷的葬礼)在日本是佛教仪式，在上海是军事色彩浓厚的非宗教仪式，在家乡则一方面是上海仪式的延续，另一方面，亦有家族设置的儒家礼仪。不同的仪式，为蔡锷的不同身份扮演不同的功能：在日本及回中国的旅途上，他是客死异乡的亡魂；在上海，他是再造共和的民国英雄；而在家乡湖南，他是民国英雄，

---

[1]　转引自潘淑华：《国葬：民国初年的政治角力与国家死亡仪式的建构》，《近代史研究所集刊》总第83期，2014年3月。

[2]　[美]大卫·科泽：《仪式、政治与权力》，王海洲译，江苏人民出版社2015年版，第2页。

[3]　因为此局之主事人愿意借出场地。

[4]　《蔡公灵樑晋城之盛况》，《大公报》(长沙)1917年1月3日，第7页；《蔡公营葬事务所访问记》，《大公报》1917年1月6日，第7页；《谭兼督昨日追悼蔡黄二公情形》，《大公报》(长沙)1917年2月15日。

[5]　《蔡枢入城之情形》，《申报》1917年1月11日。

也是儿子、丈夫、父亲与兄长。"①蔡锷死后,他的亲朋好友组成"营葬事务所",主导了蔡锷灵柩迎送的所有仪式。② 而除了在迎送灵柩中提供军人及军乐,并安排政府代表出席迎送仪式外,北洋政府在蔡锷的丧仪上未发出任何指示。在蔡锷葬礼仪式的制定过程中,北洋政府和蔡锷的家族也未扮演重要的角色,北洋政府的回避是出于政治上的尴尬身份;而蔡锷家族则是因为人丁单薄,只有年迈的母亲、两名弟弟、两位太太及三名年幼子女。家族曾表示希望辞却政府国葬蔡锷的敕令,以节省经费及遵从蔡锷薄葬的遗愿,但请求未被政府接纳。③

2. 丧服:身穿麻衣与臂缠黑纱背后的价值观

蔡锷的丧仪反映了他的亲朋好友组成的营葬事务所对新式国家死亡文化的理解或想象,在塑造新的革命文化的背景下,营葬事务所故意淡化了传统的宗教色彩,为了表示丧葬的革新之意,仪式以军乐代替传统的丧乐。在蔡锷遗体回到家乡时,营葬事务所还是兼顾了蔡锷家族的需要和感受,采用了儒家传统,让蔡锷的长子身穿传统孝服迎候父亲回乡。④ 葬礼新旧混杂的现象,在当时甚为普遍。

在1917年1月1日、1月5日,蔡锷、黄兴的灵柩分别运回长沙,人们即发现黄、蔡两家实行的丧礼有所不同。1917年1月5日长沙《大公报》说:"蔡公之丧用古礼,黄公之丧用西礼。"长沙《大公报》记者解释:目睹蔡锷将军遗属,遵从古礼,麻衣如雪,稽颡尽恭,可以劝导国民敬孝之忱;而观察黄兴将军遗属礼服黑纱,鞠躬致敬,可以示国民除旧布新之意。两种做法都没有错,不得"以礼有古今,而生轩轾"⑤。中西式丧服被演绎为传统与现代的不同价值观:麻衣代表中国伦理强调的孝道,西式礼服及黑纱则代表国民对新事物的接受。葬礼的主持者,即营葬事务所,在确定丧服和仪式的时候,也不得不考虑仪式、丧服背后的价值观。⑥

到了国葬出殡之时,上海一家报社的记者记录:"黄公出殡情形,与蔡公

---

① 潘淑华:《国葬:民国初年的政治角力与国家死亡仪式的建构》,《近代史研究所集刊》总第83期,2014年3月。

② 《国葬家葬汇闻》,《大公报》1917年2月14日,第2张"地方新闻"。

③ 潘淑华:《国葬:民国初年的政治角力与国家死亡仪式的建构》,《近代史研究所集刊》总第83期,2014年3月。

④ 李思涵:《民初第一部〈国葬法〉的颁行与民初丧葬礼仪的变革》,中山大学硕士学位论文,2009年,第25页。

⑤ 《大公报》(长沙)1917年1月5日。

⑥ 潘淑华:《国葬:民国初年的政治角力与国家死亡仪式的建构》,《近代史研究所集刊》总第83期,2014年3月。

不同之点，大约有二：(1)蔡公遗族均着白色孝服，其他如绛布围栏等亦均白色。黄公则概用青色。(2)蔡公灵榇系用红缎绣花围幔。黄公灵榇则用红黄蓝白黑五色布包裹。此外各项，均无出入。"①也就是说，现在不论遵从古俗还是新礼的遗属，在礼仪上，即遵照新式国葬这一特殊葬礼的要求。在黄兴、蔡锷国葬礼进行时，长沙全城市民放假一天，下半旗，仪式采用戴黑纱、三鞠躬、九鞠躬等致哀方式，出殡时用军乐队奏乐。从黄兴、蔡锷举行国葬仪式起，新的哀礼形式开始在全国礼俗实施中成制度地推行，并成为时尚，旧礼俗中的一些致哀方式主要保存在答谢的孝子方。

北洋政府在制定国葬仪式时，同样要考虑礼仪背后的价值观，但是有一个困难就是国葬礼仪缺乏仪式学习参照对象。1916 年 11 月内务部曾催促外交部向美、法两国查询国葬礼节，但迟迟得不到回复。国葬礼举行在即，以何种仪式举行却茫无头绪，只知道清朝时期的那一套葬仪已不适用，革命烈士的那一套也不能用，袁世凯的葬仪也不能用，唯有期望以其他国家的国葬礼仪为蓝本。实际上，西方国家的国葬仪式在中国未必完全适用，西方国家（包括日本）的葬礼往往带有浓厚的宗教色彩。日本国葬以神道为基础，并有僧侣为死者诵经超渡；西方国家因为基督教传统，国葬一般会在教堂中举行。美国的国葬仪式包括遗体安放仪式、向遗体告别仪式和葬礼仪式等程序，遗体安放仪式和向遗体告别仪式是在国会大厦举行，葬礼仪式则在华盛顿国家大教堂或阿林顿国家墓地举行，并且牧师是整个国葬仪式中不可缺少的重要人物。那么最终的结果就是：北洋政府考虑到处于传统文化向现代文化的过渡期，因此规定在缺乏参照学习对象的情况下，国葬采用西式礼仪与中国古礼并用。

1917 年 3 月，内务部公布了黄兴及蔡锷的国葬致祭礼节及修墓安排，当中对出席丧礼官员的服饰及致祭方式作出了规定：国葬礼仪服饰是西式的，但同时保留了中国古祭礼以食物供奉亡灵的传统。② 出席丧礼官员须一律穿着"大礼服"及左臂缠黑纱，在灵前行三鞠躬礼。所谓"大礼服"，是政府于 1912 年 8 月颁布的正规礼仪服饰之一。根据此规定，礼服有两种，一是大礼服，二是常礼服。大礼服为黑色西式礼服

① 任大猛：《黄兴蔡锷魂归岳麓山 开启中国近现代国葬之礼》，《长沙晚报》2013 年 4 月 12 日。https://m.voc.com.cn/wxhn/article/201604/201604080913264347.html。
② 这场国葬标志着中国官方文化接受了西方以黑色代表死亡的颜色。西方丧礼的颜色为黑色，中国传统丧礼的颜色皆是素色（即没有染色），泛指白色，戴孝者穿麻衣，吊奠者则穿素服。

及高而平顶的礼帽,而常礼服有两种,一为西式,黑色礼服,但帽子较扁。一为中式,即传统的长袍马褂,再配上西式常礼服的礼帽。女子的礼服一律是齐膝的长衫,下身穿裙子。① 臂缠黑纱是当时的西方葬仪。在灵墓前则以古礼陈设祭品,包括饭、果饼、时蔬、酒等,而祭品以用于祭神及祭祖的传统礼器盛载,包括敦(盛黍稷之盆形器皿)、笾(盛食品之竹器)及豆(盛食品之高脚器皿)等。仪式方面,执爵官在坟前进酒,而负责宣读祭文的祭文官在仪式完成后,焚烧祭文。此与中国帝制时代的官方祭祀仪式相似,但墓前所奏的祭乐则是军乐而非中国古乐。②

3. 总统黎元洪借国葬挽回政府声望

蔡锷及黄兴分别于 1917 年 4 月 12 日及 4 月 15 日下葬岳麓山,国葬仪式在湖南长沙举行。虽然为国葬仪式,但作为国家元首的黎元洪总统并没有出席这两场国葬礼。他委派了湖南省省长谭延闿代表出席,并主理仪式。至于在首都北京,政府安排于先农坛进行"遥祭礼",各政府机关均派员出席。但黎元洪同样没有出席遥祭礼,而是委派内务部总长作为代表及主祭官致祭。③ 纵然黎元洪不出席葬礼,他仍以总统身份发出祭文。以蔡锷国葬礼的祭文为例,祭文以古文写成,每句四字,当中称许蔡锷"再造玄黄,功在全国",把袁世凯企图称帝时的政局形容为"虎豹盘踞,蝈螗沸羹,莠言乱政,国体议更",而蔡锷反袁世凯的行动,则被描述为"义旗高举,公(指蔡锷)为主盟"④。祭文并不讳言袁世凯称帝一事,但同时也不直指究竟是谁莠言乱政,议更国体。1916 年袁世凯去世时,黎元洪为维护民国首任总统的体面,宣布"务极优隆"地安葬袁世凯,以"崇德报功"。⑤ 作为袁世凯的政治合作伙伴和儿女姻亲,黎元洪不但前往袁世凯的丧礼吊唁,还在灵柩经过北京新华门(总统府的正门)时,向灵柩鞠躬表示敬意。在蔡锷的国葬祭文中,却要贬抑袁世凯、颂扬蔡锷,这充分显示了黎元洪和北洋政府的两难境地。因此,与其说北洋政府以国葬礼巩固政权,不如说它勉为其难地支持蔡锷及黄兴的国葬礼,以求挽回北洋政府的声望,在民众中塑造政治合法性。

---

① 王东霞编著:《从长袍马褂到西装革履》,四川人民出版社 2003 年版,第 92 页。
② 潘淑华:《国葬:民国初年的政治角力与国家死亡仪式的建构》,《近代史研究所集刊》总第 83 期,2014 年 3 月。
③ 《遥祭黄蔡之预闻》,《大公报》1917 年 4 月 8 日,第 1 张;《黄蔡两公国葬日之本京遥祭礼式》,《晨钟报》(北京)1917 年 4 月 8 日第 3 版;《北京遥祭蔡松坡》,《申报》1917 年 4 月 15 日,第 6 版。
④ 《国葬蔡将军详记》,《大公报》1917 年 4 月 18 日,第 2 张"紧要新闻"。
⑤ 《北京电》,《申报》1916 年 6 月 30 日,第 2 版。

4.国葬仪式中的公众

1917年4月12日,蔡锷下葬岳麓山,长沙当日大雨滂沱,有人提议改期举行仪式,营葬事务所的曾继梧力排众议,"此为国葬之第一声,且中外会葬来宾均已冒雨莅止,信用所系,碍难更改"①,因此坚持如期举行。"作为一场公开表演的出殡队伍,人数多寡反映死者的身份及地位,队伍的内容则展示了出殡仪式筹办者希望宣示的信念。"②蔡锷的出殡队伍多达万人,人士之组成彰显了国家国民之组成。"参加送葬的人员除了大总统、副总统所派代表外,陆军部、教育部、财政部、司法部、农商部等,以及各省军民长官及各省代表均出席,以及社会各界名流,出殡队伍逾万人。组成了28个队列,走在最前边的是军乐队、警队,之后是学生队(共150余所学校组成),学生队后边是花圈、遗物、遗像队伍,接着是工农商界、报界、学界、政界、军界、各团体、外宾、省外各代表组成的队伍,蔡锷的灵柩和亲友、遗族等,最后为二连军队殿后护卫,整个队伍长达数公里。"③由于天降大雨,"路线延长至一里以外,均徒步执绋,又以人数过多,不能张伞,以致浑身尽湿遍体淋漓"④。

除了参加人数和人员组成,灵柩行经的路线及出殡队列的内容也是仪式展演的重点。营葬事务所预先公布了蔡锷灵柩行经的路线:从藩围后街向北走,经东长街,然后转向西面,经贡院东街,贡院西街,督军公署,小东街,福兴街,西长街,然后出大西门,渡河到岳麓山安葬。⑤ 灵柩的线路,也是由营葬事务所精心设计过的,送葬队伍本来有更近的经行路线:从停柩的民政署向西走,直接到达大西门,出大西门后即可乘船渡过湘江到达岳麓山。但由于蔡锷生前为督军,营葬事务所选择了较迂回的路线,以行经位于长沙城北的最重要军事机构——督军公署。参与葬礼的队伍中最醒目的应该是来自150余所学校的学生代表。这并非国葬法的安排,而是事前由湖南教育会通知长沙的学校,每校派代表10人参加。"学生需要为国家伟人送殡,是民国时期出现的新现象。这不单是由于新式的政治礼仪需要参与者,更在于在民族国家的建构过程中,政治礼仪是培养青少年一代的国族认

① 《湘闻纪要》,《申报》1917年4月19日,第6版。
② 潘淑华:《国葬:民国初年的政治角力与国家死亡仪式的建构》,《近代史研究所集刊》总第83期,2014年3月。
③ 季川:《黄兴、蔡锷的逝世及其影响》,苏州大学硕士学位论文,2014年,第44、45页。
④ 《湘闻纪要》,《申报》1917年4月19日,第6版。
⑤ 《蔡故上将之殡仪》,《申报》1917年4月19日,第6版。

同工具。蔡锷的国葬礼被地方教育团体挪用为学生国民教育的一部分。"①学生们参与的程度也有不同,小学生及女学生送至河(即湘江)边的中华汽船公司码头,中学以上学校的男生代表则须渡河,送灵至岳麓山。但由于蔡锷出殡当日雨势太大,"骤雨狂风,波涛汹涌",渡河恐怕会发生意外,因而所有学生及各团体代表皆只送到码头位置,②此后,其余众人在湖南督军谭廷闿的率领下,扶灵柩登上轮船,岸边驻军依照上将规格,鸣炮十七响,船队行驶一个小时到达岳麓山,送葬队伍冒雨徒步护灵上山。到达墓地后,由谭廷闿主持葬礼,现场摆放了数以百计的花圈和挽联。下午四时,在哀乐和礼炮声中,蔡锷的灵柩缓慢降入墓内,正式安葬。《申报》评价道:"民国之有国葬,实自松坡始。"③《国葬条例》规定:国葬之日全国各官署应下半旗,南京、杭州、汉口、昆明等地,都在当地官方主持下,举行了追悼活动。④ 其中最为隆重的为北洋政府内务部主持的,在先农坛设祭坛,部长主持,各部院派代表、各团体、普通民众亦前来,"人数颇多"⑤。向遗像鞠躬致意,遥祭安葬于岳麓山的国家英雄。长沙市民,亦遵照长沙政府颁布的规则,包括于 4 月 12日及 15 日停止嫁娶、演戏、宴会及弦歌。各店铺及住宅均须降下半旗致哀。⑥ 全国多个地方的戏院遵照国葬规定于国葬当日停止娱乐演出,有些地方当日还不办婚嫁等喜事。⑦

5. 袁世凯帝制色彩浓厚的葬礼

蔡锷的国葬仪式与被其催逼下台、黯然离世的中华民国第一任总统袁世凯的葬礼形成鲜明对比。作为袁世凯继任者的黎元洪,虽然与袁世凯有极密切的个人及政治关系,但全国对袁世凯复辟举动的声讨,使黎元洪虽然以"务极优隆"的方式礼葬袁世凯,但并没有授予以国葬的名义。1916 年 6月 6 日,袁世凯因尿毒症在中南海的居所病逝。终年 57 岁。袁世凯死前自知为国民之敌,因此留下遗嘱说丧事从简,"余之死骸勿付国葬,由袁家自行料理"⑧。但是,继任者黎元洪既是袁世凯的儿女姻亲,又是政治上的合作

① 潘淑华:《国葬:民国初年的政治角力与国家死亡仪式的建构》,《近代史研究所集刊》总第 83期,2014 年。
② 《今日蔡公出殡预志》,《大公报》1917 年 4 月 12 日,第 7 页;《送葬蔡黄二公之各面观》,《大公报》1917 年 4 月 12 日,第 2 页;《遥祭蔡故上将志闻》,《大公报》1917 年 4 月 14 日,第 2 页。
③ 《湘闻纪要》,《申报》1917 年 4 月 19 日。
④ 《快报·会葬》,《申报》1917 年 4 月 13 日、4 月 14 日、4 月 15 日。
⑤ 《北京遥祭蔡松坡》,《申报》1917 年 4 月 15 日。
⑥ 《警察厅对于蔡黄二公出殡之布告》,《大公报》(长沙)1917 年 4 月 10 日,第 7 页。
⑦ 《南京快信》,《申报》1917 年 4 月 19 日。
⑧ 转引自《袁世凯的葬礼(1916 年 6 月 7 日)》,《文史参考》2011 年第 4 期。

伙伴,依旧为袁世凯举行了规模空前的葬礼,其规格甚至超越了光绪皇帝的葬礼规模。根据袁世凯女儿袁静雪的回忆,政府拨出银币 50 万元作为丧礼及购置墓地的费用。①

根据当时的史料记载：

> 根据黎元洪的训令先在怀仁常旁设立恭办丧礼处,由曹汝霖、王揖唐、周自齐任承办,并颁布规定：各官署、军营、军舰、海关下半旗 27 日;出殡日下半旗 1 日;灵榇驻在所亦下半旗,至出殡日为止。文武官吏停止宴会 27 日。民间辍乐 7 日,及国民追悼日,各辍乐 1 日。出殡之日,鸣炮 108 响,京师学校均于是日停课,丧礼所用器具、仪仗均是当时北京城内最上等的,其中丧仪仪仗、杠、罩、鼓乐、家伙座由灯市口王记永利杠房承办(曾承办过清慈禧、光绪的奉安大典);灵棚、祭棚、经棚、客棚由大六部口陈记六合棚铺承办(曾承办清慈禧、光绪"万寿"大典,慈禧、光绪奉安大典,宣统大婚等);灵龛、经座、牌坊等彩活由前门外东珠市口罗记贵春彩子局联合同业承办;明器、松活、纸活由技楼东大街南锣鼓巷奇巧斋冥衣铺、丰台花厂联合同业承办。除了北洋政府拨款的 50 万银圆,又由徐世昌、段祺瑞、王士珍等 8 人联名发起募捐,总计共收到捐款 25 万余银圆,这才应付了所有的开支。袁世凯的灵柩要由北京运至河南彰德安葬,路线是从中南海新华门出,沿西长安街经长安右门往东,至天安门前折向南上御路,穿过中华门、正阳门城楼进入瓮城,再向南穿过正阳门箭楼,转向西到达前门西车站,这里是京汉线的起点,袁的灵柩在这里乘火车前往彰德。②(见图 3-5)

袁世凯的葬礼也有西式的元素,运送灵柩的队列中不仅有中式队列也有新军仪仗队;参加者臂缠黑纱,演奏丧乐的有传统丧乐也有西式乐队;有挽联,也有中外各界赠送的花圈等。③ 但是袁世凯的葬礼与蔡锷的相比,有着明显的传统宗教色彩,甚至是彰显皇权的因素存在。如葬礼前袁世凯的遗体在中南海停枢 21 天,其间所进行的仪式及应用的明器与葬礼规格,与清朝帝后没有多大差别,上一段文字已有详述。小殓时袁世凯"身服十二章

---

① 袁静雪：《我的父亲袁世凯》,载吴长翼主编：《八十三天皇帝梦》,文史资料出版社 1983 年版,第 68—69 页。
② 《袁世凯的葬礼(1916 年 6 月 7 日)》,《文史参考》2011 年第 4 期。
③ 在葬礼中使用花圈是民国后兴起的新现象。

图 3-5　袁世凯的灵车在铁路线

之祭服"（十二章纹为古代帝王专用纹样），头戴天平冠，"足穿方头靴"，视之"几如大行皇帝"。① 这套入殓冕服其实就是袁世凯为自己的登基仪式制作的龙袍，称作甲种礼服，但生前一次也没有穿过。② 其棺木罩上皇帝专用的黄缎龙纹棺罩，停灵期间还从与清室关系密切的雍和宫请来喇嘛为其诵经超度。③ 丧礼处为其向冥衣铺定制了许多大型的纸糊明器，④出殡前丧礼处特领夫役在新华门前"演习抬柩之大杠"。⑤ 不过，这部分葬仪主要在私人空间举行。

　　出现在公共视野里的是，出殡当天袁世凯仪仗队中有人负责撒纸钱，也有负责诵经及吹奏法器的僧侣、道士及喇嘛各 23 人。此外，"袁的仪仗中包括不少传统甚至是表彰皇权的丧仪用品，包括进香亭、祭牲台、冠服亭、清室所用的仪仗用品，以及袁世凯称帝时所用的洪宪皇帝宝座等"⑥。袁世凯葬礼的仪仗队中并没有学生，"这一方面反映了北京学界反对袁世凯及反对帝制的立场，也反映了袁的亲族们根本没有想过需要学生的参与。袁世凯的葬礼主办方其意图并不在于对学生实施国民教育，而是通过铺张的阵容及对皇权的依恋来彰显其生前的威势"⑦。总之，袁世凯葬礼并不谋求报纸舆

① 《续志项城逝世前后情状》，《申报》1916 年 6 月 11 日，第 3 版。
② 袁克齐：《回忆父亲二三事》，载吴长翼主编：《八十三天皇帝梦》，文史资料出版社 1983 年版。
③ 萧景泉：《丧葬琐记》，载吴长翼主编：《八十三天皇帝梦》，文史资料出版社 1983 年版。
④ 《此之谓袁世凯仪》，《民国日报》1916 年 6 月 22 日，第 7 版。
⑤ 《居然晓得演习大杠》，《益世报》1916 年 6 月 27 日，第 6 版。
⑥ 《袁前大总统引发参观记》，《大公报》1916 年 6 月 29 日，第 2 页。
⑦ 潘淑华：《国葬：民国初年的政治角力与国家死亡仪式的建构》，《近代史研究所集刊》总第 83 期，2014 年 3 月。

论与民意的支持,帝制元素占据了主导地位,《申报》称其"大半袭中国古代帝王梓宫奉安之旧习"①。

　　袁世凯的葬礼是北洋政府《国葬法》颁布之前的特例,也是古今中外、皇、庶、国葬与民葬混合型的葬礼形式。当时在北京的外国人感叹:"这是皇帝才有资格享受的葬礼。"其陵墓也体现了当时中西合璧的风格,据当年的《袁公林墓工报告》记载,袁世凯墓地"仿明陵而略小",而墓冢部分则仿照美国总统格兰特的墓地,非常气派。袁世凯墓地名为"袁林",当时长子袁克定希望命名为"袁陵",遭到徐世昌的强烈反对。因为陵本为皇帝之墓,此时已取消帝制,实在不妥。但取名袁林,则体现了丧礼主持者的意图,林与陵谐音,《说文解字》上所载"陵"与"林"二字又可以互相借用,避陵之名,实陵之实。北洋政府允许袁世凯后人为其举行帝制色彩浓厚的葬礼,也让人怀疑其是否已决意与帝制划清界限。②

(三)重申反对帝制、宣扬共和理念的国葬报道

1.阅读报道与国民身份想象

　　蔡锷下葬岳麓山当天,出殡队列中没有宗教人士,"总统的命令"及"蔡锷的遗电"取代了传统的丧仪用品。很明显,出殡队列希望突出的是蔡锷的政治信念,向国人和世界宣示:这是一场全体国民参与的、国家的葬礼,仪式的目的是弘扬蔡锷的爱国情操,以及他对维护民国共和政体的信念,而不是超度他的亡魂。民国时期的国葬,与传统的帝王丧葬不同,民众不再是臣民而是以"国民"身份参与,意在建立"国家认同"。"不同社会界别派出代表在灵前表现对国家英雄的哀悼和崇敬,学生为国家未来的栋梁,亦被安排参与整个葬礼过程。社会各界参与,使葬礼队列成为国家的缩影,代表们则通过参与此项仪式,被镕铸成一个整体,从而被赋予国民的集体身份。国葬参与者对国家认同的感知,不单来自个人从仪式中获得的集体身份,亦来自蔡锷作为国家英雄的符号给他们的直接冲击。辛亥革命虽然制造了不少烈士,但为他们举行的悼念会都是地方性的(如黄花岗七十二烈士等)。蔡锷是民国缔造的首位共和英雄,这是一场全国性的、全民参与的葬礼,是一个国家符号,所负载的是个人信念克服国家危机的大历史。"③

---

① 《袁项城出殡纪》,《申报》1916 年 7 月 2 日,第 6 版。
② 李思涵:《民初第一部〈国葬法〉的颁行与民初丧葬礼仪的变革》,中山大学硕士学位论文,2009 年,第 12 页。
③ 潘淑华:《国葬:民国初年的政治角力与国家死亡仪式的建构》,《近代史研究所集刊》总第 83 期,2014 年 3 月。

《申报》记者写道:"是日虽属大雨滂沱,而一般人民前往参观者络绎不绝,各戏园停止演戏。各户停止丝弦,民间停止婚嫁,全城均下半旗三日,足见社会对于蔡公悲感之深矣。"①天津《大公报》一篇文章的作者见送殡民众"人山人海",亦认为"国民崇拜英雄之心理于此可见"。②作者接着感慨:"湖南为革命发源地,二十年来奔走国是,亡命海外者不可胜数,几经挫折艰苦,卒能铲尽帝制,使共和民国灿于东亚大陆",而共和民国终于战胜帝制之时,蔡、黄二公英年早逝,令作者无限惋惜。《大公报》亦记述了葬礼当天,参与的万余民众"虽大雨淋头、泥淖没踝,历数小时迄无倦,其崇拜英雄之意可谓至矣。及至河干风雨益猛波涛汹涌,舟子相顾失色,旋营葬事务所不得不变更办法,拟请各机关主管长官及代表诸公乘坐输船前,其余各界人员请送至河干为止云"③。万余民众冒大雨参与国葬典礼,反映了他们对蔡锷的崇敬。

三天后的 4 月 15 日,是为黄兴将军举行国葬的日子,当天天气晴爽,长沙城内、湘江河干上,参加葬礼的人有数万之众。《大公报》记述道:"妇孺争睹,人海人山,几无隙地","出殡时,经过街道,观者之多,几无语可以形容,一言以蔽之曰:凡沿街两旁地面、楼头为足所得立之处,无不填满,此外尚有缘晒楼而登屋者,有攀挂墙壁上者,至于大西门外各码头则尤万头蠕动,无隙可容"。甚至在围观人群中发生了意外,"小东街(今中山西路)口,某鸡鸭店楼下,有一妇人手抱三四岁小孩附在该楼栏杆上。当军乐队经过时,栏杆折断。该妇人及小儿坠下,落在下面人堆上,该妇人母子均无恙"④。足见民众心之所向和蔡、黄二公的爱国精神对民众的感召力。

仪式既是价值观念的生动表达,又是政治文化的体现。究其本质,仪式是一种通过权力的生产和再生产实现合法性建构的活动,汇聚了葬礼这一事件所处的特殊时空含有的能量,将国家与个人、历史、现在与未来结合起来,通过富有感染力的仪式化行为,构筑政治的合法性。仪式不单是反映民众的态度,同时还通过将民众聚合起来,集体参与这富有感染力和渗透性的国葬仪式,民众对蔡锷的崇敬情绪和对国民身份的认同亦可得以巩固与强化。借助国家英雄的葬礼激起民众"人人有为英雄之资格,人人可担当英雄之事业"的责任感。令民众"作其崇拜英雄之气",学习英雄"为

---

① 《蔡故上将之殡仪》,《申报》1917 年 4 月 19 日,第 7 版。
② 《时评:国葬》,《大公报》1917 年 4 月 18 日,第 7 页。
③ 《国葬蔡将军详记》,《大公报》1917 年 4 月 18 日,第 6 版。
④ 《大公报》(长沙)1917 年 4 月 16 日,第 2 版。

国民谋幸福"的特质。①

2.北洋政府时期新闻业的复苏

1916 年反袁胜利后，北洋政府慑于强大的拥护共和的声威，不得不恢复民初《临时约法》，恢复国会。被袁世凯破坏殆尽的共和民主政治复苏。在对报刊、言论出版自由的限禁方面，各派军阀或暂时有所收敛，或稍做开明姿态。1916 年 7 月 6 日和 8 日，北洋政府内务部先后两次通咨各省区："现在时局正宜宣达民意，提携舆论"，前此查禁各报"应即准予解禁""一律自可行销"。② 向记者发布消息的国务院新闻记者招待所也恢复了。各方人士又创办了一批新的报刊，新闻事业在短时间里迅速复苏。据统计，到1916 年底，全国新老报纸达到 289 种，比 1915 年增加了 85％，新闻出版事业表面上出现了一个较快发展的势头。③

在这一时期，新闻媒体也开始多样化，19 世纪晚期八个版的《申报》是上海知识和政治精英们仅有的消息来源。但是到了民国时期，各大城市地区基本拥有了大型的日报，其中很多报纸的篇幅远远超过了八个版。此一时期，新闻和通讯的比重上有所增加，评论的篇幅大为削减。涌现了一批擅长采写新闻和通讯的名记者，其中较为出名的是黄远生(1885—1915)和邵飘萍(1886—1926)。时局变化、议会新闻、显要人物的重要言论以及各派政治势力台前幕后的活动等等，都被纳入这类新闻刊登出来，以供读者阅读。"物力人力雄厚的地方报纸，以及不少新闻通讯采用第一人称写法，夹叙夹议，对事情的来龙去脉、前因后果，娓娓道来，翔实生动，写得很有特色。颇受读者青睐。"④

这一时期，报道时政的电讯因为时局的混乱有了更大的市场需求，在报纸文字版占据了更多的版面。紧要的新闻多用电讯的形式，"每遇重大政治事件，《申报》《时报》等许多报纸往往整版整版地刊载电讯，每天多达三五十条，少的时候，也有一二十条"⑤。关于蔡锷、黄兴的国葬的信息很多是新闻事件发生地以"专电"形式刊发的，如《北京电》《沪电》《长沙电》等。

为了节省电报费用，各报的专电都写得直截了当，不事铺陈。专电的写作逐渐成熟，写法简捷、明确。甚至有的专电只有一句话，但新闻要素已较

① 《论蔡黄二公之国葬及国民之感想》，《大公报》(长沙)1917 年 4 月 14 日，第 2 页。
② 《政府公报》1916 年 7 月 9、10 日。
③ 方汉奇：《中国新闻事业通史(第一卷)》，中国人民大学出版社 1992 年版，第 1060 页。
④ 方汉奇：《中国新闻事业通史(第一卷)》，中国人民大学出版社 1992 年版，第 1074 页。
⑤ 方汉奇：《中国新闻事业通史(第一卷)》，中国人民大学出版社 1992 年版，第 1072—1073 页。

为齐全。政治倾向性较强的报纸,主要是通过对事实的选择和叙述中的"春秋笔法"来表现自己的观点和倾向。① 如《申报》1916 年 12 月 3 日第 2 版刊登的"外电北京电:蔡锷黄兴之追悼会今晨在中央公园举行,布置颇善,到者甚众,各衙署皆停办公事,日本来电谓蔡锷灵榇本月三日可望抵沪",三言两语即完整交代了事件。全国各地悼念、缅怀蔡锷的专电连续刊发即可看出报刊对蔡锷国家威望的认可。

民国时期有人评价,专电自戊戌以来已成为"发展报纸之利器"之一。② 专电因为时效较高,最受读者欢迎。北京、天津、武汉、广州等大城市发生的事情,通过电报传输第二天至多第三天就可以在上海报纸上看到。专电新闻时效性增强,各地的关系重新被编织,新闻将北京、上海、天津、武汉、杭州和其他各大城市视为各自所在时空的事件联络成一体,人们在同一时间知晓新闻时事,感情也趋于共振。民国时新闻史家曾有洞见:"迨津京电线续成,朝野大事,亦间有电报传递者,由是社会知阅报之有益。"③

除了这些严肃的报刊,在 1916 年前后"言情小说成为报纸副刊和小报,文艺期刊的中心内容,推动了报纸副刊的发展"④。关于蔡锷和小凤仙的故事在其逝世后就以小报八卦、戏剧演出、民间故事等形式流传,唤起大众兴趣,蔡锷与小凤仙的爱情故事充满张力、扣人心弦,其中袁世凯的倒行逆施、阴险奸诈,蔡锷将军的有情有义、爱国护国,小凤仙机智敏捷、深明国家大义的形象随着在舞台上的演绎已深入人心,这有赖于自晚清时期起言情小说和报纸副刊培育起来的娱乐市场,蔡锷和小凤仙的爱情故事迅速成为家喻户晓的传奇。

黄旦谈到,自晚清始嫁接于西方文化的报纸开拓了新的交往关系,现代报刊的介入,无论是在话语层面,还是在实践层面,都在传统中国内部生发出现代性。⑤ 公共性是现代报刊的主要特征,塔尔德说:"报纸是一种公共书信、公共的交谈。""一支笔足以启动上百万舌头的交谈,各地分散的民众,由于新闻的作用,意识到彼此的同步性和相互影响,相隔很远却觉得很亲近,于是,报纸造就了庞大的、抽象和独立的群体,这就是舆论,这就是公共

---

① 方汉奇:《中国新闻事业通史(第一卷)》,中国人民大学出版社 1992 年版,第 1072—1073 页。
② 姚公鹤:《上海闲话》,上海古籍出版社 1989 年版,第 133 页。
③ 戈公振:《中国报学史》,上海古籍出版社 2003 年版,第 89 页。
④ 方汉奇:《中国新闻事业通史(第一卷)》,中国人民大学出版社 1992 年版,第 1076 页。
⑤ 黄旦:《耳目喉舌:旧知识与新交往——基于戊戌变法前后报刊的考察》,《学术月刊》2012 年第 11 期。

头脑宏大的一体化过程。"①民初印刷媒介的发展与初具规模,促进了中华民国社会各界在国家重大政治问题上的公共表达与民众间的"中介化"连接,为民族国家的形成提供了公开的、同步性的想象性关系。

根据李孝悌对晚清下层社会阅报社、宣讲社的研究,因为民众识字率低或者买不起报纸等原因,阅报的人数可能不是很多,但城市居民大多数可以通过各种方式如阅报社、宣讲品、讲报、演讲等接触到各类新闻。林墨浓,一个民国记者,在天津做学生时(通过他的记录推测出他记录的时间大概是20世纪20年代初期),因为买不起报纸就在城市重要路口的布告栏上阅读每日新闻,林详细地谈到,天津和北京的日报往往在下午刊印出来,这时候人们总是很快就围上去,站着读报。② 在城市街头布告栏前阅读的氛围中,很容易触发聚集在公共空间的街头阅报人、读报人和听报人公开的集体讨论。周叶飞在区别眼睛之阅与具身之读时曾说:"群体性的阅读,则是有声的朗读、诵读,是声音的你来我往,注重的是讲者与听者相互卷入。"③街头的阅报和读报,牵涉身体的介入,是一种具身的传播实践,伴随着读报人/讲报人的表情、神态和感情,经常能激起听众巨大的情感共鸣,口语化的传播有利于听者和读者现场的辩论,最终达成共识。集体阅报、公共阅报的传播实践有利于政治观念和意识形态在空间的普及。

大众传媒的急速增长导致媒体具有了前所未有的影响力,报纸对蔡、黄二公国葬所做的持续而又密集的报道,令没有参与葬礼的民众亦能从报纸上了解到国葬法和仪式的制定过程、各方争议、丧仪细节等,从而了解国葬对于国家和人民的含义。当时不少有影响力的报纸,如上海《申报》及天津版、长沙版《大公报》,详细地描述了葬礼的过程,使读者可通过报纸文字来想象在狂风暴雨中,成千上万民众坚持参与送葬行列的团结感与一体感。"民国初年在辛亥革命后短短数年,袁世凯复辟帝制,共和理念被践踏,政治领袖以公谋私,民众对政府失望至极,而讲求国家大义、为国为民而又英年早逝的蔡锷在媒体的报道下成为团结及感召民众的道德力量,这种力量通

---

① [法]加布里埃尔·塔尔德:《传播与社会影响》,何道宽译,中国人民大学出版社2005年版,第234、245—246页,转引自黄旦:《耳目喉舌:旧知识与新交往——基于戊戌变法前后报刊的考察》,《学术月刊》2012年第11期。

② [美]林郁沁:《施剑翘复仇案:民国时期公众同情的兴起与影响》,陈湘静译,江苏人民出版社2011年版,第27页。

③ 周叶飞:《"阅"与"读":关于中国报刊阅读史研究的一点思考》,《史林》2021年第5期。

过国葬仪式及报刊的广泛报道得以凝聚,民众对共和理想的信念亦得以加强。"①报纸搭建了一个桥梁,公共舆论所宣扬的反对帝制、拥护"共和"的理念在相当程度上促使读者实现了从新闻报道文本到国民身份想象、价值判断到行为选择的无意识转化,这就是新闻观念影响实际生活的机制。20 世纪以来,中国作为一个民族国家逐步建立,国家作为一个具体可见的意象出现在大众的公共视野之中,新闻日复一日的报道之功清晰可见。

五、蔡锷、小凤仙故事娱乐化与国葬仪式的影视化

美国学者林郁沁曾这样描述中国 20 世纪早期娱乐业的繁荣:

> 除了新闻业的繁荣之外,娱乐业也在如火如荼地发展,在二十世纪早期,中国有越来越多的城市观众消费着小说、电影、广播和戏剧。自晚清改革家梁启超宣扬小说的鼓舞人心的功能后,各种各样的文学杂志在二十世纪第一个二十五年涌现出来,通俗小说的市场急剧膨胀。在接下来的几十年,商业出版公司兴起并使得可供人们消费的图书像洪水一样充压了整个市场。读者们只需翻开报纸就可以浏览文学副刊,或读到分期连载的章节小说。对于戏剧票友来说,特别是在上海这样的地方,戏剧业也在数量和质量上长足增长。观众们可以选择观看传统戏曲、地方戏、文明戏和现代话剧中的任何一种。最后,随着新技术的出现,中国城市的休闲娱乐方式也发生了巨大的改变。②

娱乐业的发展为蔡锷知名度的传播提供了"正报、正刊、正史"之外的另一个渠道,蔡锷声望的显著与持久离不开戏剧舞台和影视的虚拟塑造。他逝世后,有关他和小凤仙的戏剧、图书就开始出现在报纸的广告版。才子佳人、侠义英雄的故事一向是戏曲文本的主题。相关的广告词都以两人的爱情故事为噱头。蔡锷因为有小凤仙护其出京返回云南才能发动护国战争,英雄爱国故事中加入了颇具传奇色彩的爱情元素,使其更具传播力。近一个世纪,从弹词、鼓书到戏曲话剧,各种版本的蔡锷与小凤仙的故事经久不衰,在新中国成立后还被搬上电影屏幕,20 世纪 80 年代影星张瑜主演的

---

① 潘淑华:《国葬:民国初年的政治角力与国家死亡仪式的建构》,《近代史研究所集刊》总第 83 期,2014 年 3 月。

② [美]林郁沁:《施剑翘复仇案:民国时期公众同情的兴起与影响》,陈湘静译,江苏人民出版社 2011 年版,第 29 页。

《知音》与刘晓庆主演的《逃之恋》都再现了这一经典传奇。蔡锷去世后，"谈革命史者莫不将他和小凤仙的故事艳称之。甚至称蔡既以疾殁于东京，各报附会英雄儿女之说，乃传小凤仙自杀之事"①。可是这并非历史事实。

蔡锷将军逝世四天后，1916 年 11 月 12 日《申报》刊出民鸣社的广告："十七夜准演双出好戏，《再造共和之大伟人蔡锷》。"广告词写道："共和民国得蔡先生而更生，洪宪皇帝为蔡先生而竟死，凡我国民方冀先生身任艰巨，利民福国，不料先生从此去矣，痛哉。本社因即择先生如何反对帝制，如何寄情声色，如何摆脱侦探，如何出险起义，如何被刺不成，如何血战入川，如何再造共和，一一演诸舞台之上。我〔国〕之人痛先生之死，若人人见蔡先生之事，而人人志先生之志，民国不死，则蔡先生虽死犹生，得不死矣，可不观乎？②几日后，民兴社也预告"念一（二十一日）晚准演双出好戏《蔡松坡》"，表示会"将蔡先生在京如何被帝制派监视，如何遣眷脱身，如何入滇举义，如何得病，一一演将出来"。③ 而笑舞台则推出新编歌剧《筱（小）凤仙哭祭蔡锷》，说："筱（小）凤仙与蔡锷究有何等关系，筱凤仙何以哭祭蔡锷，恐知之者甚鲜，本舞台访得实情，编成斯剧……定于（十二月）十一夜开演。"④蔡锷去世四日就有排练好的舞台新剧，叙说蔡将军身后事，说明蔡锷去世前声望已如日中天，文艺工作者在听闻蔡锷身染重病时就早有准备。民初是现代通信技术逐渐发达的时代，文艺市场积极响应观众需求，根据部分史实再加上合理想象，编撰了一个混杂着浪漫爱情与英雄侠义的爱国故事，供观众消费，这是一个易于传播的文本。再加上舞台上充满悬念、扣人心弦、饱含感情的设计与表现，都促进了这个故事在大众中的广泛传播。但是两人的关系究竟如何至今依然是谜，历史学者经过多方考证认为蔡锷与小凤仙的关键情节为虚构的。

自从慈禧主动将个人肖像用于国家形象塑造之后，后继的政治人物都采用了这一现代化的政治策略。通过大众媒体公开个人形象，从视觉层面将个人和国家等同，以此来解决现代革命政权的国家象征与合法性问题是

---

① 《长沙日报》1916 年 11 月 3 日，转引自金诤：《蔡锷过世后的小凤仙》，《文史杂志》2000 年第 6 期。

② 《申报》1916 年 11 月 12 日，第 4 张，第 14 版。

③ 《申报》1916 年 11 月 16 日，第 4 张，第 16 版。

④ 《申报》1916 年 12 月 4 日，第 4 张，第 13 版，转引自曾业英：《蔡锷与小凤仙——兼谈史料辨伪和史事考证问题》，《近代史研究》2009 年第 1 期。

民初政治领袖的做法。① 电影和摄影都具有打破阶层之间隔离的效果,但电影比静态的摄影具有更佳的政治传播效果。民初的政治人物热衷于以拍摄电影的形式来回应民众对政治公开的需求。袁世凯就主动邀请拍摄以自己为主角的电影,因为"活动影片因对时空的完整展现而带来如同亲临现场的真切感受,无疑会给观看者更大的冲击"②。在这种政治文化背景下,蔡将军的葬仪(指的是从日本运抵上海这一段)被拍成影片也就不足为奇了。他的灵柩 12 月 5 日从日本抵达上海,12 月 14 日,上海各界人士举行了隆重的追悼仪式,梁启超、蒋百里等社会名流发表悼词。12 月 15 日,爱普庐大影戏园便发布广告,称将在当晚至 12 月 17 日的三个晚上放映新片《蔡松坡公丧仪》③。12 月 18 日,爱伦活动影戏园也宣布将放映"上海实事新影片"《蔡将军再造共和》。④ 这两次放映的影片应该都是追悼会的现场记录。"而从时间的衔接顺序上来看,有可能是同一部影片乃至同一个拷贝,从爱普庐流传到了爱伦。"⑤12 月 30 日,共和影戏园宣布将上映《蔡锷将军灵柩仪制》,广告词这样介绍:"已故四川督军,蔡公谭锷,字松坡,当间关入慎首举义旗,再造共和,功成名立,没于日本,耗电传来,全国惊悼",并称这是蔡锷遗体抵沪之日,"全沪人民争前欢迎,其丧仪之盛延长数里,为从来所未有,生荣死哀,良有以也。本园以将军遗爱在民故,将是日情形初实地摄影而来"⑥。通俗小说、副刊以及舞台戏剧、弹词、评书、影视等艺术形式共同促进了蔡锷爱国故事的流传,他的知名度进一步提高,成为民国家喻户晓的英雄人物。新闻报道和相关纪录片再现出殡日情形,这些报道和文艺作品传达的微妙信息,"以形象、譬喻、情节等影响于人们感知的层面"⑦,潜移默化中重新构造了大众对共和英雄和抽象国家的记忆和情感。

---

① 张隽隽:《政治变革和文化转型中的"重要政治人物影片"考察(1909—1916)》,《北京电影学报》2019 年第 5 期。

② 张隽隽:《政治变革和文化转型中的"重要政治人物影片"考察(1909—1916)》,《北京电影学报》2019 年第 5 期。

③ 《申报》1916 年 12 月 15 日第 13 版"广告版"。

④ 《申报》1916 年 12 月 18 日第 16 版"广告",1916 年 12 月 19 日第 13 版"广告"。

⑤ 张隽隽:《政治变革和文化转型中的"重要政治人物影片"考察(1909—1916)》,《北京电影学报》2019 年第 5 期。

⑥ 《申报》1916 年 12 月 30 日第 13 版。

⑦ 陈建华:《拿破仑与晚清"小说界革命":从〈泰西新史揽要〉到〈泰西历史演义〉》,《中国文学研究》(辑刊)2007 年第 2 期,转引自张隽隽:《政治变革和文化转型中的"重要政治人物影片"考察(1909—1916)》,《北京电影学报》2019 年第 5 期。

第五节　名山掩忠骸：岳麓山陵墓空间
与民族国家的建构

在中国帝制时代，皇室成员以至功臣烈士的陵墓多供奉于家庙、烈士祠或忠贤祠，以表彰他们的忠孝美德。"到了 20 世纪陵墓成为建构国家记忆的重要工具。国家伟人的陵墓应该安置在什么地方、陵墓应配以什么装饰标记，才能把他们留在后代的记忆中而不被遗忘，就成了国家或者团体要深思熟虑的议题。换言之，如何通过空间规划以营造英雄的不朽，是国葬需要面对的问题。"①西方国家的国葬法，一般把"国家伟人集中安葬于首都，就如法国的'伟人祠'，让伟人的遗体帮助建构国家记忆与认同，此时伟人的遗体属于国家，而不再属于家族"②。

中国帝制时代功臣烈士去世后，一般会将遗体运往家乡安葬，这是中国传统的"落叶归根"思想的体现，于家乡安葬意味着子孙后代可以于清明、重阳、冬至等节日祭扫墓地，墓地被视为逝者与家庭中的子孙后代联系的纽带，是生者与家族关系的延续，是生者慎终追远的"中介"。1916 年北洋政府通过的《国葬法》，只提到由国家于首都或其他地点建筑公墓或专墓，或由死者家族自行择定墓地安葬，国会除了顾及中国"落叶归根"的古老伦理之外，又要考虑北洋政府对蔡锷、黄兴的复杂矛盾的态度。"如果将二人安葬于首都北京非北洋政府所愿，若要如此，不但无助于建构有利于官方的历史诠释，反而凸显了国家之分裂的现状。"③最终，在各方利益的妥协下，蔡锷、黄兴最后被安葬在长沙城以西的岳麓山。这个决定是由湖南官绅议决，并征得蔡及黄的家族同意，北洋政府并没有参与决定。④

岳麓山自古即为佛教在湖湘地区的第一道场，道教的第二十三"洞真墟"，为山寺、道观林立之所⑤，宋代岳麓书院建成，自此令岳麓山名闻天下，成为湖南文化的中心。岳麓山近代以前的历史记忆主要是由书院文化、佛

---

① 潘淑华：《国葬：民国初年的政治角力与国家死亡仪式的建构》，《近代史研究集刊》总第 83 期，2014 年 3 月。
② 潘淑华：《国葬：民国初年的政治角力与国家死亡仪式的建构》，《近代史研究所集刊》总第 83 期，2014 年 3 月。
③ 潘淑华：《国葬：民国初年的政治角力与国家死亡仪式的建构》，《近代史研究所集刊》总第 83 期，2014 年 3 月。
④ 《内务部请为蔡黄二公修建专墓》，《大公报》（长沙）1917 年 3 月 8 日，第 7 页。
⑤ 吴晓君：《岳麓山的历史记忆研究》，湖南师范大学硕士学位论文，2017 年，第 1 页。

道宗教文化构成的,载体多为文字、碑刻和建筑遗迹。近代以后,岳麓山的历史记忆逐步扩展和丰富。1906 年,陈天华、姚宏业①公葬于岳麓山,岳麓山在清末逐渐被革命派建构出了革命象征意义,象征着革命派向地方保守派的挑战,归葬岳麓山逐渐成为对湘籍革命志士的高规格礼遇。就这样,岳麓山从传统的佛道文化名山转向了纪念名山,并发挥了近代革命史的记忆之场的作用。但后来随着越来越多的湘籍人士被埋葬于岳麓山,岳麓山的"神圣"地位因所埋葬的"英烈"太多而减退。到 1917 年,岳麓山的伟人烈士墓已有一百余个。

根据新闻报道,黄兴的家属最初并不打算把黄兴葬于岳麓山,原因正是山上"安葬伟人过多,坟冢累累,不啻义山"②,他们曾考虑将黄兴葬于西湖茔地,③后又考虑葬于家乡湘潭昭山黄姓族人的坟山,或是长沙城北门外名为陈家陇的地方。后来考虑到若葬于昭山,像是"家葬"而非"国葬",而陈家陇地势低陷,恐怕日后发生水灾会波及陵墓,因而作罢。④ 蔡锷的家族初始亦不愿将他葬于岳麓山,因此地"太枯寂",地势也不理想。⑤ 由于湖南省方面的力邀,最终二人的家属和营葬事务所选定了岳麓山作为埋骨之地。

黄兴、蔡锷二人的国葬使岳麓山拥有了特殊的政治地位,成为高于他处的革命纪念空间,以彰显英雄的特殊地位,后来军政要员、各界人士、普通民众多次来岳麓山祭奠英烈、举行公祭仪式,"瞻仰革命先烈黄克强、蔡松坡墓",新闻报道、影视资料、口口相传都将二人与岳麓山之形象紧密相连。黄兴、蔡锷当时以全国最高规格入葬岳麓山后,岳麓山的文化名山形象正式向革命纪念场所形象转变。为了维护黄、蔡二人入葬岳麓山后的纪念场所的

---

① 陈天华(1875—1905)及姚宏业(1881—1906)于 1906 年进葬岳麓山。陈天华是留日学生,著有《警世钟》及《猛回头》等宣扬革命思想的作品,1905 年因反对日本政府《取缔清韩留日学生规则》而在日本投海自杀。姚宏业亦是留日学生,因取缔规则而回国,并计划于上海成立上海公学,以收容其他回国的学生,后因经费困难,1906 年于上海投黄浦江自杀。他们的灵柩被革命党人迎回长沙,于 1906 年 5 月 23 日下葬于岳麓山。据当时报纸报道,这场极具颠覆性的葬礼,有上万人送殡。但湖南"巨绅"(他们的具体身份无从得知)随即向湖南政府陈词,指过往岳麓山一向不允许用作坟茔,即使是岳麓书院山长罗慎斋及平定太平天国的功臣曾国藩,曾奏请安葬岳麓山,也被当地士绅拒绝,因此他们要求把陈、姚二人迁葬。坚持迁坟的"巨绅"与反对迁坟的长沙学界一直争持不下,站在巨绅一方的政府学务处,甚至打算趁暑假学堂学生回乡之际迁坟。详见《湘省巨绅阻葬烈士之风潮》,《申报》1906 年 6 月 8 日第 4 版;《湘垣学界恶风潮》,《申报》1906 年 6 月 29 日,第 2 版。《湘垣学界恶风潮三志》,《申报》1906 年 7 月 8 日,第 3 版。
② 《国葬家葬汇闻》,《大公报》1917 年 2 月 14 日,第 2 页。
③ 《要闻·黄先生举殡卜茔》,《民国日报》1916 年 11 月 29 日,第 3 版。
④ 《国葬家葬汇闻》,《大公报》1917 年 2 月 14 日,第 2 页;《谭兼督昨日追悼蔡黄二公情形》,《大公报》(长沙)1917 年 2 月 15 日,第 7 页。
⑤ 《蔡公营葬事务所访问记》,《大公报》(长沙)1917 年 1 月 6 日,第 7 页。

高规格,1917年谭廷闿拒绝了另一位因反袁世凯而被处决的烈士柳人环(1876—1913,长沙人)家人申请入葬岳麓山的请求,理由是岳麓山"山地有限"但"侠骨众多"。①

蔡、黄二人的营葬事务所进一步希望把规限制度化,遂向湖南省政府提出要求,若非有国葬明令者,不得进葬岳麓山,否则任由人们自由进葬,"必至丘冢垒垒,何以表尊荣而兴瞻仰"②。政府采纳此提议,于1917年6月,正式颁布限制非国葬烈士进葬岳麓山的规定。湖南政府乐于接纳国葬这个评级制度,亦有财政因素的考虑,当时湖南的烈士众多,他们的后人要求政府拨款建祠或是修墓及铸像。湖南省省长认为"死难烈士颇不乏人"的湖南,财政上难以纪念所有烈士,因而于1917年4月下令限制拨款修墓铸像。③

北洋政府并未参与蔡锷、黄兴陵墓的设计,蔡、黄二公的营葬事务所在陵墓设计与建造过程中扮演了主角,这样一来,"蔡锷与黄兴的陵墓,成为身份暧昧不明的纪念碑:它们是国家的(其合法身份由国葬法赋予),也是非国家的(北洋政府在兴建及设计上,均采取回避态度)"④。营葬事务所为了使蔡、黄二人与岳麓山的其他烈士相区别,"将他们安葬在岳麓山之响鼓岭,蔡锷墓位于麓山寺后,而黄兴墓位于蔡锷墓之上,接近山巅,岳麓山其他英雄烈士墓皆在其下,从而维持蔡黄二公的崇高地位"⑤。国葬法要求以碑铭表彰他们的功绩,但是营葬事务所并未遵守这项规定,而是把墓碑建造成了新式的纪念塔。在营葬事务所看来,碑铭代表的是中国皇权制度下的荣典,蔡、黄二人为之奋斗和献身的是共和理念,即在中国建立现代国家,碑铭并不足以彰显二人的价值。同时,"美国被视为现代化的民主国家,代表的是现代政治文化,因而以美式纪念塔来纪念捍卫共和政体的国家英雄,更能负载各方的政治期待。黄兴及蔡锷分别被视为中华民国的创造者和再造者,

① 《烈士未批准葬岳麓山》,《大公报》(长沙)1917年3月5日,第7页;《非奉有国葬明令者不能进葬岳麓》,《大公报》(长沙)1917年3月9日,第7页;《限制进葬岳麓山》,《大公报》(长沙)1917年6月27日,第7页。
② 《限制进葬岳麓山》,《大公报》(长沙)1917年6月27日,第7页。
③ 《省长咨交议会拨款修墓铸像限制案》,《大公报》(长沙)1917年4月10日,第7页。
④ 潘淑华:《国葬:民国初年的政治角力与国家死亡仪式的建构》,《近代史研究所集刊》总第83期,2014年3月。
⑤ 潘淑华:《国葬:民国初年的政治角力与国家死亡仪式的建构》,《近代史研究所集刊》总第83期,2014年3月。

以华盛顿纪念塔的形式纪念二人,是对华盛顿之于美国意义的仿效"①。长沙《大公报》的社论向民众揭示了这种意义,认为蔡、黄的历史功绩可与首创美国的总统华盛顿相比,称赞二人为"手建民国之英雄"②。

"在中国皇朝社会,纵然充斥忠臣烈士,但他们与蔡、黄二人献身共和所献身的价值观相差悬殊,因而二人的陵墓设计只能在西方寻求参照对象。"③蔡、黄二人陵墓采用雄伟的纪念塔式样的设计,如图 3-6 和图 3-7 所示,使蔡、黄二人既区别于中国帝制下传统的忠烈志士,也和岳麓山当时埋葬的烈士有所区别,清末安葬于岳麓山的其他烈士,坟墓均属传统样式,即坟呈圆丘形(或长方形),再围以腰椎形墓围,墓围正后方树立写有烈士名字的石碑。④ 把蔡、黄的陵墓建成西式的雄伟纪念塔,得以彰显二人有别于其他烈士的特殊地位。

纪念塔建成后,湖南省省长谭延闿倡议各省捐献一块纪念石,在蔡锷的墓前兴建一座新式墓亭,石上撰文,以表达对蔡锷的敬意。此提议迅即得到各省督军的响应。⑤ 这些纪念石,营造了举国齐心支持蔡锷反对袁世凯的国家记忆。但事实上,各省督军也并非齐心协力、共同行动才推翻帝制的,有的是在看到袁世凯大势已去才起兵反袁。尴尬的是,这些纪念石其实揭示了当时政局的冲突与分裂,但也许恰恰因为这些分裂的存在,才需要有意地去制造显示国家"同一性"的纪念之物,才能将四分五裂的国家暂时团结在一起。直到今天,黄兴墓与蔡锷墓依旧是国家重点文物保护单位,两位将军墓地的规制各具特色。2015 年的清明节《潇湘晨报》这样写道:"蔡锷墓地外围为麻石挡土护坡,辅以石砌围栏,周围筑有围墙,墓的正下方是花岗岩圆形墓座,墓座上面立有棱形墓塔,正面嵌以蔡公松坡之墓碑,围栏上刻有湖北、湖南、吉林等各省省长、督军献赠铭文及民国六年(1917)4 月 26 日建墓亭志文,墓区空旷,庄严肃穆。黄兴墓区中建有四棱形墓塔,高 10 余米,由整块花岗石雕琢而成,状如一柄浩气纵横的丹心碧剑,东面的中央嵌有黄公克强之墓的紫铜墓碑。墓碑四周建有护栏,由于墓地地势高峻,安睡

---

① 潘淑华:《国葬:民国初年的政治角力与国家死亡仪式的建构》,《近代史研究所集刊》总第 83 期,2014 年 3 月。

② 《论蔡黄二公之国葬及国民之感想》,《大公报》(长沙)1917 年 4 月 14 日,第 2 页。

③ 潘淑华:《国葬:民国初年的政治角力与国家死亡仪式的建构》,《近代史研究所集刊》总第 83 期,2014 年 3 月。

④ 潘淑华:《国葬:民国初年的政治角力与国家死亡仪式的建构》,《近代史研究所集刊》总第 83 期,2014 年 3 月。

⑤ 《陕西陈督军赞同黄蔡两公铭石》,《大公报》(长沙)1917 年 3 月 2 日,第 2 页,《各省一律赞成设立黄蔡纪念碑》,《大公报》(长沙)1917 年 3 月 4 日,第 7 页。

图 3-6　蔡锷墓

图 3-7　黄兴墓

的英灵和醒着的墓碑,正好遥对古城长沙。"①

"墓地和陵园的修建,可以让革命纪念具有独特的空间,更具神圣性和庄严性,同时也使革命纪念具象化与实践化,从而有助于人们形成更为深刻的集体记忆。"②"黄蔡二人的陵墓期望以具体的纪念碑形式,再次呈现国家英雄保卫共和政体的关键历史时刻。"③但两座陵墓因为远离城市,它们所营造的纪念空间并不在民众的日常视野中,发挥的爱国教育作用有限。因此唐继尧等人还建议北洋政府在首都建立铜像及专祠,在长沙城东的校场坪或城北的马厂建筑公园,于园内树立铜像,让人景仰,④但最终无下文。葬礼仪式、陵墓与空间、媒介报道就是展示、维护共和、创建共和国家意象的媒介。1916 年前后,北洋政府需要将反袁志士树立为国家英雄,从而显示与袁世凯划定界限的决心与姿态。及至 20 世纪 20、30 年代,随着政治形势的发展变化,尤其是南京国民政府的成立,蔡、黄二公对构建国家认同来说已无直接帮助,他们的重要性陆续被后来的国家英雄所取代。

第六节　后续纪念活动和新闻报道:
国民意识塑造的涓涓细流

蔡锷逝世后,全国各地纷纷举行悼念仪式,甚至建立祠堂,以为供奉,彰显弘扬其为保护共和的爱国精神,上海居于华洋交错之地,领风气之先,为了感怀蔡锷的功德,以梁启超为首的治丧委员会提议,修建松坡私人图书馆,既可以纪念伟人,使其精神长存,又可普及国民教育,"如是游人足迹可多于祠堂,而普及尤胜于学校也"⑤。其后,《申报》刊登了松坡图书馆筹建的关键进展,经过梁启超诸人的努力,最终在上海徐家汇附近购得庄园一处,取名"松社",作为图书馆的场地。后为扩大图书馆的规模和影响,将图书馆迁到北京。梁启超等人在图书馆搬迁至北京与建设期间四处活动,展

① 储文静、殷钰琦:《国葬蔡锷黄兴》,《潇湘晨报》2015 年 4 月 3 日,A08 版。
② 罗福惠、朱英、陈蕴茜主编:《辛亥革命的百年记忆与诠释:革命空间与辛亥革命百年记忆(第四卷)》,华中师范大学出版社 2011 年版,第 107 页。
③ 潘淑华:《国葬:民国初年的政治角力与国家死亡仪式的建构》,《近代史研究所集刊》总第 83 期,2014 年 3 月。
④ 《追悼会之通电》,《大公报》1916 年 11 月 19 日,第 7 页;《唐继尧等请为蔡松坡建祠铸像》,《大公报》1916 年 11 月 20 日,第 6 版。《国葬家葬汇闻》,《大公报》1917 年 2 月 14 日,第 2 版。转引自潘淑华:《国葬:民国初年的政治角力与国家死亡仪式的建构》,《近代史研究所集刊》总第 83 期,2014 年 3 月。
⑤ 《蔡公纪念图书馆之发起》,《申报》1916 年 12 月 13 日。

开募捐，募捐本身也是一场公开面向社会各界的游说活动，增加了修建松坡图书馆的知名度和影响力，也借此宣传和普及了蔡锷的形象。梁启超最终说服总统黎元洪，于 1923 年 11 月 4 日，在北海公园的快雪堂召开松坡图书馆成立大会，正式宣告该馆的成立，由梁启超担任首任馆长，这是中国近代史上第一座私人图书馆。1942 年抗战时期，蔡锷家乡的人民为了宣扬他的爱国精神，倡议建立邵阳图书馆，号召向蔡公学习，该馆位于邵阳市内蔡公祠附近，由社会各界人士捐助建成。邵阳图书馆是当时湖南三大私人图书馆之一。该图书馆除了藏书和阅览室外，还有"松坡纪念厅"和"邵阳耆旧纪念室"，用来纪念蔡锷和其他邵阳的先烈，怀念他们的崇高爱国精神。此外，图书馆设有演讲厅，开办学术演讲，也为失学、贫困儿童提供免费教育等。由于图书馆在人们的日常生活中的宣扬，蔡锷代表的"维护共和""缔造民国"的精神得以传播得更加久远。

国葬典礼后，社会各界人士对蔡、黄二公精神的纪念仍在延续。每到二人逝世纪念日，社会各界对其的纪念之声即使时隔多年仍不绝于耳。据《申报》1917 年 5 月 19 日记载，湖南名士谭人凤参加完蔡、黄二人国葬典礼后，被邀请向当地社会各界人士做关于时局的演讲，席间谭人凤提及当下政府之腐败，国势之艰难，义愤填膺，之后表达了对蔡、黄二公的怀念和敬仰，号召后人向其学习，"湘中前有黄左，后有黄蔡，此次推翻专制与再造共和，皆我湘人主持。其间克强、松坡目的未达，心必不安。此项未就之事业即我湘人后死之责。我湘人应以二公之心志为心志，一则为湘省争名，一则为国家造幸福"①。

社会上的公开活动、演讲都言及二公对国家的功绩，缅怀其爱国精神，报刊也大量刊文，怀念蔡、黄二人。《申报》1918 年 10 月 23 日刊发的《青年会演说人生之真希望》中强调蔡、黄二公与我们普通人伟大之处在于：普通人希望的是金钱名声，而他们希望的是"为国民争人格而战"，人格乃是万般之希望，号召国民锻炼德智体，向二人学习，为国为民效力。报刊记载的此类演讲、纪念活动还有很多。全国各地的官方、民间的纪念即使在二人去世多年后，依旧有条不紊地进行着，每年的双十节、纪念云南起义日，都会举行仪式，纪念二公。② 另外，北京、上海、长沙等地官方与民间还举行了蔡、黄二公逝世周年活动，前后数年之久，场面庄严、隆重，参加者众多。③

---

① 《纪湘省之两欢迎会》，《申报》1917 年 5 月 19 日。
② 《申报》1917 年 12 月 26 日，1919 年 10 月 10 日、12 月 27 日，1922 年 4 月 18 日、12 月 26 日等。
③ 《申报》1917 年 10 月 31 日、11 月 16 日、1918 年 11 月 8 日等。

共和英雄以及与此关联的民族国家的塑造不仅需要在重大时刻报纸的建构,还是日常生活实践的产物。如瑞典学者奥维·洛夫格伦(Orvar Löfgren)指出:"瑞典人之所以成为瑞典人,便是经由观赏奥运的电视转播、家族聚会时的摇旗呐喊与假日游览名胜古迹等日常生活经验的涓滴细流所凝聚而成。"①1995 年社会心理学者迈克尔·毕利希(Michael Billing)强调民族主义并不是在平时蛰伏隐没,只在战争、革命、群众运动与国家庆典等重大场合才出现。② 实际上,"国族认同早已广泛地渗透进我们的日常生活中的习惯、言行举止,在习焉不察的情况下,形塑了我对自身及社会世界的认知与理解,国族认同只有在成员日常的言谈与行动中,才能更新与再生。我们日常的政治论述、文化生产,以至于平日所阅读的报纸编排形式、都提供了一套持续的背景,我们在日常生活中所谈论的新闻,所理解的天气,通常都预设着一套国族主义的框架,都在进行着这样的国民塑造"③。因此,国民意识的塑造不仅在蔡、黄二公逝世当日和他们的国葬典礼举行日,更在人们其后长达数年的日常生活的涓涓细流之中——祭拜墓地、游览松坡图书馆、阅览报刊关于蔡、黄二公的纪念内容中凝聚而成。报纸对他们逝世纪念日的周期性报道,名人演讲、松坡图书馆的每一次使用,都无疑再次提醒国民回忆起蔡、黄二公为民国之"护国功勋",是国民意识不断地生产与再生产。

本章小结

国葬是政府为国家确立人物典范,后世学习与效仿。国葬因而往往被视为是由上而下所建构的死亡礼仪④。但是北洋政府是一个缺乏道德基础和政治权威的政权,袁世凯倒行逆施的称帝行为冲击与伤害了国民的心态。袁世凯逝世后,北洋各部分崩离析,北洋系黎元洪继任大总统,宣布恢复约法,召集国会。但实际权力则为国务总理、皖系军阀段祺瑞所掌握。不同政治理念和团体相互冲突与互相角力,作为政治文化仪式的国葬也成为北洋

① Orvar Löfgren. "The nationalization of culture: constructing swedishness", *Studia ethnologica Croatica*, 3(1),1992:101-116.

② Michael Billig. *Banal nationalism*, London: Sage Publications, 1995, p.9.

③ 沈松桥:《中国的一日,一日的中国:1930 年代的日常生活叙事与国族想象》,《新史学》第 20 卷 1 期,2009 年 3 月。

④ 潘淑华:《国葬:民国初期的政治角力与国家死亡仪式的建构》,《近代史研究所集刊》总第 83 期,2014 年 3 月。

政府与反对者权力斗争的场域，袁世凯的反对者希望借争取国葬的定义权来重申被袁世凯冲击的共和理念。

　　北洋政府匆匆拟定《国葬法》，并在国会支持下通过，北洋政府要员由于维护共和体制不力，在制定《国葬法》过程中，北洋政府扮演了相当被动的角色，对中华民国最早的两场国葬礼采取含糊的态度。国会通过以国葬仪式礼葬蔡锷、黄兴二人的决议，北洋政府只有无奈接受，却在仪式过程中采取了回避的态度，总统黎元洪并未出席这两次国葬典礼，而是派代表代致祭文的方式。哈利·葛利克（Harry Garlick）、阿夫纳本·阿莫斯（Avner Ben—Amos）及贝瑞·史瓦兹（Barry Schwartz）等有关国葬仪式的研究，均视国葬为国家政权用以巩固既有政治秩序及团结国民的政治表演。[1] 但是，民国初年的国葬并非如此，在中央权威缺乏的情况下，国葬是政治力量较量的一种外在显化的图景。蔡锷及黄兴的支持者，通过两人的殡葬仪式及陵墓的设计，宣告袁世凯所代表的政治文化之终结，树立了国家新的英雄典范。

　　晚清以后，传统的"天理"世界观不再成为中国政治正当性的来源之后，中国政治秩序重新寻找和建构政治正当性，而舆论背后的政治正当性有着"公理"—"公意"—"民意"的变迁历程，北洋政府即使不想以高规格的待遇国葬蔡、黄二人，但是迫于争取民意不得不顺应报纸舆论。报纸关于二人国葬的言论表现出很高的公共性，这种公共讨论逐渐促使社会各界对"建立什么样的国家""什么样的人有资格成为国家英雄"达成共识。报纸的公开表达及其所代表的民意对北洋政府政治生活有规范作用，对公共生活有导向意义。报纸向公众重申了反对帝制、国家共和的政治理念，公众在二人的国葬典礼的报道中也受到一场关于"民族国家"的教育。四分五裂的中国，通过共同参与蔡、黄二公的国葬而达至暂时的统一。虽然当时报纸舆论皆表现出对两人的崇敬之情，民众因为报纸舆论聚集了对国家英雄的痛惜、悼念之情，但情绪会因岁月而消逝，二人的支持者借助修建具有纪念功能的陵墓

---

[1]　Harry Garlick, *The Final Curtain：State Funerals and the Theatre of Power*, Atlanta, GA：Rodopi, 1999；Barry Schwartz, George Washington, ch. 3, "Death of a Hero"；Barry Schwartz, "Mourning and the Making of a Sacred Symbol：Durkheim and the Lincoln Assassination", *Social Forces*, 70：2, December 1991：343-364；Avner Ben-Amos, *Funerals, Politics, and Memory in Modern France*, 1789—1996, New York：Oxford University Press, 2000）；Avner Ben—Amos. "The Sacred Center of Power：Paris and Republican State Funerals," *Journal of Interdisciplinary History*, 22：1, Summer 1991：27-48. 以上转引自潘淑华：《国葬：民国初年的政治角力与国家死亡仪式的建构》，《近代史研究所集刊》总第 83 期，2014 年 3 月。

和纪念碑,把无形及暂时性的情感具化为有形的物质,并使之得以确定和延续。新闻界不仅广泛而深入地报道了这次国葬,同时也借舆论表达了对蔡锷、黄兴的崇敬之情,散播了必须推翻帝制和实行共和的政治信念,促进了民国初年的中国人的民族意识和国家意识的形成。

第四章 "媒介事件"视角下清末民初的国葬报道与民族国家建构

第一节 报刊与新的政治文化的形成

作为世界近代史沉重的受害方——战争失败、开放口岸、割地赔款、遭遇入侵,"中国的现代民族国家意识是在反抗列强侵略的历史条件下完成的"①。多位研究者已指出,民族国家的兴起和现代媒介的出现是一个同步的过程,如孙藜对晚清电报嵌入政治传播的过程进行研究,发现电报与日报的联合直接促成帝国的解体和民族共同体的出现。②

古代中国的政治文化呈现一种泛道德化倾向,政治决策与国家管理都是皇帝和官僚阶层内部的事务。在现代化的世界潮流冲击之下,晚清统治者不得不摒弃"王权天授"的亘古不变的政治文化,公开寻求媒体舆论的支持,神圣政治转向大众政治。同时,新的传播手段逐渐嵌入政治与社会的运行,统治者必须正视日渐成熟的传媒业造就的大众展演文化,重新规划自身与民众的关系。慈禧的葬礼是帝制时代最后一次大规模的国葬,虽然清末统治基础已经出现向大众转换的端倪,但慈禧的国葬依旧是建立在儒家"忠孝"基础上的仪式,葬礼除了皇亲贵族与高阶官僚参与,还邀请了外交官员、西方记者、摄影师参与,民众依旧无权参与和观看葬礼,只需遵守传统的礼制,在帝制时代,民众并非仪式展演的组成部分。

转型时代的报纸杂志和现代出版公司③,是清末民初思想与知识的散布与传播、促进政治文化变迁的一大动力。根据加拿大学者季家珍(Joan

---

① 刘禾:《文本、批评与民族国家文学》,载唐小兵主编:《再解读:大众文艺与意识形态》,北京大学出版社 2007 年版,第 2 页。
② 孙藜:《再造"中心":电报网络与晚清政治的空间重构》,《新闻与传播研究》2015 年第 12 期。
③ 在中国 20 世纪的前半期,有三大书局之称的商务印书馆、中华书局、世界书局,它们为新式学校和社会上的读书人印刷各类教科书和西方理论图书,以此广泛散布新知识、新思想。

Judge)、王敏、瞿骏、李仁渊①等多位学者的研究,1895 年后新式媒体在数量、质量上都有很大的提升,时人对政治的关注程度的提高,诸如《时务报》这样一批新式报刊的出现,大量学会的形成,一批士大夫及下层官僚利用新式媒体表达政见,都说明了当时传媒的政治化趋向。

随着阅报的人数增加,读者程度提高,国人开始通过阅报来了解新知、新闻,甚至是应付改革后的科举考试。② "报纸读者的增多,则报纸发挥的影响力就越大,各方势力就会对之愈加重视和注意。"③与此同时,1895 年之后还出现了大量面向下层社会、说理平显的白话报刊,这些启蒙报刊热衷于启蒙"下层社会"的现代国家意识。④ 由于报纸力量的增强与地位的提高,成为读书人知晓"国家大事"的重要渠道。报纸在政治上的重要性凸显,甚至连官员们都不能忽视它的力量。报纸有时候秉持公理发表议论,成为国民舆论的先导,有时候报纸发表舆论也不得不考虑民众的意见来确定舆论的基调。⑤ 媒体的表达提升了民众的政治自觉意识和参与意识,民众也开始自觉地"对外与外国争权利,对内则与政府争权利"⑥。

英国历史学家彼得·伯克(Peter Burke)在《欧洲近代早期的大众文化》一书中指出,在 16 世纪早期至法国革命期间,欧洲出现了"大众文化的政治化现象",这种大众文化的政治化现象的重要表现是:底层人民不断地增加对政府行为的兴趣,对政治也有比之前更强烈的参与意识;平民的阅读取向也趋于政治化和国家化。⑦ 清末民初与彼得·伯克描述的近代欧洲的情况

① Joan Judge. "Public opinion and the politics of Contestation in the late Qing",1904—1911,*Modern China*,Vol. 20,NO. 1,Jan.,1994,pp. 64-92;*Print and politics*:"*Shibao*"and the culture of reform in Late Qing China,pp. 20-31;王敏:《政府与媒体——上海报纸的政治空间》,《史林》2007 年第 1 期;李仁渊:《晚清的新式传播媒体与知识分子:以报刊出版为中心的讨论》,台北稻乡出版社 2012 年版,第 97—151 页;瞿骏:《国何以教——清末民初江浙地区的现代国家观念普及》,《历史教学问题》2017 年第 3 期。
② 据瞿骏研究,在 1901—1905 年,很多读书人购报的目的是从中了解策论,以应付当时的科举考试,因为当时的科举考试做了改革,增加了根据时事撰述相关的策论。参见瞿骏:《国何以教——清末民初江浙地区的现代国家观念普及》,《历史教学问题》2017 年第 3 期。
③ 张仲民:《出版与文化政治:晚清的"卫生"书籍研究(修订版)》,上海人民出版社 2021 年版,第 261 页。
④ 参考李孝悌:《清末的下层社会启蒙运动:1901—1911》,河北教育出版社 2001 年版。
⑤ "有时国民之舆论必藉报馆之舆论以为先导者,有时报馆之议论必视国民之舆论以定方针者。"参考《论阅报者今昔程度之比较》,《申报》1906 年 2 月 5 日。
⑥ 《论国民之热心权利》,《时报》1908 年 4 月 29 日。
⑦ [英]彼得·伯克:《欧洲近代早期的大众文化》,杨豫、王海良译,上海人民出版社 2005 年版,转引自张仲民:《出版与文化政治:晚清的"卫生"书籍研究(修订版)》,上海人民出版社 2021 年版,第 383 页。

非常近似,随着大众传媒业、新式学堂、学会的兴起,民众阅读的西学图书与报刊增多,获得了西方理论的资源,同时开始关注周遭世界和当下发生的事件。在西方,"新闻是 18 世纪的发明,将人们从前人世界和周遭世界中解放出来,改变了人们思考和行动的依据,向人们呈现共同世界的及时变化。共有现实的持续扩大,人类根据当下和自身安排生活"①。中国在 19 世纪中后期才开始出现现代意义上的"新闻",它促进了人与国家的现代性。民国初年,国葬皆动员全国民众参与,经大众传媒广泛报道成为"新闻热点",更是成为团结教育民众、整合社会歧见、凝聚民族共识、促进现代国家建构的重要时刻。

1840 年以来西方人用武力打破了中国人的藩篱,也造就了中国人所沉醉的两千年历史文化铸成的中国自我形象的破碎。② 传统王朝的"家—国—天下"的政治秩序被动摇,甚至面临崩溃。亡国亡种的危机感透过报纸杂志汇聚成为舆论空间中的"社会心态"和"意见气候"。为抵抗西方列强,西方国家的"富强文明"与"民族国家"意识成为晚清政府、知识精英主动学习的对象。"在向西方学习和对大众进行启蒙的大潮下,以建构民族国家、激发民族主义意识为目的的新的政治文化逐渐成为宰制性叙述。"③国葬,和卫生、消费、科学、戏曲、文学等诸多领域一起,成为构成新的政治文化的一个面向。

第二节 "天下观"的变夷为夏

清末大众传媒化时代到来的时候,社会精英的思想资源、阅读视野、社会流动的频率都已呈现出前所未有的广度和深度,他们向下层民众传导新思想,启蒙他们的权利意识。帝制时代的"臣民"表达意见的渠道增多,新兴的报纸成为民众发声的重要渠道之一,人民的参政议政意识提高,所以张仲民也将中国的近代史称之为"发现人民"的过程。

知识分子认为,中国之所以民智不如西方人,是因为中国的教育不普

---

① 卞冬磊:《"社会世界"的更新:新闻与现代性的发生》,《国际新闻界》2014 年第 2 期。
② 杨国强:《维新变法与儒学的异化》,《史林》1998 年第 2 期。
③ 张仲民:《出版与文化政治:晚清的"卫生"书籍研究(修订版)》,上海人民出版社 2021 年版,第383 页。

及,当时国人"只有士人能读书,商人粗知账目,其余农夫百工皆目不识丁"①,民智不开,国民的集体力量就无从发挥,国家就不能文明进步,中国依旧会遭受外敌欺负,"下流社会不懂,则国之程度亦不动矣"②。《新闻报》认为国家的竞争就是国民的竞争:"立国于二十世纪之世界,竞争风云,日演日烈,以商战、以工战、以民战,而其大原,不外民战。盖国者也,积民而立者,民强则国强,民弱则国弱,民力所至之处,即国力所至之处,是故民风之强弱与国风密切之关系焉"③,下层民众成为晚清知识分子首先要启蒙和教育的对象。

黄旦指出,在中国传统的国家认同中,在位君主和一姓王朝基本与国家是一体的。中国社会的结构及制度安排,是以国家为主导;国家一体化的黏合剂是把政治道德伦理化,血缘的关系和政治的关系化而为一。④ 儒家以"仁孝"为基本,推广"身、家、天下"以及于天人之际而融为一体,黑格尔认为中国纯粹建筑在"家—国—天下"的道德结合上,国家的特性就是"家庭孝敬",在政治上的特征为"一个具有神圣不可动摇的传统的王国与一个具有绝对自由的专横和仁慈的国王并存"⑤。费正清将清政府描述为"具有人的特性,皇帝被渲染为父亲般的人物"⑥。这展示了天子和子民天生的内在关系,是血气相连、一脉相通的,"君父"的身份强化了君权的不可置疑性。⑦

但自梁启超始,他将朝廷、皇帝与国家分离,⑧1905 年出版的《国民必读》中写道:"受国家莫大的利益,岂有不思报酬的道理,所以就以忠君爱国四字为我辈最大的报酬,亦就是我辈最大责任。"这篇课文明确提出忠君,这里的"忠君爱国"中的"国"不再是一家一姓的朝廷,而是崭新的国家,即君主

① 孙诒让:《兴儒会略例》,载孙延钊:《孙衣言、孙诒让父子年谱》,上海社科院出版社 2003 年版,第 266 页。
② 《论中国无教》,《中外日报》1904 年 1 月 8 日。
③ 《民风不劲之原因》,《新闻报》1908 年 4 月 18 日。
④ 黄旦:《耳目喉舌:旧知识与新交往——基于戊戌变法前后报刊的考察》,《学术月刊》2012 年第 11 期。
⑤ 黄旦:《耳目喉舌:旧知识与新交往——基于戊戌变法前后报刊的考察》,《学术月刊》2012 年第 11 期。
⑥ 费正清、刘广京编:《剑桥中国晚清史(上卷)》,中国社会科学出版社 1985 年版,第 22 页。
⑦ 黄旦:《耳目喉舌:旧知识与新交往——基于戊戌变法前后报刊的考察》,《学术月刊》2012 年第 11 期。
⑧ 梁启超在《新民说》第六节"论国家思想"中就把国家比作公司、村市;朝廷就是公司之司务所、村市之会馆,而皇帝、官僚则为总办、值理。1905 年的《国民必读》中有一课"固有国家思想者,亦爱朝廷,而爱朝廷者未必皆有国家思想。朝廷由正式成立者,则朝廷为国家之代表,爱朝廷即为爱国家也。朝廷不以正式而成立者,则朝廷为国之蟊贼,正朝廷乃所以爱国家也"。参考陈宝泉、高步瀛编:《国民必读》,南洋官书局 1905 年版,第一编、第一课"说国家与国民的关系",第 1 页。

立宪制的国家;民,是这个国家全新的政治主体。概言之,"普遍一致、平等的国民概念动摇并颠覆了传统社会中士农工商四民的分类和地位排序",朝廷向现代国家观转换,"国家观构成了现代中国政治文化的一层基本底色,即对国家富强的渴求和对民族主义的宣扬、响应和追随"。①

列文森说近代中国是一个从天下转化为国家的过程,但同时也是一个从"天下"转化为"世界"的过程。② 中国世界观念的形成并不意味着中国的"天下观"退场,中国传统的"夷夏"观在西方强势文化面前,发生了一百八十度的转变,变夷为夏。瞿骏指出,"在新的夷夏之辨里,欧美国家及其作为富强代表和文明标杆成为中国人学习的榜样,中国人在新的夷夏之辨的观照下,产生了这样的焦虑,即中国是否有资格跻身世界之林"③。

第三节 国葬报道中的历史叙事与民族主义建构

黄旦区别过图书和报刊,认为书与刊是不同的媒介,代表了不同的知识系统。④ 中国传统上形成了以"书"为主导的知识生产和秩序格局,西方报刊的介入并在媒介制度化的过程中,逐渐改变了原有的知识系统秩序,进而影响了近代中国的变革,乃至影响思想知识和社会变迁。⑤ "新闻特别的功能在于引导人们在一个现实世界中进行自我定位,它积极地参与了人类社会的现代转型,改变了人们思考和行动的依据。新闻向人们呈现了共同世界的及时变化,将人们从前人世界、周遭世界中抽离出来,并形成了由'功能

---

① 瞿骏:《现代中国政治文化的常识的建构:转型时代读本中的国家与世界观念》,《上海师范大学学报(哲社版)》2014 年第 7 期。
② 转引自罗志田:《天下与世界:清末士人关于人类社会认知的转变》《理想与现实:清季民初世界主义与民族主义的关联互动》,载罗志田:《近代读书人的思想世界与治学倾向》,北京大学出版社 2009 年版。
③ 瞿骏:《现代中国政治文化的常识的建构:转型时代读本中的国家与世界观念》,《上海师范大学学报(哲社版)》2014 年第 7 期。
④ 帕克在"*News as a type of knowledge:a chapter of sociology*"一文中指出图书代表理解型知识,报刊新闻代表知晓型的知识,理解型的知识是系统的、理性的,经得住时间的考验和事实的检验;相对而言,知晓型的知识则是主要来自个人的日常经历、惯常的使用或做法,甚至是一种直觉,无须经过正式、系统的调查即可获得。帕克指出"新闻是一种具体的、依赖感性材料制作的知识形态",并且"涉及的往往是孤立的、当下的短期事件"。黄旦:《传者图像:新闻专业主义的建构与消解》,复旦大学出版社 2005 年版,第 105—106 页,转引自卞冬磊《"社会世界"的更新:新闻与现代性的发生》,《国际新闻界》2014 年第 2 期。
⑤ 黄旦:《媒介变革视野中的近代中国知识转型》,《中国社会科学》2019 年第 1 期。

性现在'和国家/社会构成的新世界。"①因此,报刊与现代性、民族国家的意识是同步生成的过程。

本尼迪克特·安德森也揭示了印刷媒体对民族主义具有建构作用。他指出,阅读报纸仿佛现代人每天进行的共同仪式。同一时间,千千万万互不认识的人一起进行,他们彼此毫不相识,却彼此确信都同时进行着同一件事,这个仪式每隔一天或者半天就进行一次,没有比这更生动的想象共同体的形式了。而当报纸的读者看到自己所阅读的同一份报纸也在地铁、理发厅或者邻居家被阅读时,他更确信那个"想象的世界"就植根于日常生活之中,这反过来又会加强他对报纸的内容采取认同的态度。因此,日常化的媒体表征有助于促进民族认同的形成。② 而民族主义观念、情绪乃至某些行为的激发,则多是围绕特定的新闻事件来展开。

国葬及其报道是培养民族认同、创建民族国家的理想事件。但是培育什么样的民族认同,不同政体下报刊的实践方式截然不同。皇家葬礼只是统治集团内部的大事。近代以前皇家葬礼便是一种"偏向时间"的媒介,维持的是延续了两千多年的皇权制度。报纸与民族主义在中国都是西学东渐的产物,而非本土自发秩序下的产物,它们来到中国后,恰逢中国本土的社会政治结构与文化发生种种变异。沟口雄三认为,中国的近代是大同式的近代,从一开始便是一种独特的、带有社会主义性质的,反映在民权上,所主张的不是个人权利,而是国民和人民的全体权利,并与经济上丰衣足食联系在一起。所以,中国的近代不是通过"个"而是通过"共"把民生和民权联结在一起,构成一个同心圆。③ 中国的报纸注重言论干政,它们针砭时弊、救国救民,这和西方国家大众化报纸重视采访、秉持客观中立的新闻写作传统有很明显的不同。与近代社会思潮相应,中国的报纸"从不是以个体自主或个性自由为发端,却一直是以总体——国家为基础,以整合一统为目的,也就是沟口雄三的'大同'之含义"④。

---

① 卞冬磊:《"社会世界"的更新:新闻与现代性的发生》,《国际新闻界》2014 年第 2 期。
② [美]本尼迪克特·安德森:《想象的共同体:民族主义的起源与散布》,吴叡人译,上海人民出版社 2016 年版,第 15—18 页。
③ [日]沟口雄三:《作为方法的中国》,孙军悦译,生活·读书·新知三联书店 2011 年版,第 16—18 页。
④ 黄旦:《耳目喉舌:旧知识与新交往——基于戊戌变法前后报刊的考察》,《学术月刊》2012 年第 11 期。

　　古代的君主也很注意维护自己的正面形象,对于个人肖像严格管控。中国古代帝王的画像只用于宗族祭祀,同时,君主往往会对正史反复修改以隐恶扬善。在君主、史官等人的精心维护下,罗马的皇帝和中国的皇帝往往被后人赋予神圣的含义。他们被认为是"神之子""天之子",隐于神或天这一最高规则的身后。近代以来的第三世界国家在与西方列强接触的过程中接连受挫,在内外困顿中,政治领袖个人的形象往往和本国的国家前途、民族命运联系起来。当传统的社会纽带变得松懈和脱落,心理上流离失所的民众更加依赖对共同体的想象,他们希望有能力出众、勇气超凡的英雄人物出现来为国家谋取在世界上的平等地位,捍卫国家利益,为人民和国家赢得尊严。

　　彼得·伯克在《制造路易十四》中描述了法国国王路易十四公众形象的制造过程,并揭示了背后国家和政治的存在,"礼仪、神话和象征在现代政治上的重要性正在越来越重要"[1]。在创建民族国家中往往需要一个凝聚民心的民族领袖,如美国华盛顿,但西方与中国民族主义不同的发展脉络也决定了中西方对民族英雄的认识和需求是不一样的。蔡锷、黄兴被建构为共和英雄,既是国人在民族危机时的情感需求,也是北洋政府、政党与社会团体的政治性行为,这一建构进程与民国初年的政治利益紧紧相连。

　　潘忠党指出,传媒为我们提供了特定的历史叙事,另一方面,镶嵌在一定政治、经济体制和发展环境中的传媒不经意地限定了历史事件的书写。传媒有自身运作的逻辑,它部分基于传媒技术的潜力和特征,更重要的是有它动态的部分,即基于特定政经历史条件的动力、规范及其演绎。[2] 20 世纪初国葬报道在建构历史过程中的框选,显示了政治与社会力量在民族国家建构中的作用及其在 1908—1917 年的演变过程。西方学者称呼晚清中国是"无民族之国"或是个正在寻找"民族"的"帝国"。[3] 沈松侨提及中国的民族主义的发展路径和相对落后的东欧国家一样,走的是自上而下的——即

① ［英］彼得·伯克:《制造路易十四》,郝名玮译,商务印书馆 2007 年版,第 56 页。
② David L. Altheide & Robert P. Snow, *Media Logic*, Beverly Hills, CA: Sage, 1979,转引自潘忠党:《历史叙事及其建构中的秩序——以我国传媒报道香港回归为例》,载陶东风、金元浦、高丙中主编《文化研究·第一辑》,天津社会科学院出版社 2000 年版。
③ 有关这些方面的详细论述,请见 Jonathan Unger(ed.), "Chinese nationalism", Armonk: M. E. Sharpe, 1996, John Fitzgerald, "The nationaless state: Thesearch for a nation in modern Chinese nationalism", *The Australian Journal of Chinese Affairs*, No. 33, 1995, pp. 75-105; Herald Bockman, "The future of the Chinese empire—state in a historical perspective", Kjeld Erik Brodsgaard and DavidStrand, eds., *Reconstructing twentieth—century China: State control, civil society, and national identity*, Oxford: Clarendon Press, 1998.

由帝国之中的知识分子来提供民族认同所需要的文化框架以及改变政治现状的动力。① 20世纪初期中国民族主义运动的主力正是一批新兴的知识分子。1905年科举制度废除之后,知识分子希望通过办报来参政议政,重新回到政治的中心。他们在大众报纸、教科书、小册子等印刷媒体上将民族主义表述为一套清晰的理念并传播出去。清末报纸开始报道与评论公共事务,并且培养了一批公众。清末以市场化为导向的报纸中,有以精英分子和一般大众为主的分层,有学者把精英报纸称为"政策性新闻",把大众化的报纸称为"经验性新闻"。② 前者以英敛之《大公报》为代表,后者以上海《申报》为代表。

1909年慈禧的葬礼沿袭了祖制,灵柩埋葬在清东陵,这是一场低调、奢华的葬礼,彰显了皇族享有的特权,但它相对封闭,并不向民众开放,具有浓厚的帝制色彩。清末的报纸多是由民间出资创办的,慈禧的葬礼与创建民族国家的勾连并不是由清廷而是由民间报纸自发建立起来的。与20世纪初期的西方新闻从业者在信息采写方面遵循新闻专业主义原则不同,中国的报业文人大多数依旧践行着儒家的伦理规范,视君主如同父亲,他们承担的"言责"多少保留了子弟规谏长辈的传统义务。③ 他们批评清政府在国丧期间讲究繁文虚礼,不爱民节用,同时也批评了平民不守礼制,不"忠君"不"爱国",这是报人面对时代危机,自觉进行的民族主义建构,其主流话语为学习列强,建立强大国家,这是一种"行有不得,反求诸己"的看待西方的方式。

据瞿骏的研究,1911—1912年,无论是城市空间还是报章、会场,都在宣扬着革命的政治符号和新的革命英雄的事迹。北京、上海等地开放私园、同乡会馆、街头等空间,在此举行公开集会、演讲、烈士追悼会,这些活动往往有一套复杂的仪式、纪念过程,给革命以合法理由。此时,先贤、忠臣已不符合大革命时代的政治审美,新的民国英雄需要被定义、建构、雕琢,代表共和的新的符号需要被填充进来,放大、淘洗、借用、压抑、展示,以展现新的民国典范。④

蔡锷、黄兴因为反袁、维护共和而名声大噪,1916年二人去世后,授予

① 沈松侨:《近代中国民族主义的发展:兼论民族主义的两个问题》,《政治与社会哲学评论》2002年第3期。
② 李金铨:《香港媒介专业主义与政治过渡》,《新闻与传播研究》1997年第2期。
③ 阎步克:《士大夫政治演生史稿》,北京大学出版社1996年版,第204页。
④ 瞿骏:《辛亥革命时期的集会与城市公共空间——以追悼会为中心(1911—1912)》,《华东师范大学学报(哲社版)》2008年第2期。

他们国葬礼是当时多方政治势力妥协后的一个共识,鉴于民初特殊的政治与社会结构,二人葬礼并非北洋政府权力"自上而下"的建构,而是他们的支持者对北洋政府中袁世凯复辟帝制势力的一次清算和挑战,他们掌握了葬礼的主导权,同时也赢得了民族主义的话语优势。媒体报道不仅展现了《国葬法》出台的进程,也展现了公祭仪式、追悼会、国葬礼的种种细节,在社会各界一致的哀悼声中,消除了民初政治的黑暗混乱为国家和人民带来的伤害。由民间报纸谱奏的"重建共和"是这次国葬主流的曲调。黄兴、蔡锷的葬礼报道是由媒体、葬礼主持者(营葬事务所)、受众在"民族主义"的社会浪潮下思想与行动上的共鸣,是一次协作与"共谋",以国葬为中心的媒体报道将"反袁"胜利、"共和"理念之荣光镌刻在读者的心里,这一切都成了中华民国记忆资源仓库的一部分,后来随着政治形势的发展,新的"民族英雄"陆续被建构,从而填充、构建了新的中华民族的记忆资源。

本章小结

从清末到民初,政府、媒体和公众处在不同的结构关系中,国葬报道在很大程度上是经事件组织者主导、媒介以及公众确认和"协商"的,国葬报道的民族主义建构呈现出一种动态的变化过程。新闻学者认为影响新闻生产的因素从微观到宏观共分为五个层次:一是个人层次,如个人价值观与特质;二是常规层次,如媒体作业流程与截稿时间;三是组织层次,如老板和主管的介入;四是媒体外部层次,如媒体外在的政治、经济因素或利益团体等;五是意识形态层次。民族主义是晚清民国主流的政治意识形态,作为宏观层面的影响因素,它潜移默化地影响着国葬的新闻生产。纵观之,1908—1917年,在国葬新闻的生产制作过程中,报纸采用了政府/主办方给定的基调,发挥了建构民族国家的作用,在民族主义意识高涨的年代里,这是报人们基于朴素的民族情感和对国家利益的认知对新闻事件做出的自主的判断与理解。非西方国家在建立民族国家时有着类似的处境,即它们对民族国家的想象,是在西方的参照下进行的,透过"他者"的目光,在与西方的对照之中定义和寻求自我,确认自己的位置、价值与存在的意义。在这个不间断地寻求确认自身的过程中,国葬基于特殊的政治文化脉络被报纸征用,成为建构民族国家的重要场域。

"媒介事件"的研究视角强调在政府、报纸与民众三者之间的互动中来理解对报道的形塑,因此本节再次回到清末民初报纸、士人、政府、民众的互动关系中,检视与总结国葬新闻生产的政治、经济与文化的历史脉络。晚清历史有两个对当时和后世影响甚巨的关键节点,其一是甲午战败,其二是庚子新政。"天朝上国"败给日本"蕞尔小国",给士大夫的心理冲击是"天崩地陷"的羞辱与痛苦。葛兆光指出,时代的个人心情如果成为普遍弥漫的情绪,确实促成理性思索的背景,思想史的研究不得不注意心情的转化。此后,彻底改革成了朝野上下之共识,而改革趋向则是相当一致地向西转。①在这股改革的浪潮之中,报纸逐步取代传统的"清议"②,成为新的政治表达、干预政治与社会的渠道,并获得了制度性的合法权利。戊戌政变后报纸、译书等遭到封禁,1902 年后,清政府对言论的控制放松发生转变,尽管国内政事"其现象之浑浊,其前途之黑暗,无一事不令人心灰望绝",但也有令人欣慰的事,就是"学生日多,书局日多,报馆日多"。③ 除了报纸数量的增加,报纸的类型也在改变。庚子新政前,报纸市场由政府官报独占。1902年新政后,各政党的报纸开始分据整个报纸市场,出现了报业最突出的民间化态势。④ "民间报刊的繁荣也使近代政治知识加速传播,其中特别以粗通文墨为对象的白话报不断传播,民主、国家、排满的议题被反复论述,与此同时,阅报社、宣讲所在各地创办,至 1905、1906 年达到高峰。阅报社、宣讲所的大量出现使得清末舆论宣传和启蒙运动不只停留在思想的层次,还进一步发展成为一个全国性的社会运动。"⑤慈禧的奉安大典与东陵照相案就是在这种启蒙(商业报刊)话语与革命(革命派报刊)话语并存的社会背景下发生的。

清末发行量大的报纸多数是民间资金创办的,儒家"忠孝"的价值观在非革命派报纸文人中占据主导地位,因此在葬礼之初就接受了官方的定调。报纸采用"上谕"照登的形式接受了清廷对慈禧身后的各种评价,仪式本身之神圣,令人敬畏,报纸上也尽量如实呈现。"奉安大典"上发生东陵照相

① 葛兆光:《中国思想史(第 2 卷),七世纪至十九世纪中国的知识、思想与信仰》,复旦大学出版社 2000 年版,第 674—680 页。
② 参考唐小兵:《清议、舆论与宣传:清末民初的报人与社会》,载李金铨主编:《报人报国:中国新闻史的另一种读法》,香港中文大学出版社 2013 年版,第 47—64 页。
③ 《敬告我同业诸君》,载复旦大学新闻系新闻史教研室编:《中国新闻史文集》,上海人民出版社 1987 年版,第 54 页,转引自周叶飞:《"共和"中的政治报——以"竖三民"为中心(1909—1913)》,复旦大学博士学位论文,2013 年,第 30 页。
④ 桑兵:《清末民初传播业的民间化与社会变迁》,《近代史研究》1991 年第 6 期,第 53—76 页。
⑤ 李孝悌:《清末的下层社会启蒙运动:1901—1911》,河北教育出版社 2001 年版,第 134—152 页。转载自周叶飞:《"共和"中的政治报——以"竖三民"为中心(1909—1913)》,复旦大学博士学位论文,2013 年,第 32 页。

案,摄政王将开明派的直隶总督端方免职,并判处摄影师监禁十年,体现了清廷野蛮落后的执政理念与粗暴蛮横的执政方式,这一做法明显与清末新政中慈禧所确立的目标背道而驰,也意味着清政府在光绪皇帝、慈禧太后去世后的政治倒退。旋即,报人以"天下兴亡、匹夫有责"的使命担当,表现出独立的批判与规谏意识,"对上"批评了清政府的专制腐朽,"对下"则批评了国人一盘散沙,民族意识淡漠。除了革命派报纸以外,晚清大多数报纸文人的政治志向并非推翻清政府,而是谋取建立君主立宪制的民族国家。瞿骏对清末民初读本的研究发现,此时的读者已初步具备现代国民意识,① 其实,也正是由于受众市场对现代政治知识抱有持续的兴趣,才促使了政治报纸和启蒙"读本"的繁荣。

方汉奇先生对新闻史的研究显示,民国元年(1912),大多数报纸由于受到清末以来的现代政治理念的洗礼,广为宣传共和、民主等政治理念。在"咸与维新"的社会氛围下,特别是综合性日报,大都表示赞成共和、拥护民主,并且自认为报纸就是天然的舆论之母、舆论代表,是"四万万众共有之言论机关"②,极力宣扬民主制度,甚至认为报馆与国务院、总统府是平等的,其性质与参议院一样,是监督公仆之机关,共和国之最高势力在舆论,新闻记者是不冠之皇帝、不开庭之最高法官,担负起了"监督政府、指导国民"的天职。③ 一时间,"民主共和"理念深入人心。

袁世凯复辟极大地伤害了社会革新的气氛和时人的心态,人们逐渐对政党政治心生厌倦。1913 年,袁世凯对全国报纸整顿和查禁,致使多家抨击袁世凯的报纸停刊,即"癸丑报灾"。1915 年袁世凯称帝后,恢复大批官报,各级政府也创办御用报刊,甚至用公款创办或盘进了一批民办的报纸,这些报纸打着民办的招牌,却由御用文人把持,以民意代表的身份,诱导、操控舆论。④ 此外,还通过收买报人和报纸的方式,使其转移论调等,不过1915 年当袁世凯接受"二十一条"的卖国协议后,激怒了报界,全国大多数报纸进行了抵制和抗议,连政治态度保守的《申报》也从拥袁改为反袁。1915 年 9 月 3 日,《申报》发表公开启事,拒绝袁世凯的收买,少数鼓吹帝制的报纸,也遭到民众的抛弃和抵制。1916 年袁世凯死后,北洋军阀分裂为

---

① 瞿骏:《现代中国政治文化的常识的建构:转型时代读本中的国家与世界观念》,《上海师范大学学报(哲社版)》2014 年第 7 期。

② 《民立报》1912 年 2 月 13 日。

③ 方汉奇:《中国新闻事业通史(第一卷)》,中国人民大学出版社 1992 年版,第 1015 页。

④ 方汉奇:《中国新闻事业通史(第一卷)》,中国人民大学出版社 1992 年版,第 1049、1050、1058 页。

皖系、直系、奉系等派系,控制了北京及全国大部分地区,但各派军阀间却相互争战不止,1916 年下半年,反袁护国运动胜利,北洋政府考虑到社会各界拥护共和国体的呼吁,不得不恢复国会与《临时约法》。被袁世凯破坏殆尽的"共和"政治表面上恢复,各派军阀为赢得政治声望,在言论上不得不采取开明的姿态。《时事新报》《民国日报》《中华新报》《共和新报》等 20 多种曾被禁邮或查封的报纸恢复了出版和邮发,北京等地袁世凯时期被捕的报人陆续被释放。1916 年 7 月 16 日,北洋政府以大总统黎元洪的名义颁布命令,废止《报纸条例》,段祺瑞不赞成以清《报律》代替《报纸条例》,他认为,应暂持放任主义,俟将来查看情形再定办法。①

学者张玉法在《新文化运动时期的新闻和言论》一文中总结了这一时期新闻业所处的政治、文化、经济环境,"政治上,各派军人竞逐政权;经济上,基本上是自由企业;在文化思想上,基本上对旧文化、旧思想持批判的态度,对新文化、新思想持引进拥抱的态度。当时新闻界对政界基本持监督与批评的态度;新闻界对文化思想采取兼容并包的态度,容许各家争鸣,相互辩论"②。因此,这个时期的新闻与言论被新闻史研究者称为从袁世凯时期的"黑暗时代"重返"黄金时期"。由此可知,北洋政府在全国高涨的"护国"舆论声浪里,无论是无奈还是主动,对报界舆论采取了较为宽容的态度,自黄兴、蔡锷二人去世开始,《大公报》《申报》等民间报纸就开始关注国葬法的出台,又持续关注了公祭、葬礼和政界、社会名流在葬礼中的行踪与发言,全面呈现了社会各界态度,基本秉持了客观、中立的立场,维持了营葬事务所的主流定调。在国葬新闻面前,党派纷争与政治歧见暂时退场,各政治团体"抛开党见""通力合作"。在举国哀悼的时刻,国人抱团取暖,呈现了短暂的团结状态。报纸给予了蔡锷、黄兴二公高度的社会评价与赞誉,树立了国民学习之楷模;在对民初政治的回顾与反思中,鼓舞了国人走出混乱政局的勇气,疗愈了袁世凯专制风雨给社会带来的集体创伤;在对国家前途的展望中,建构了国人走出历史黑暗、共创共和理想的集体记忆。

阐释中国 20 世纪初期的报纸与民族国家的关系是一项复杂的议题,无论是清末还是民国时期的报纸,它们在仪式事件之外的日常报道中,对事件、人物的报道多保持独立客观的立场,遵守常规的新闻实践规范,实施"监督政府、指导国民"之职,如《申报》早在 1872 年杨乃武与小白菜案中因为它

---

① 《国会与报界之今后责任》,《申报》1916 年 7 月 22 日。
② 张玉法:《新文化运动时期的新闻和言论(1915—1923)》,《近代史研究所集刊》总第 23 期,1994 年第 12 期。

客观、独立的报道和对政府腐败、失职的批评,使清廷的权威在公众心中大大降低。但在仪式政治新闻面前,报纸往往会暂时搁置日常一贯的批判态度,收敛政治分歧,从整体上表现出对葬礼主持者"遵从"的态度。这也是长期生活在民族主义思潮中的民众受现代媒体的浸润与启蒙,感受到内忧外患的危机,认识到唯有"民主共和"才是挽救中国之正途,因此政治团体与报界多次短暂地联手,共同谱奏了民族与"共和"之歌。尽管报刊在国葬之后又很快回到政治纷争与社会批判的日常,如 1918 年 4 月,北京《晨钟报》和上海的中外报纸揭露了有关中日秘密谈判军事协定的消息,5 月 19 日,《大中华日报》将中日军事协定全文刊发,北京各报纷纷转载,甚至还引发了北京、上海、天津、福州等地学生反对签订军事协定的示威请愿活动。① 此外,从受众角度而言,清末民初国葬报道的民族主义话语建构之所以能够深入人心,离不开受众的情感支持与参与,社会的危机将全体国民带到一个神圣的核心——建立民族国家,社会共同意识通过大众报刊得以浮现与凝聚,从而唤起更多中国人的社会使命感。

行文至此,已近尾声,现将本书的不尽如人意之处总结如下,希望后来者赓续这些尚待研究的问题:首先,限于主题与篇幅,本书主要从报纸的角度来观察国葬与民族国家的建构关系,没有涉及影视片、教科书、戏曲等大众媒介与通俗文化,对摄影图片也只是蜻蜓点水般略有提及,但是并不否认这些因素在形塑民族国家方面也起着重要作用。当代法国社会记忆研究学者皮埃尔·诺拉(Pierre Nora)在《记忆之场》中拓展了我们通常认为的媒介的外延,他对宫殿、咖啡馆、雕塑、教堂等进行了研究,探讨了纪念空间作为"记忆之场"在民族与国家建构中的作用。② 本尼迪克特·安德森认为,近代国家是"想象的共同体",这个共同体之所以能够建立,就是因为人们拥有共享的集体记忆,而提供这些记忆资源的载体除了大众媒体外还有很多其他元素,如国家设立的纪念碑、纪念馆、陵墓等场所。将来的研究可以从其他记忆载体的角度入手,形成更为立体、丰富的民族国家建构研究。其次,本书主要采用的是自上而下的研究视角,主要论及新闻业、民众和政治精英在内的文化政治实践,他们通过仪式、报纸建构出民族国家的知识系统。但国家观念如何遍及社会的各个阶层,布尔迪厄的"惯习"(social practice)理论提供了一些线索,布尔迪厄认为,意识心态能影响惯习的形成,但亦需要时

---

① 方汉奇:《中国新闻事业通史(第一卷)》,中国人民大学出版社 1992 年版,第 1067 页。

② [法]皮埃尔·诺拉主编:《记忆之场:法国国民意识的文化史》,黄艳红译,南京大学出版社 2020 年版。

间、空间生活行动的相互配合。① 读者通过阅读报纸杂志来了解民族国家的知识,他们在理解和接纳新的知识体系、采取行动的时候,也会基于自身原有的知识结构和社交网络,但本书很少涉及读者阅读和接受史,之后的研究可以充实这部分内容。

---

① Pierre Bourdieu. *The Logic of Practice*,Richard Nice trans,Stanford, Calif. ;Stanford University Press,1990.

参考文献

一、著作

阿尔弗雷德·舒茨.社会世界的意义构成[M].游淙祺,译.北京:商务印书馆,2012.

埃里克·霍布斯鲍姆.传统的发明[M].顾杭,庞冠群,译.南京:译林出版社,2020.

安东尼·史密斯.民族主义:理论、意识形态与历史[M].叶江,译.上海:上海人民出版社,2011.

白吉尔.上海史:走向现代之路[M].王菊,赵念国,译.上海:上海社会科学院出版社,2005.

班固,等.白虎通义[M].北京:中国书店出版社,2018.

包天笑.钏影楼回忆录[M].上海:上海三联书店,2014.

本尼迪克特·安德森.想象的共同体:民族主义的起源与散布[M].吴叡人,译.上海:上海人民出版社,2016.

彼得·伯克.欧洲近代早期的大众文化[M].杨豫,王海良,译.上海:上海人民出版社,2005.

彼得·伯克.制造路易十四[M].郝名玮,译.北京:商务印书馆,2007.

陈建华.从革命到共和:清末至民国时期文学、电影与文化的转型[M].桂林:广西师范大学出版社,2009.

陈力丹,阎伊默.传播学纲要[M].北京:中国人民大学出版社,2007.

陈平原.左图右史与西学东渐:晚清画报研究[M].北京:生活·读书·新知三联书店,2018.

陈旭麓,顾廷龙,汪熙,编.辛亥革命前后:盛宣怀档案资料选辑之一[M].上海:上海人民出版社,1979.

大卫·科泽.仪式、政治与权力[M].王海洲,译.南京:江苏人民出版社,2015.

戴圣,编.礼记:上、下册[M].胡平生,张萌译注,北京:中华书局,2017.

戴维·克劳利、保罗·海尔.传播的历史:技术、文化和社会[M].董璐,何道宽,王树国,译.北京:北京大学出版社,2011.

戴扬,卡茨.媒介事件:历史的现场直播[M].麻争旗,译.北京:北京广播学院出版社,2000.

丹尼尔・杰・切特罗姆.传播媒介与美国人的思想:从莫尔斯到麦克卢汉[M].曹静生,译.北京:中国广播电视出版社,1991.

德弗勒,等.大众传播通论[M].颜建军,等译.北京:华夏出版社,1989.

德龄.清宫二年记[M].顾秋心,译.昆明:云南人民出版社,1981.

杜赞奇.从民族国家拯救历史:民族主义话语与中国现代史研究[M].王宪明译.南京:江苏人民出版社,2009.

梵・迪克.作为话语的新闻[M].曾庆香,译.北京:华夏出版社,2003.

方汉奇,编.中国新闻通史:第一、二卷[M].北京:中国人民大学出版社,1992.

方汉奇.《大公报》百年史[M].北京:中国人民大学出版社,2004.

方汉奇.中国近代报刊史(上、下册)[M].山西出版传媒集团·山西教育出版社,2012.

费孝通.乡土中国 生育制度[M].北京:北京大学出版社,1998.

费正清.中国:传统与变革[M].张沛,等译.北京:世界知识出版社,2002.

弗朗索瓦・傅勒.思考法国大革命[M].孟明,译.北京:生活·读书·新知三联书店,2005.

甘怀真.皇权、礼仪与经典诠释:中国古代政治史研究[M].台北:台湾大学出版中心,2004.

戈公振.中国报学史[M].上海:上海古籍出版社,2003.

葛凯.制造中国:消费文化与民族国家的创建[M].黄振萍,译.北京:北京大学出版社,2016。

葛兆光.宅兹中国:重建有关"中国"的历史论述[M].北京:中华书局,2011.

葛兆光.中国思想史(第2卷):七世纪至十九世纪的中国知识、思想与信仰[M].上海:复旦大学出版社,2000.

沟口雄三.中国前近代思想的曲折与展开[M].龚颖,译.北京:生活·读书·新知三联书店,2011.

郭辉.国家纪念日与现代中国(1912—1949)[M].北京:社会科学文献

出版社,2019.

韩丛耀,主编.中国近代图像新闻史:1840—1919:第 6 卷[M].南京:南京大学出版社,2012.

赫伯特·甘斯.什么在决定新闻:对 CBS 晚间新闻、NBC 夜间新闻、《新闻周刊》及《时代》周刊的研究[M].石琳、李红涛译.北京:北京大学出版社,2009.

和田洋一.新闻学概论[M].吴文莉,译.北京:中国新闻出版社,1985.

胡道静.胡道静文集:上海历史研究[M].上海:上海人民出版社,2011.

黄旦.传者图像:新闻专业主义的建构与消解[M].上海:复旦大学出版社,2005.

黄进兴.从理学到伦理学:清末民初的道德意识转化[M].北京:中华书局,2014.

吉登斯.现代性与自我认同[M].赵旭东,等译.北京:生活·读书·新知三联书店,1998.

蒋义海.漫画知识辞典[M].南京:南京大学出版社,1989.

金冲及.二十世纪中国史纲[M].北京:社会科学文献出版社,2009.

金观涛,刘青峰.兴盛与危机:论中国社会超稳定结构[M].北京:法律出版社,2011.

凯瑟琳·卡尔.美国女画师的清宫回忆[M].王和平,译.北京:故宫出版社,2011.

孔飞力.叫魂:1768 年的中国妖术大恐慌[M].陈兼,刘昶,译.北京:生活·读书·新知三联书店,2012.

劳祖德,编.郑孝胥日记:全五册[M].北京:中华书局,1993.

李安宅.《仪礼》与《礼记》之社会学的研究[M].上海:上海人民出版社,2005.

李剑农.中国近百年政治史:1840 —1926 年[M].上海:复旦大学出版社,2002.

李金铨.超越西方霸权:传媒与文化中国的现代性[M].牛津:牛津大学出版社,2004.

李金铨,主编.报人报国:中国新闻史的另一种读法[M].香港:香港中文大学出版社,2013.

李仁渊.晚清的新式传播媒体与知识分子:以报刊出版为中心的讨论[M].台北:稻乡出版社,2012.

李孝悌.清末的下层社会启蒙运动:1901—1911[M].石家庄:河北教育出版社,2001.

林·亨特.法国大革命中的政治、文化和阶级[M].汪珍珠,译.上海:华东师范大学出版社,2011.

林语堂.中国新闻舆论史:一部关于民意与斗争的历史[M].刘小磊,译.上海:上海人民出版社,2008.

林郁沁.施剑翘复仇案:民国时期公众同情的兴起与影响[M].陈湘静,译.南京:江苏人民出版社,2011.

林毓生.中国意识的危机:"五四"时期激烈的反传统主义[M].穆善培,译.贵阳:贵州人民出版社,1986.

刘青峰,编.民族主义与中国现代化[M].香港:香港中文大学出版社,1994.

卢宁.早期《申报》与晚清政府:近代转型视野中报纸与官吏关系的考察[M].上海:上海科学技术文献出版社,2012.

鲁迅.中国小说史略[M].北京:人民文学出版社,2006.

路鹏程.难为沧桑纪兴废中国近代新闻记者的职业生涯(1912—1937)[M].上海:东方出版中心,2021.

罗伯特·达恩顿.屠猫记:法国文化史钩沉[M].吕健忠,译.北京:新星出版社,2006.

罗福惠,朱英,陈蕴茜,主编.辛亥革命的百年记忆与诠释:革命空间与辛亥革命百年记忆:第四卷[M].武汉:华中师范大学出版社,2011.

罗威廉.中国最后的帝国:大清王朝[M].李仁渊,张远,译.台北:台大出版中心,2013.

罗志田.近代读书人的思想世界与治学倾向[M].北京:北京大学出版社,2009.

罗志田.权势转移:近代中国的思想、社会与学术[M].修订版.北京:北京师范大学出版社,2014.

闾小波.中国近代政治发展史[M].北京:高等教育出版社,2003.

马运增,等.中国摄影史(1840—1937)[M].北京:中国摄影出版社,1987.

迈克尔·曼.社会权力的来源:第一卷[M].刘北成,李少军,译.上海:上海人民出版社,2015.

麦克卢汉.理解媒介:论人的延伸[M].何道宽,译.北京:商务印书馆,2000.

茅海建.近代的尺度[M].上海:上海三联书店,2011.

米切尔·斯蒂芬斯.新闻的历史[M].陈继静,译.北京:北京大学出版社,2014.

潘光哲.创造近代中国的世界知识[M].北京:社会科学文献出版社,2019.

彭丽君.哈哈镜:中国视觉现代性[M].张春田,黄芷敏,译.上海:上海书店出版社,2013.

皮埃尔·诺拉.记忆之场:法国国民意识的文化史[M].黄艳红,等译.南京:南京大学出版社,2020.

钱穆.论语新解[M].北京:生活·读书·新知三联书店,2005.

钱实甫.北洋政府时期的政治制度:上、下册[M].北京:中华书局,1984.

瞿骏.辛亥前后上海城市公共空间研究[M].上海:上海辞书出版社,2009.

萨义德.东方学[M].王宇根,译.北京:生活·读书·新知三联书店,2019.

史华慈.寻求富强:严复与西方[M].叶凤美,译.北京:中信出版集团,2016.

司徒安.身体与笔[M].李晋,译.北京:北京大学出版社,2014.

孙藜.晚清电报及其传播观念[M].上海:上海世纪出版集团,2007.

孙燕京.晚清社会风尚研究[M].北京:中国人民大学出版社,2002.

孙延钊.孙衣言、孙诒让父子年谱[M].上海:上海社科院出版社,2003.

塔尔德.传播与社会影响[M].何道宽,译.北京:中国人民大学出版社,2005.

谭仲池,主编.长沙通史:近代卷[M].长沙:湖南教育出版社,2013.

托克维尔.论美国的民主:上、下卷[M].董果良,译.北京:商务印书馆,1998.

瓦尔特·本雅明.机械复制时代的艺术作品[M].王才勇,译.北京:中国城市出版社,2002.

瓦尔特·本雅明.摄影小史[M].许绮玲,林志明,译.桂林:广西师范大学出版社,2017.

王笛,编.时间·空间·书写[M].杭州:浙江人民出版社,2006.

王东霞,编.从长袍马褂到西装革履[M].成都:四川人民出版社,2003.

王汎森.中国近代思想与学术的系谱[M].长春:吉林出版集团有限责任公司,2011.

王汎森.晚明清初思想十论[M].上海:复旦大学出版社,2004.

王夫子.殡葬文化学[M].长沙:湖南人民出版社,2007.

王敏.上海报人社会生活(1872—1949年)[M].上海:上海辞书出版社,2008.

王润泽.北洋政府时期的新闻业及其现代化(1916—1928)[M].北京:中国人民大学出版社,2010.

王润泽.中国新闻媒介史(1949年前)[M].北京:北京大学出版社,2011.

吴长翼,主编.八十三天皇帝梦[M].北京:文史资料出版社,1983.

吴群.中国摄影发展历程[M].北京:新华出版社,1986.

夏志清.中国现代小说史[M].刘绍铭,等译.桂林:广西师范大学出版社,2014.

萧放.岁时:传统中国民众的时间生活[M].北京:中华书局,2002.

小威廉·休厄尔.历史的逻辑:社会理论与社会转型[M].朱联璧,费滢,译.上海:上海人民出版社,2013.

小野寺史郎.国旗 国歌 国庆:近代中国的国族主义与国家象征[M].周俊宇,译.北京:社会科学文献出版社,2014.

熊月之.晚清社会与西学东渐[M].修订版.北京:中国人民大学出版社,2011.

熊月之.异质文化交织下的上海都市生活[M].上海:上海辞书出版社,2008.

许纪霖.近代中国知识分子的公共交往[M].上海:上海人民出版社,2008.

许纪霖.家国天下:现代中国的个人、国家与世界认同[M].上海:上海人民出版社,2017.

徐小群.民国时期的国家与社会:自由职业团体在上海的兴起(1912—1937)[M].北京:新星出版社,2007.

许倬云.说中国:一个不断变化的复杂共同体[M].桂林:广西师范大学出版社,2015.

阎步克.士大夫政治演生史稿[M].北京:北京大学出版社,1996.

杨伯峻.论语译注[M].北京:中华书局,1980.

杨国强.晚清的士人与世相[M].北京:生活·读书·新知三联书店,2008.

杨志刚.中国礼仪制度研究[M].上海:华东师范大学出版社,2001.

伊莱休·卡茨,等.媒介研究经典文本解读[M].常江,译.北京:北京大学出版社,2011.

伊丽莎白·爱因斯坦.作为变革动因的印刷机:早期近代欧洲的传播与文化变革[M].何道宽,译.北京:北京大学出版社,2010.

约瑟夫·列文森.儒教中国及其现代命运[M].郑大华,译.北京:中国社会科学出版社,2000.

恽毓鼎.恽毓鼎澄斋日记:第1、2册[M].杭州:浙江古籍出版社,2004.

曾业英,编.蔡锷集:第2集[M].长沙:湖南人民出版社,2008.

曾枣庄,刘琳,主编.全宋文[M].上海:上海辞书出版社,1988.

詹姆斯·凯瑞.作为文化的传播:"媒介与社会"论文集[M].丁未,译.北京:中国人民大学出版社,2019.

张海林.端方与清末新政[M].南京:南京大学出版社,2007.

张静庐.出版界二十年——张静庐自传[M].上海:上海杂志公司出版,1938.

张仲民.出版与文化政治:晚清的"卫生"书籍研究[M].修订版.上海:上海人民出版社,2021.

章清.学术与社会:近代中国"社会重心"的转移与读者书人新的角色[M].上海:上海人民出版社,2012.

钟鸣旦.礼仪的交织:明末清初中欧文化交流中丧葬礼[M].张佳,译.上海:上海古籍出版社,2009.

周永明.中国网络政治的历史考:电报与清末时政[M].尹松波,石琳,译.北京:商务印书馆,2013.

朱迪斯·巴特勒.脆弱不安的生命:哀悼与暴力的力量[M].何磊,赵英男,译.开封:河南大学出版社,2013.

Liz Wells,编.摄影批判导论[M].李际,陈伟斯,译.北京:人民邮电出版社,2012.

Barry Schwartz. George Washington：The making of an American symbol[M]. London：Collier Macmillan,1987.

Charles Edward Merriam. Political power：its composition and incidence[M]. Newyork：Whittlesey House，1934.

E. J. Hobsbawm. Nations and Nationalism since 1780：Programme，Myths，Reality[M]. second edition，Cambridge：Cambridge University press，1992.

Jacques Le Goff. History and Memory，trans. Steven Rendall and Elizabeth Claman[M]. New York：Columbia University Press，1922.

Michael Billig. Banal nationalism[M]. London：Sage Publications，1995.

Pierre Bourdieu. The Logic of Practice[M]. Richard Nice，trans. Stanford Calif：Stanford University Press，1990.

二、期刊论文

艾米莉·霍尼格,张仁善. 江南人何以对苏北人抱有偏见?——民国时期苏北人在上海[J].世界经济与政治论坛,1990(06).

卞冬磊. 报纸阅读与晚清读书人国家意识的形成[J].二十一世纪(双月刊),2013,138(02).

卞冬磊. 古典心灵的现实转向:读报纸与现代性(1895—1911)[J].新闻春秋,2013(04).

卞冬磊."可见的"共同体:报纸与民族国家的另一种叙述[J].国际新闻界,2017(12).

卞冬磊."社会世界"的更新:新闻与现代性的发生[J].国际新闻界,2014(02).

卞冬磊.在中国发现公众:报刊与晚清阅读公众的形成[J].传播与管理研究,2013,12(02).

陈力丹.论孔子的传播思想——读吴予敏《无形的网络——从传播学角度看中国传统文化》[J].新闻与传播研究,1995(01).

陈建华.共和的遗产——论民国初期文化的转型[J].探索与争鸣,2015(11).

陈蕴茜.地方展览与辛亥革命记忆塑造(1927—1949)[J].江海学刊,2011(04).

邓绍根,丁丽琼.组织"连接"的新理路:重思列宁"报纸是集体的宣传员、鼓动员和组织者"[J].出版发行研究,2020(12).

丁鼎.“礼”与中国传统文化范式[J].齐鲁学刊,2007(04).

董丽慧.20世纪初慈禧肖像的对外宣传及其跨文化传播艺术设计研究[J].2018(01).

董丽慧.博弈与错位:从慈禧肖像看晚清国家形象塑造[J].文艺研究,2019(06).

董丽慧.从柯姑娘到双龙爵士:慈禧六幅油画像及其现代性表征[J].美术研究,2020(01).

董丽慧.妖术/技术/美术:20世纪20年代中国现代摄影的历史语境[J].艺术设计研究,2019(02).

范文霈.中国近代摄影新闻的兴起[J].新闻记者,2008(11).

方平.清末上海民间报刊与公众舆论的表达模式[J].二十一世纪(双月刊),2001,63(02).

冯幼衡.皇太后、政治、艺术:慈禧太后画像解读[J].故宫学术季刊,2012(02).

甘怀真.旧君的经典诠释——汉唐间的丧服礼与政治秩序[J].新史学,2006,13(02).

弓联兵.现代国家与权威危机——近代中国国家建设的政治逻辑与受挫原由[J].人文杂志,2011(01).

郭绍敏.塑造“国民”:清末政府的努力及困境[J].社会科学论坛,2009(06).

郭小安,杨绍婷.图像传播时代的符号载体与共意动员——对九起“丝带行动”的综合分析[J].传播与社会学刊,2019,49(03).

何艳玲,汪广龙.政府在中国——一个比较与反思[J].开放时代,2012(06).

亨德森.古代中国的自然观念与宇宙论[J].二十一世纪(双月刊),2004,84(04).

户晓辉.中国传统节日与现代性的时间观[J].安徽大学学报(哲社版),2010(03).

黄旦.报刊是一种交往关系——再谈报纸的“迷思”[J].安徽大学学报(哲社版),2012(06).

黄旦.“报纸”的迷思——功能主义路径中的中国报刊史书写之反思[J].新闻大学,2012(02).

黄旦.耳目喉舌:旧知识与新交往——基于戊戌变法前后报刊的考察

［J］.学术月刊,2012(11).

　　黄旦.林则徐为什么不办报［J］.新闻记者,2012(01).

　　黄旦.媒介变革视野中的近代中国知识转型［J］.中国社会科学,2019
(01).

　　黄旦.媒介就是知识:中国现代报刊思想的源起［J］.学术月刊,2011
(12).

　　黄旦,詹佳如.同人、帮派与中国同人报:《时务报》纷争的报刊史意义
［J］.学术月刊,2009(04).

　　金观涛.从"天下""万国"到"世界"——晚清民族主义形成的中间环节
［J］.二十一世纪(双月刊),2006(04).

　　李帆."共和"叙事:切近的历史表述——民国前期历史教科书中的辛
亥革命与民国建立［J］.民国档案,2021(04).

　　李金铨.过度阐释公共领域［J］.二十一世纪(双月刊),2018(12).

　　李金铨.香港媒介专业主义与政治过渡［J］.新闻与传播研究,1997
(02).

　　林京.慈禧摄影史话［J］.故宫博物院院刊,1998(03).

　　刘长林.仪式与意义:1919—1928年为自杀殉国者举办的追悼会［J］.学
术月刊,2011(03).

　　刘涛.媒介·空间·事件:观看的语法与视觉修辞方法［J］.南京社会科
学,2017(09).

　　卢汉超.上海城市的文化认同及其开放与容纳［J］.学术月刊,2004(07).

　　罗志田.革命的形成:清季十年的转折(中)［J］.近代史研究,2012
(06).

　　马萍.全球化、抗战博物(纪念)馆与民族国家——人类命运共同体语
境下抗战记忆空间的构建［J］.日本侵华南京大屠杀研究,2020(04).

　　聂蕾.再造蔡锷:试论蔡锷形象的建构与变迁(1916—1945)［J］.华中
师范大学研究生学报,2012(09).

　　潘光哲."殖民地"的概念史:从"新名词"到"关键词"［J］.近代史研究
所集刊,2013,82(12).

　　潘淑华.国葬:民国初年的政治角力与国家死亡仪式的建构［J］.近代
史研究所集刊,2014,83(03).

　　潘忠党.架构分析:一个亟需理论澄清的领域［J］.传播与社会学刊,
2006(01).

秦绍德. 上海资产阶级商业报纸的发展道路[J]. 新闻研究资料,1991(02).

瞿骏. 教化天下与竞雄世界的绞缠——转型时代读书人国家认知的一个基础[J]. 华东师范大学学报(哲学社会科学版),2014(04).

瞿骏. 现代中国政治文化的常识建构:转型时代"读本"中的国家与世界观念[J]. 上海师范大学学报(哲学社会科学版),2014(04).

瞿骏. 小城镇里的"大都市"——清末上海对江浙地方读书人的文化辐射[J]. 社会科学研究,2016(05).

瞿骏. 辛亥革命时期的集会与城市公共空间——以追悼会为中心(1911—1912)[J]. 华东师范大学学报(哲社版),2008(02).

桑兵. 清末民初传播业的民间化与社会变迁[J]. 近代史研究,1991(06).

尚刚. 蒙、元御容[J]. 故宫博物院院刊,2004(03).

商勇. 皇权与女权的图像展演——日俄战争期间慈禧的油画外交再讨论[J]. 中国美术研究,2020(04).

沈松侨. 近代中国民族主义的发展:兼论民族主义的两个问题[J]. 政治与社会哲学评论,2002(03).

沈松侨. 振大汉之先声——民族英雄系谱与晚清的国族想象的国族想象[J]. 近代史研究所集刊,2000,33(01).

石元康. 天命与正当性:从韦伯的分类看儒家的政道[J]. 开放时代,1999(06).

孙歌. "自然"与"作为"的契合[J]. 读书,2014(01).

孙藜. 再造"中心":电报网络与晚清政治的空间重构[J]. 新闻与传播研究,2015(12).

孙藜. 真实性的媒介化生成:近代中国都市现代性中的图像实践——以报刊新闻摄影为中心[J]. 学术研究,2017(06).

孙藜. 转化性建构:媒介事件与权力结构转变——新媒体语境下对媒介事件研究的再回顾[J]. 新闻记者,2013(09).

孙玮. 上海城市地方主义和传媒想象——周立波现象分析[J]. 新闻大学,2010(04).

孙玮. 制造上海:报纸中的上海开埠——以2003年为例[J]. 新闻大学,2009(04).

孙玮. 作为媒介的城市:传播意义再阐释[J]. 新闻大学,2012(02).

孙向晨.民族国家、文明国家与天下意识[J].探索与争鸣,2014(09).

唐启华.北洋时期的"宣布共和南北统一纪念日"[J].社会科学辑刊,2013(01).

王宏超.巫术、技术与污名:晚清教案中"挖眼用于照相"谣言的形成与传播[J].学术月刊,2017(12).

王鸿泰.明清的资讯传播:社会想象与公众社会[J].明史研究,2009(12).

王敏.政府与媒体——上海报纸的政治空间[J].史林,2007(01).

王润泽.现实与理想的图景:民初报人现代报刊意识探析[J]国际新闻界,2010(01).

王正华.走向公开化:慈禧肖像的风格形式、政治运作与形象塑造[J].美术史研究集刊,2012,32(03).

肖志慧.1904年圣路易斯博览会《慈禧肖像》分析[J].艺术教育,2017(17).

熊月之.晚清上海私园开放与公共空间拓展[J].学术月刊,1998(08).

杨志刚.礼与传统的创造性转化[J].复旦大学学报(社会科学版),1993(03).

叶晓青.民族主义兴起前后的上海[J].二十一世纪(双月刊),1993,15(01).

游佐徹.慈禧太后的肖像画:Portrait与"圣容"[J].唐卫萍,译.美育学刊,2017(02).

於渊渊.英敛之时期《大公报》批判言论再审视[J].学术交流,2018(07).

曾业英.蔡锷与小凤仙——兼谈史料辨伪和史事考证问题[J].近代史研究,2009(01).

张隽隽.政治变革和文化转型中的"重要政治人物影片"考察(1909—1916)[J].北京电影学报,2019(05).

张玉法.新文化运动时期的新闻和言论(1915—1923)[J].近代史研究所集刊,1994,23(12).

赵鼎新.中国大一统的历史根源[J].文化纵横,2009(06).

周叶飞.民国初年政治报刊的共和想象及其纷争——以《民立报》为例[J].河南大学学报(哲社版),2015(05).

朱其永.天下主义的困境及其近代遭遇[J].学术月刊,2010(01).

朱英. 百年以来的辛亥革命历史叙事[J]. 读书,2011(06).

Henri Borel,沈弘,编译. 慈禧太后葬礼目击记[J]. 中州今古,2004
(Z1).

Fox,Joe E.,&Miller Idriss. Cynthia. Everyday Nationhood[J].
Ethnicities,2008,8(4).

Orvar Löfgren. The nationalization of culture:constructing
swedishness[J]. Studia ethnologica Croatica,1992,3(1).

Zelizer Barbie. On having been there:eyewitnessing as a journalistic
key word[J]. Critical studies in media communication,2007,24(5).

三、学位论文

樊亚平. 发现记者:中国新闻从业者职业认同研究(1815—1927)[D].
北京:中国人民大学,2009.

冯令刚. 从他者观看到自我观看——早期中国摄影研究[D]. 北京:中
国艺术研究院,2009.

黄旦. "耳目"与"喉舌"的历史性转换——中国百年新闻思想主潮论
[D]. 上海:复旦大学,2000.

季川. 黄兴、蔡锷的逝世及其影响[D]. 苏州:苏州大学,2014.

李思涵. 民初第一部《国葬法》的颁行与民初丧葬礼仪的变革[D]. 广
州:中山大学,2009.

刘丽. 中国报业采访的形成:以《申报》(1872—1895)为例[D]. 上海:
复旦大学,2009.

吴晓君. 岳麓山的历史记忆研究[D]. 长沙:湖南师范大学,2017.

赵建国. 辛亥革命时期《申报》政治倾向的演变(1905—1913)[D]. 武
汉:华中师范大学,2001.

周叶飞. "共和"中的政治报——以《竖三民》为中心(1909—1913)[D].
上海,复旦大学,2013.

四、论文集

丁鼎. 礼:中国传统文化的核心;浙江大学古籍研究所,编:礼学与中国
传统文化——庆祝沈文倬先生九十华诞国际学术研讨会论文集[C].北京:
中华书局,2007.

吉泽诚一郎. 梁启超追悼谭嗣同的活动与晚清烈士观念的形成;李喜

所.梁启超与近代中国社会文化[C].天津:天津古籍出版社,2005.

李实.辛亥革命时期的乡居记闻;湖北文史资料(4)[C].2004:100.

潘光哲.中国近代转型时代的"地理想象":1895—1925;复旦大学历史学系,复旦大学中外现代化进程研究中心,编.新文化史与中国近代史研究:近代中国研究集刊4[C].上海:上海古籍出版社,2009.

潘忠党.历史叙事及其建构中的秩序——以我国传媒报道香港回归为例;陶东风,金元浦,高丙中,主编.文化研究:第一辑[C].天津:天津社会科学院出版社,2000.

杨念群.危机意识的形成与中国现代历史观念的变迁;王笛,主编.时间·空间·书写[C].杭州:浙江人民出版社,2006.

Carey J. In Defense of Public Journalism,In Glasser,Theodore L.;Campbell,Cole C. The Idea of Public Journalism[C]. New York:The Guilford Press,1999.

Hallin. The Uncensored War:The Media and Vietnam(excerpt);In Tumber ed. News:A Reader[C]. New York:Oxford University Press,1999.

后 记

这本书是在我的博士论文基础上的增修与删减,距离博士论文完稿倏忽已近八年,而今终于将之整理出版,算是对过往岁月的一个回顾与告别。我 2005 年从兰州大学硕士毕业后,在天津的一所高校任教,大学教师是我喜欢的职业,把读书当作工作是我幼时的梦想,没有博士学位在高校的象牙塔内难以栖身,考博成了我必然的选择。2011 年 9 月起,我在中国人民大学新闻学院攻读博士,在漫长的两年多的论文写作过程中,我经常生出"究竟有何意义"之慨叹。不过,也正是在这样的追问中,我努力让自己的研究显得有一点意义而"上下求索",并逐渐意识到,论文写作可能和每一个看似微不足道的工作一样,都是一个使人安放身心、磨炼意志、历练心性的过程,借由专心地投入工作赋予日常烦琐的生命以具体的、丰富的意义。

本书的完成有太多要感谢的师友。首先,感谢我的导师陈绚教授,始终难忘 2011 年在人大校园内玉兰花开得正盛的季节,得知被录取到人大陈绚老师门下时心中难掩的喜悦与轻松。在其后的四年中,陈老师给了我悉心的培养和言传身教,以极大的耐心、宽容和女性特有的温柔给我照拂,使我可以任性地按照我的学术兴趣来探索,从论文题目的确定到写作到定稿,陈老师以其多年来在学术研究中养成的敏锐眼光给了我很多切中肯綮的建议和切实可行的指导。2021 年 7 月,陈老师因病遽然离世,悲哀沉痛的我才惊觉原以为师生间的来日方长可能当下就会消逝,更加体会到人生无常之憾,师生缘分短短十载,但我会永远感念陈老师对我的接纳和教育。此外,感谢我的硕士导师李文教授,李老师 2002 年将我引入学术研究之门,此后一直关心我的学业和发展,他不厌其烦地敦促我读书写作、参加学术交流。感谢亦师亦友的孙藜教授,他始终关心我的博士论文的进展,在论文选题、写作的过程中给了我至为重要和宝贵的建议,为我指点迷津。他淡泊、宁静、纯粹的个性和严谨、认真的治学态度像夜空中的明星,是我学术道路上的楷模,只因我天资驽钝又本性疏懒,愧对师友信任。感谢刘海龙教授,他给研究生开的政治传播课和博士一年级时每周一次的读书会,在前沿问题和方法论上给了我很多启发。刘老师温和敦厚和循循善诱的个性,让每个到场的人都有如沐春风之感。感谢在论文开题、答辩时给予我鼓励和意见的诸位老师,他们是陈力丹教授、杨保军教授、王润泽教授、赵永华教授。正是他们的意见,让我时刻警醒如何避开陷阱,使论文臻于完善,感谢杨保军教授、王润泽教授在我毕业多年后仍无私关心我的教研工作。

感谢台湾"中研院"近代史研究所潘光哲教授,他在收到我寻求资料帮助的电子邮件时,立即将论文不远万里寄给了我。先生之风,山高水长。先生的温厚提醒着我将爱心传递,满怀真情地去帮助每一个学生,甚至素不相识的人。

感谢我的好友葛俊芳、杨慧琼。心意相通的好友葛俊芳,我们都是2011年秋入学读博,都深知论文写作背后的辛酸与艰苦,我们经常互相鼓励,相互扶持,沟通博士论文写作过程中的苦与乐;慧琼聪明、犀利、敏锐,学术视野开阔,她热情地给我一些论文的线索,她在香港中文大学访学时帮我复印资料,关心我论文的进展。感谢我亲爱的室友钱婕,她单纯、正直、感恩、充满爱心,我很幸运地和她在中国人民大学相遇,我们曾经经常徜徉在学校的图书馆里,希望读书的美好生活能更久一些。感谢读博期间在生活、学习、精神上给过我很多帮助、支持的同窗好友:何睿、美杰、雷蕾、薛辉、凤萍、晓敏、媛媛、苏涛、胡睿、勇锋、刚存、李彦。感谢我们因为课程作业而聚合起来的可爱的、幽默风趣又博学多识的小组成员:国颖、彭彦、春海、天武,在一起时的畅怀大笑是辛苦的读博时光里的一抹亮色。如今想来,在人大读书的四年,遇到了多位低调谦和、学术渊博、可亲可敬的老师,进取博学的同学,是一段十分奇妙的缘分。

感谢国家社科基金各位匿名评审专家的认可和修改意见,使我坚定了对博士论文的学术信心,我在原来的基础上进行了拓展与增删才形成本书现在的样貌。感谢浙江大学出版社的胡畔编辑,她在拙著出版过程中付出了很多的心血。她对文稿严格把关,提出了很多可行的建议。历经无数次的沟通、修改,本书最终才得以出版。我2016年入职浙江理工大学史量才新闻与传播学院,感谢学院的领导、同事在工作、生活、精神中给予了我数不尽的关照,唯愿将来继续同肩并行。在学术的道路上,我曾经在很长时间里陷入自我怀疑的困顿,是各位师长亲友的鼓励才使我重振信心,有了继续前行的勇气。

最后,感谢我的父母,他们将近耄耋之年,一直生活在河北的乡村、县城,母亲只有小学四年级的文化,但她勤劳节俭,善良宽容,总是为孩子们着想而忽略自己。父亲是1968年毕业的农学中专生,他读书时赶上了"文革",没有机会好好读书是他一生的遗憾。他后来通过自修成为一名中学教师，他在求学中的遗憾和对知识的渴求都倾注在了子女身上，父母对子女的教育始终保持一颗敬畏之心。他们不管工作多么辛劳，生活多么艰辛，从来都是毫不犹豫地支持哥哥、我和妹妹完成学业，直到我们都大学毕业。后来我渐行渐远，远离了他们的视线，他们也不明白我在做什么。但是，父亲和母亲却给予了我最无私的支持。感谢他们的辛苦抚育和培养，希望我可以成为他们的骄傲。

董书华

2022 年 5 月于杭州·德信早城